Ludwig Thoma
Unbekanntes · Verstecktes · Entdecktes

Ludwig Thoma
Unbekanntes · Verstecktes · Entdecktes

Herausgegeben von Jost Perfahl

Mit Zeichnungen von Karl Arnold, Olaf Gulbransson, Thomas Theodor Heine, André Lambert, Bruno Paul, Ferdinand von Reznicek, Paul Roloff, Wilhelm Schulz, Ignatius Taschner, Eduard Thöny, Brynolf Wennerberg, Rudolf Wilke

Langen Müller

© 1992 by Langen Müller
in der F. A. Herbig Verlagsbuchhandlung GmbH, München
Alle Rechte vorbehalten
Schutzumschlaggestaltung: Wolfgang Heinzel
unter Verwendung des Porträts Ludwig Thomas
von Thomas Baumgartner (1911)
Satz: Filmsatz Schröter GmbH, München
Gesetzt aus: 10/11.5 Lino Walbaum auf Linotronic 300
Druck: Jos. C. Huber KG, Dießen
Binden: Thomas Buchbinderei, Augsburg
Printed in Germany
ISBN 3-7844-2426-0

Inhalt

Vorwort 9

Gegen Kurzsinn, Prüderie und Corps
1886–1902

Abend am Chiemsee	15
An Oberforstrat Ludwig von Raesfeldt, 26. August 1886	15
An Oberforstrat Ludwig von Raesfeldt, 4. Dezember 1886 . . .	16
Zur Lehre von der Notwehr	17
Schreckliches Pech	21
Lieb Vaterland, magst ruhig sein	22
Der simplicianische Erlkönig	24
An Albert Langen, August 1899	25
An Albert Langen, 30. August 1899	27
Lieber Simplicissimus!	27
Bekenntnis	28
Lieber Simplicissimus!	29
Lieber Simplicissimus!	29
An Heinrich Heine	30
Weihnachtswunsch	31
Deutscher Frühling	32
Lieber Simplicissimus!	32
Der Leiber	33
Spruchweisheit	34
Die Thronstütze	35
Vom Antialkoholisten-Kongreß	36
Im Neckartal	37
Heute	38
Silvester	39
Gleichgültigkeit	40
Lumpenlied	40
Frühlingsahnung	41
Pistole oder Säbel?	41
Im Maien	45
Gräßliches Unglück, welches eine deutsche Familie betroffen hat	46

Gegen Bürger, Spießer, Nationale
1902–1906

Friede	49
Herbst	50
Münchener Oktoberfest	51
Der Sieger von Orleans	52
Zittau in Sachsen	55
Aufruf	55
Soldatenbrief	56
An die Nationalen	57
Unterhaltung	58
An die Sittlichkeitsprediger in Köln am Rheine	60
Das symbolistische Ehebett	62
Soldatenliebe	63
Warnung	64
Goethe nach der Schlacht bei Valmy	65
Prophezeiungen	67
Eine Weihnachtsgeschichte	69
Anbetung der Hirten	73
In ernster Zeit	74
Moralisches	75
Splendid isolation	78
Gottesgericht	79
Im Mai	80
An Marion Thoma, 24. Oktober 1906	81

Gegen Klerus, Zentrum, Obrigkeit
1906–1909

Das rechte Mittel	85
Der Ostelbier	88
Im deutschen Raritätenkabinett	89
1907	93
Letzte Telegramme	95
Caruso im Affenhaus	96
Die tapfern Hamburger Schutzleute und ihr glorreicher Sieg am 17. Januar 1906	97
Regierung und Zentrum	99
Der Alte	100
Erprobte Zentrumswähler	101
Die Schlacht	103
Germania und die Berliner Polizei	104
Freiheit	105
Nach den Wahlen	105

Lebensweisheit	106
Naturgeschichtliches Alphabet	107
Kretins	111
Moralische Erzählung	113
In den Gerichtsferien	115
Ein Blick ins Damenbad	116
Das Mädchenheim	117
Herbst	120
Missionspredigt des P. Josephus gegen den Sport	121
Wilhelm Busch †	122
Ludwig I.	124
Bismarck	125
Der Satanist	126
Hunde	130
Das Abenteuer des Gymnasiallehrers	130
Wie spiele ich Tennis?	135

Gegen Bayern, Frömmler, Liberale
1909–1914

Niederbayrische Predigt	141
Bayrische Wähler	142
Der Tanz	144
Borromäus-Enzyklika	149
Ungestillte Sehnsucht	150
Hans, der Hahn	152
Nationalliberal	154
Die Auchliberalen	154
1911	155
Neue Zeit	156
Lied der Großindustriellen	156
Europa	157
An trüben Tagen	157
Die Gefahren des Liberalismus	158
Zentrumspredigt	159
D'Annunzio	160
Querelles allemandes	160
Im Bade	161
Frankfurter Festhymne	165
O du mein Österreich	167
Vives y Tuto	167
An Bayerns Kniehösler	169
Der neue Münchner Karneval	169
Neue bayrische Nationalhymne	170

Gegen Fanatiker, Revolutionäre, Modernisten
1914–1921

Sommerabend 173
Abschied 175
Das ästhetische Ausland 176
Der vergiftete Museumsleiter oder der Schlag auf
   den Hinterkopf 177
Aus dem Berliner Dichterkreise »Die Kosmischen« 184
Zeit-Echo I 187
Zeit-Echo II 189
Zeit-Echo III 190
Dahoam 191
Das Lichtsignal 192
Briefwechsel ohne Antwort 196
Papiernot 199
Der Herr Minister 200
Lloyd George, der pazifistische Imperialist 201
Isar-Athen 203
Waschzettelgrößen 205
Der Mord in Wien und die Neue Freie Presse 206
Bayern, ein Traum 208
An die Adresse Frankreichs 211
Vom Tage 212
Die letzten Briefe an Marion Thoma, 24. u. 25. September 1918 213
An Conrad Haußmann, 1. Januar 1919 215
Vom Tage 217
Die neue Zeit 217
Münchnerinnen 218
Herr Nachbar 230
Hinterweltliches 231
Die große Münchner Revolution anno 1919 232
Die Sonnenfinsternis 238
Spitzbuben-Politik 239
An Maidi von Liebermann, 28. Juli 1920 241
An Maidi von Liebermann, 27. April 1921 242
An Maidi von Liebermann, 12. Mai 1921 243

Anhang

Nachbemerkung 247
Chronologie der Daten von Ludwig Thomas Leben und Werk . 249
Quellennachweise der Texte mit Kommentaren 257
Nachweise der Illustrationen 264

Vorwort

Wer hätte es für möglich gehalten, daß hinter dem vertrauten umfangreichen Werk Ludwig Thomas noch ein sehr bedeutsamer, geheimnisvoller Bezirk seines Schaffens liegt, der bis heute unentdeckt geblieben war! Trotz jahrzehntelanger Forschung war es nicht gelungen, alle Texte des Dichters zu ermitteln, weil viele davon anonym oder unter Pseudonym publiziert worden waren. Erst einer allerjüngsten Sichtung erschlossen sich, zum Teil zufällig, an die hundert neue Werke Thomas. Von diesem sensationellen Fund bringt der vorliegende Band eine Auswahl des Brisantesten und Aufschlußreichsten, das neue Aspekte von Thomas Schaffen und Persönlichkeit eröffnet: scharf konturierte Genrebilder, köstlich pointierte Erzählungen, Gedichte, Glossen, Satiren, u. a. in der Art der Filser-Briefe, und auch interessante, auf das Zeitgeschehen bezugnehmende Texte, wie zum Beispiel die witzigen Parodien über Werke der Berliner Expressionisten um 1916 oder die Satire auf die Münchner Revolution 1918/19. Weltpolitik und internationale Verflechtungen sowie lokales Geschehen werden von Thoma in gleicher Weise radikal analysiert, wobei die sprachlichen Mittel mit zunehmender Vehemenz eingesetzt werden.
Über völlig unbekannte Thoma-Werke hinaus bringt der Band auch Texte, von deren Vorhandensein man zwar in der Forschung wußte, die aber bisher noch nie in Druck veröffentlicht worden waren. So wurde hier von dem wichtigen, Fragment gebliebenen Roman »Münchnerinnen« die ganze, siebzig Seiten lange Handschrift der »Fortsetzung« erstmals entziffert. Daraus gewinnt man nicht nur Einblick, wie Thoma die bisher bekannte Romanhandlung und die Schicksale der Personen weiterführt und gestaltet, sondern diese vielsagende Darstellung wirft auch ein neues Licht auf biographische Details, etwa auf die Beziehung Thomas zu seiner Frau Marion, vor allem auf seine Reaktion angesichts ihrer Untreue. Der wahre Hintergrund einer Szenerie steigt da herauf, wie er auch in Thomas letzten Briefen an Marion deutlich wird, die hier gleichfalls wiedergegeben sind, und zwar ohne die verfälschenden Auslassungen früherer Abdrucke.
Bisher unveröffentlicht ist auch Ludwig Thomas Doktorarbeit: »Zur Lehre von der Notwehr«, von der hier der Anfang, der den allgemeinen Teil der Abhandlung umfaßt, vorgestellt wird. Erwartete man von einer »Dissertation« vielleicht eine allzu sachliche, abstrakte Darstellung, so trifft dies in diesem Fall nicht zu: Thoma schreibt darin in einem anschaulichen Stil und fesselt durch Gedankengänge, in denen sich eine auf das Allgemeingültige hin orientierte Rechtsauffassung abzeichnet und die sogar noch in seinen späten Arbeiten versteckt erkennbar sind.
Wenn der Akzent dieses Bandes auf dem »unbekannten Thoma« liegt, so enthält

er doch auch Werke, die man bereits in den großen Sammelausgaben vorfindet, allerdings erscheinen viele davon neu und erst deshalb wieder einem vollen Verständnis zugänglich, weil die Illustrationen der Simplicissimus-Künstler beigegeben sind, für die sie Thoma ursprünglich geschrieben hat.

Ferner enthält der Band wenig bekannte oder zu unrecht vergessene Werke, die seit ihrer Erstveröffentlichung nicht wieder abgedruckt wurden: Verse und Prosa, die zeitunabhängig wirken, so daß man meint, sie seien für das Heute geschrieben. Auch Thomas zeitbezogene Texte, die satirische Angriffe oder Anspielungen auf bestimmte Ereignisse enthalten, zeigen sich in einer überraschenden Aktualität. Sie sind auch ohne genauere Kenntnis der Zeitsituation verständlich, weil sie sich weitgehend selbst erklären. Thomas Darstellungsweise ist mehr eine dichterische als eine journalistische; er sieht »das Wesen der Satire« darin, »aus dem Einzelfall das Allgemeine herauszugreifen« (Brief an Conrad Haußmann, 24. 4. 1917). Nicht um die Schilderung bestimmter Personen oder Situationen etwa zwischen 1900 und 1921 geht es letztlich – diese sind austauschbar –, sondern um den satirischen, um den künstlerischen Effekt, durch den Thoma Mechanismen aufdeckt, die an keine Zeit gebunden sind. Das Geheimnis der Aktualität dieser Geschichten ist, daß sie in einem Spannungsfeld von Kräften spielen, die heute keineswegs etwas Abgetanes, Überholtes sind, sondern zur Stunde unvermindert, ja womöglich noch potenziert, am Werk sind, in vielleicht nur geringfügiger Verschiebung der Konstellationen.

Diese Werkzusammenstellung, die sowohl dichterische als auch politische Texte enthält, autobiographische Aussagen, fiktive wie nichtfiktive Schilderungen, ist – von gelegentlichen geringfügigen Abweichungen abgesehen – chronologisch gegliedert nach der ersten Veröffentlichung bzw. nach der Entstehung der Beiträge.

Die Sammlung ist in fünf Kapitel unterteilt, deren Überschriften die Themen andeuten sollen, die in den betreffenden Abschnitten vorkommen oder überwiegen. Eine genaue inhaltliche Abgrenzung können und wollen diese Überschriften aber nicht geben; denn im Grunde kommen alle Themen in allen Lebensepochen Thomas vor, nur mit unterschiedlicher Akzentuierung und Häufigkeit. Dennoch läßt sich dabei, mit einiger Vorsicht, eine Wandlung in den Anschauungen Thomas aus den Texten ablesen: Sie dokumentieren Thomas Frühzeit, die durch seine zeitweilige Nähe zu den Sozialdemokraten gekennzeichnet ist, die mittlere Zeit, die beherrscht ist von den Angriffen auf Zentrum und Klerus, und die Spätphase, in der die politischen Zustände nach dem verlorenen Ersten Weltkrieg überscharf auf den Dichter Einfluß nehmen. In einer Vielheit von Aspekten aber, wie sie hier zutage treten, wird das einseitige Bild berichtigt, wie es zum Beispiel eine vordergründige Interpretation von Thomas Beiträgen im Miesbacher Anzeiger zur Folge gehabt hat.

Die jüngst entdeckten Werke Thomas sind seinerzeit nicht etwa deshalb anonym erschienen, weil sie schwächer wären, sondern im Gegenteil: sie mußten anonym bleiben ob ihrer Exponiertheit, Waghalsigkeit und Keckheit, und sie können erst heute in ihrer vollen Bedeutung gewürdigt werden.

Zeichnungen von Olaf Gulbransson, Eduard Thöny, Thomas Theodor Heine,

Ferdinand von Reznicek und anderen – sie waren Thomas Freunde – illustrieren treffend die Texte des Dichters und erweitern so gleichfalls die Kenntnis vom »unbekannten Thoma« in überraschender Weise.

Der Herausgeber

Gegen Kurzsinn, Prüderie und Corps
1886–1902

Abend am Chiemsee

Die Sonne sinkt. Die Berge spiegeln
Sich glühend in der blauen Flut,
Der hohe Tannwald hebt sich dunkel
Aus märchenhafter Abendglut.

Und golddurchwobne Schatten heben
Sich zitternd aus dem See empor,
Von milden Lüften sanft umfächelt
Schwankt leicht bewegt das schwache Rohr.

Um mich ist's still. Die Wellen treiben
Mit leisem Flüstern meinen Kahn,
Mich faßt bei dieser Zauberschönheit
Ein namenloses Sehnen an.

(1889/90)

An Oberforstrat
Ludwig von Raesfeldt

Traunstein, den 26. August [1886]

Ihren lieben, mich hocherfreuenden Brief habe ich erhalten und danke Ihnen hiemit bestens. Ich will Ihre Lehren befolgen und will es Gott, ein tüchtiger Forstmann werden. Der Beruf erfüllt mich bei jedem Gange in den Wald mit immer größerer Freude. Ja, da lernt man kennen, wie wunderschön die Natur ist, dieses geheimnisvolle Leben und Weben im Walde hat einen wunderbaren Reiz an sich. Nun, ich hoffe, daß es mir gelingen wird, einstens diese Schönheiten ganz und voll zu genießen als ausgebildeter Forstmann. Sie sprechen den Wunsch aus, hochverehrter Herr Baron, Näheres über die Feier auf dem Hochfelln zu erfahren. So erlaubte ich mir denn, das Traunsteiner »Wochenblatt« beizulegen, in dem dieselbe ausführlich behandelt wird. Es ist in demselben nicht zuviel gesagt; die Feierlichkeit war wirklich wunderhübsch. Besonders das Bild auf den einzelnen Felsen während der Einweihung. Gruppe an Gruppe, die einen auf Felsenstücken sitzend, die anderen wieder stehend, die verschiedenen Trachten so malerisch, ein solcher Wechsel der Farben, der Hintergrund die Gletscher in ihrer ewigen Majestät, über dem ganzen Bilde eine feierliche Stille, nur unterbrochen von dem frischen Gesange der Schulkinder und dem Gebete des Priesters – der Anblick war wirklich erhebend. Und dann das fröhliche Treiben auf der Brünnling Alpe! Die

Bauernbuben und Mädchen drehten sich im lustigen Tanze, schrien und jubelten, daß die Berge hallten; überall eine Lustbarkeit, von der man unwillkürlich angesteckt werden mußte. Herunten dann in Bergen und in der Maxhütte ging der Jubel wieder von vorne an und ich bedauerte sehr, als ich Abends acht Uhr wieder fort mußte.
Besten Dank für Ihre Bemühungen in Betreff meiner Person; ich werde sie durch gute Fortschritte zu vergelten suchen.

An Oberforstrat
Ludwig von Raesfeldt

Aschaffenburg, den 4. XII. 86

Vor allem erlaube ich mir, Ihnen meinen besten Dank für Ihren liebenswürdigen Brief, der mich außerordentlich erfreute, auszusprechen, sowie für die väterlichen Ermahnungen, die Sie mir darin geben und denen nachzukommen ich stets bestrebt sein werde.
Ihrem Wunsche entsprechend werde ich bemüht sein, ein so treues Bild, als es mir möglich ist, von meinem hiesigen Leben zu entwerfen.
Was die Forstschule anbelangt, so geht da alles seinen alten Gang. Tag für Tag Kolleg, am Samstag Exkursion, die mir immer sehr gut gefällt, besonders, wenn es in den Spessart geht, obwohl ich sagen muß, daß mir meine lieben, heimatlichen Tannenwälder viel mehr imponieren, als die dortigen Buchenbestände, welche außerdem, wie uns Herr Direktor jedesmal sagt, einen sehr geringen Wert haben. Dafür findet man aber in Oberbayern wohl kaum eine Anlage, wie den schönen Busch oder eine so schöne Promenade mitten in der Stadt, wie das schöne Tal. Letzteres ist unser Bummelplatz am Sonntag oder wenn Parade ist; ich gehe sehr viel darin spazieren und verschaffe mir so auch die nötige Bewegung.
Was das Leben beim Corps anbelangt, so läßt sich dasselbe nicht schöner denken; ja, wenn man die hiesigen Verhältnisse jemand erzählen wollte, so dürfte man mehr als einmal auf ein ungläubiges Lächeln stoßen. Im Kasino, das offiziell ist, in der Liedertafel, überall sind wir vorne dran. Unsere Tanzkränzchen, deren wir 7–8 haben, sind am beliebtesten, die Bürgerschaft kommt uns überaus freundlich entgegen, ebenso das Offizierscorps, was gewiß nicht zu häufig geschieht. Pauken können wir mitten in der Stadt, auf unserem Fechtboden; die ganze Einwohnerschaft weiß davon und mir ist es schon mehr als einmal vorgekommen, daß eine Dame beim Tanzen sich mir gegenüber über Pauken, Corpshatze, Bestimmungsmensuren usw. ausgesprochen hat. Wenn dann der ganze S. C. von der Paukerei durch den Herstall heimkehrt, sind alle Fenster dicht besetzt und die Helden des Tages sind die, welche möglichst viele Kompressen tragen.
Als Corpsphilister wird es Sie, hochverehrtester Herr Baron, gewiß interessieren, daß unser Fuchsenkönig seine Gegner von den Arminianern abgestochen hat, was auf unserer Seite einen großen Jubel hervorgerufen hat. Unsere hiesigen Philister,

besonders Herr Baron Weitz, zeigten sich sehr erfreut darüber. Überhaupt ist es wirklich rührend, mit welcher Anhänglichkeit uns Herr Philister Weitz zugetan ist; alle vierzehn Tage kommt er und das erste, was er sagt, ist: »Nun, wie geht's Euch Kinder?« Erst gestern verspeisten wir auf der Kneipe einen Rehbock, den er uns geschickt hatte und plötzlich trat er selbst ein von allen Seiten stürmisch bewillkommt, blieb auch bis spät nach Mitternacht; Herr Philister Stumpf war ebenfalls anwesend und beide trugen mir viele Grüße an Sie auf mit bestem Danke für die von mir ausgerichteten.

Gestern war ich zum ersten Male auf der Jagd in Großostheim, schoß drei Hasen als kleinen Beitrag zu den 130, die erlegt wurden und verschaffte mir eine sehr gesunde Bewegung. Übrigens fehlt es mir an letzterer durchaus nicht. Wir haben alle Tage 1½–2 Stunden Fechtboden in einem ungeheizten Lokale, wobei wir möglichst leicht oder fast gar nicht gegen die Kälte geschützt sind, dann schlagen wir, bis uns der Schweiß aus allen Poren dringt. Das ist doch gewiß gesund. Ich fühle mich auch viel kräftiger und wohler, als zur Zeit meiner Pennalstudien.

Was das Kasino anbelangt, so besuchen wir dasselbe sehr fleißig, und obwohl ich das Tanzen erst hier lernte, habe ich bei den zwei Tanzgelegenheiten fleißig mitgetan, weiß jedoch nicht, ob ich die Damen mit meiner Tanzkunst entzückte.

Bertha sehe ich leider nur an Sonntagen in die Kirche gehen, besuchen durfte ich sie noch nicht, weil hier Kinderkrankheiten herrschen und somit niemand in das Institut darf. Sie ist jedoch ganz munter und schreibt mir von Zeit zu Zeit kleine Briefe. Ich wohne in der Dalbergstraße Nr. 10, also auf dem Wege zur Stiftskirche, die sie besuchen muß. An Weihnachten werde ich nach Hause gehen, da die Ferien von 18. Dezember bis 7. Januar dauern; auf dem Rückwege werde ich mir erlauben, Sie, hochverehrtester Herr Baron, zu besuchen um Ihnen mündlich meinen wiederholten Dank für Ihre Güte auszusprechen…

Zur Lehre von der Notwehr
(Aus der bisher unveröffentlichten Dissertation Ludwig Thomas)

Im Kindesalter des Rechtes überwiegt die Selbsthülfe. Die mangelhafte staatliche Organisation weist den einzelnen auf sich selbst an und läßt ihn Schutz nur in eng begränzten Kreisen wie Familie und Gemeinde finden.

Erst allmählich mit der Entwicklung des Staatswesens wird die eigenmächtige Geltendmachung verletzter Rechte in den Hintergrund gedrängt und im geordneten Staate wird der Selbsthülfe nur ein geringer Raum angewiesen.

Privatrache, Privatstrafe müssen als die Koexistenz gefährdend verboten sein.

Daß aber der Staat den Rechtsschutz nur da ausschließlich für sich in Anspruch nehmen kann, wo er ihn wirklich zu leisten vermag, ist eine Forderung der Vernunft.

Wo seine Hülfe fehlt, oder zu spät käme, geht seine Machtbefugnis auf den einzelnen über – wir sprechen dann von einem *Rechte* der Selbsthülfe, einem Recht der Notwehr.

Wenn Zöpfl* ein solches *Recht* nicht anerkennt und die Notwehrhandlungen nur als »straflos bleibende« »entschuldigte«, aber an und für sich unrechte bezeichnet, so beruht diese Ansicht auf einer allzu engherzigen Auffassung von dem Wesen des Staates.

Wenn auch das alleinige Recht desselben zur Strafe unbedingt anerkannt werden muß, so darf man doch nicht jede Tätigkeit des Privaten bloß deshalb als eine »unrechte« bezeichnen, weil sie an und für sich dem Staate zukäme.

Nicht um seiner selbst willen existiert dieser. Im persönlichen Schutze, in der Ermöglichung eines geordneten, friedlichen Zusammenlebens, liegt die Begründung des Staates, dieser Verkörperung des allgemeinen Willens.

Um Schutz zu finden, tritt der einzelne in das Gemeinwesen ein; kann ihm dieser aus irgendwelchen Gründen nicht gewährt werden, so bleibt ihm das Recht unbenommen, sich selbst zu schützen.

Dieses Recht läugnen heißt über Gründen rein polizeilicher Natur den Zweck des Staates vergessen.

So sagt Grolmann, daß für den Angegriffenen der Staat praktisch nicht mehr existiere. Abegg, Lehrb. § 109, daß die Notwehr die durch den Notstand gerechtfertigte Eigenmacht und gewaltsame Verteidigung gegen den Urheber des Kollissionsfalles sei; das Recht liege in der *Not*, welche einen Kampf für das Wohl und die Existenz herbeiführe, wodurch der Schutz, den sonst der Staat leiste, hier aber nicht gewährt werden könne, als Berechtigung auf den Angegriffenen kraft seines ursprünglichen Verteidigungsrechtes übergehe.

Anders Geyer**. Wie steht es, – frägt dieser –, mit dem sogenannten Rechte der Notwehr?

Diese ist eine Gegenverletzung des Rechtsverletzers, welche durch den Angegriffenen bewirkt wird.

Wenn der Staat hiezu, insofern er Rechtsgesellschaft ist, ein Recht erteilt, so dürfen wir diese Tatsache nicht so geradezu hinnehmen, ohne nach ihrem Grunde zu fragen. Und der Grund zur Errichtung dieses Rechtes liegt hier allein *in einer von der Idee der Vergeltung* ausgehenden ethischen Forderung. Man sondert im Leben die Prinzipien des Rechtes und der Vergeltung nicht und erklärt das für ein Recht, wozu eigentlich nur die Idee der Vergeltung autorisiert. Nur der Richter, der Repräsentant der Gemeinschaft, deren Glied der zu Zwingende selbst ist, hat das Recht zum Zwang, zu dessen Konstituierung bei jedem Mitgliede der Gesellschaft ja eben die Anerkennung der Rechtlichkeit des Zwanges vorausgesetzt werden muß, so daß diesem kein Unrecht geschehen kann, indem geschieht, wozu es selbst im vorhinein einwilligte. Der einzelne hat folglich zwar *kein Recht* zur Notwehr, aber die Notwehr muß straflos bleiben.

Die Idee der Wiedervergeltung liegt also nach Geyer der Notwehr zu Grunde!

---

* Beiträge zur Revision der Lehre von der Notwehr im Archiv, Neue Folge 1843, S. 43
** I. U. D. August Geyer, Die Lehre von der Notwehr p. 15

Dann könnte man freilich nicht von einem Rechte derselben reden! Geyer befindet sich aber mit seiner Theorie vollständig im Unrechte. An Stelle des natürlichsten Gefühles – des Bestrebens, Gefahren abzuwenden, kein Unrecht zu leiden – setzt er die unmoralische Sucht nach Rache.

Wird wohl der Angegriffene, der sich oder ein teures Gut bedroht sieht, von dem Gedanken ausgehen: *Weil* du mir ein Leid antust, will auch ich dich kränken?

Wird er nicht naturgemäß sagen: Bevor ich dulde, daß du mir Unrecht tust, will ich mich nach Kräften schützen? Was soll die sophistische Klügelei, daß im innersten Winkel des Wesens der Notwehr am Ende doch so eine Art Vergeltung liege, weshalb sie als Eingriff in die Rechte des Staates strafbar sei und nur deshalb straflos bleibe, weil denjenigen strafen, der in Notwehr handle, eine Vergeltung über das gleiche Maß wäre? »Denn der Angreifende setze durch seinen Angriff eine Übeltat, der Angegriffene wehre sich dagegen durch Zufügung einer Übeltat. Würden die gehörigen Schranken eingehalten, so glichen sich die Übeltaten gegenseitig aus, und wollte nun die Gesellschaft noch mit ihrer Strafe hinzutreten, so würde diese nicht ein Gleichmaß herstellen, was doch ihr Prinzip sei, sondern das hergestellte stören.«

Da wäre man zuletzt genötigt, Handlung gegen Handlung, Übel gegen Übel abzuwägen und denjenigen, auf dessen Seite das größere herauskäme, dadurch zu befriedigen, daß man dem andern von Staatswegen ein solches zufügte, bis das Gleichmaß hergestellt wäre!

Wie aber, wenn sich jemand vor einem bloß drohenden Angriff schützt?

Hier habe ich noch keine Übeltat erlitten und doch dem Angreifer vielleicht eine ebenso große zugefügt, als wenn er seinen Angriff ausgeführt hätte. Wo bleibt hier das »Gleichmaß«, welches die vergeltende Tat entschuldigt?

Oder wie läßt sich fußend auf der Idee der Vergeltung die Berechtigung[,] vielmehr Entschuldbarkeit der Notwehr dann erklären, wenn ich einen Dritten gegen widerrechtliche Angriffe schütze?

Wenn mir selbst kein Unrecht geschieht, so habe ich doch nichts zu vergelten.

Was hätte ich für einen Grund, die ausgleichende Gerechtigkeit zu spielen und durch mein Beispringen dafür zu sorgen, daß der Angreifer ebensoviel Übles erdulde, als der Angegriffene?

Warum aber so weit nach Gründen suchen, wo die natürlichste Erklärung so nahe liegt!

Selbstverteidigung ist ein Naturtrieb; er veranlaßt uns, Schutz vor Gefahr und Unbill zu suchen, des weiteren aber auch, denselben – in angeborener Auflehnung gegen das Unrechte, die rohe Gewalt – anderen zu gewähren.

Wenn man die Notwehrhandlungen als »rechtsverletzende« bezeichnet, welches »Recht« verletzen sie denn? Das des Angreifers? Treffend sagt hier Levita*: »Von einer Kollision kann da nicht geredet werden, wo das *Recht dem Unrecht* sich entgegenstellt. Denn das Unrecht ist, weil das Recht absolut unaufhebbar, an sich nichtig und muß in seiner Nichtigkeit manifestiert werden. Hierin, in dieser Nichtigkeit des Unrechts, welches zwar eine äußerliche Existenz, aber eine in sich

---

* Levita: Das Recht der Notwehr. Gießen, 1856

nichtige hat, wurzelt das Recht des Staates zu strafen, das Recht des einzelnen zur Notwehr« usw.

Ähnlich übrigens die Kantsche Theorie: Der rechtswidrige Angriff hebe unmittelbar in dem Angreifer jedes Recht so weit auf, als zur Erhaltung der Rechte des Angegriffenen nötig sei, und darum sei die Selbstverteidigung rechtmäßig.

Sander* sagt, der Staat als die Vereinigung der Menschen zu einer vernünftigen, rechtlichen Gesellschaft wolle nichts anderes, als Herrschaft des Rechts und erteile deshalb dem einzelnen die Befugnis für den Staat und im Namen des Staates sein angegriffenes Recht da geltend zu machen, wo sich der Staat außer der Lage befinde, mit der Kraft des Gesetzes dieses selbst zu tun.

Wir sehen, die Ansichten über den Rechtsgrund der Notwehr sind sehr mannigfaltig; die Idee der Wiedervergeltung jedoch, welche Geyer als solchen aufstellt, findet sich bei keinem andern erwähnt.

Zum Schlusse führe ich noch Michelet** an, welcher die Notwehr als eine *Pflicht* des Bürgers bezeichnet. Diese Ansicht, daß man dem Unrechte überall entgegentreten *müsse*, ist gewiß hoch moralisch, letztlich aber nicht haltbar. Volenti non fit iniuria. Wer es nicht wagt, gegen Eingriffe in seine Rechtssphäre sich zur Wehr zu setzen, sein eigen Gut zu verteidigen, der mag es verlieren; es besteht kein Grund, einen solchen Schwächling für eine Unterlassung verantwortlich zu machen, durch die er niemandem schadet, als sich selbst.

Grundbedingung der Notwehr ist also das Vorhandensein einer »Not«.

In solcher befindet sich, wer bei unmittelbarer drohender Gefahr die staatliche Hülfe nicht zur Seite hat, zu ihrer Abwendung auf sich selbst angewiesen ist.

Während nun unbedingt von allen anerkannt wird, daß der Angegriffene, soweit ihm Überlegung und Unterscheidung blieben, ein etwa zu Gebote stehendes ungewaltsames Mittel ergreifen muß, so ist es hiegegen eine vielbestrittene Frage, ob jemand gehalten sei, der Staatsgewalt Anzeige zu machen, falls er wisse, daß ihm ein Angriff drohe, und ob er eventuell dieser Gefahr aus dem Wege gehen müsse.

Geyer pag. 34–38 behauptet dies mit aller Entschiedenheit. Derjenige, welcher Kenntnis erhalte von einem nicht unmittelbar drohenden Angriffe, dem also Zeit genug bleibe, ohne Gefahr für seine Rechte die Obrigkeit um Hülfe anzurufen, sei hiezu auch verpflichtet und werde *strafbar*, wenn er es unterlasse, auf seinen eigenen Arm vertrauend.

Nur unter der Bedingung der Unmöglichkeit wirksamer Staatshülfe könne die gewaltsame Selbstverteidigung gestattet [werden], in einem solchen Falle sei sie aber noch möglich. Ebenso Kenke und Köstlin***.

Die Anmerkungen zum *»Bayerischen Strafgesetzbuche«* z. Art. 125, 126 fordern auch einen *»unerwarteten«* Angriff. Vorhergesehene Angriffe, heißt es da, seien unter der Notwehr nicht begriffen, und derjenige, welcher wisse, daß er seinen

---

* Sander: Beiträge zur Lehre von der Notwehr, Arch. d. Crim. R. Neue Folge 1841
** Michelet: System der philos. Moral, S. 61
*** Kenke: Handbuch I, 217 – Köstlin: System p. 90 ff.

Gegner an einem Orte treffe, daß dieser ihn angreifen werde, könne dieses »verkappte Duell« mit der Notwehr nicht entschuldigen.

Es ist auch hier die übertriebene Ängstlichkeit, die Furcht, der einzelne könnte in die Machtbefugnisse des Staates eingreifen, welche uns in dieser Anschauung entgegentritt.

Geyer's Standpunkt in dieser Frage ist die notwendige Folge seiner Marotte, auf Seite des Angreifers ein Recht zu sehen. Wie? Der hätte ein Recht auf Schutz, welcher es selbst in der frivolsten Weise verletzt?

Der Wille aller ist auf den Frieden gerichtet.

Wer ihn bricht, negiert den allgemeinen Willen, sagt sich freiwillig los von der Gesellschaft, die diesen Willen verkörpert.

Sowie sich aber diese Sonderstellung für den Friedensbrecher in unangenehmer Weise fühlbar macht, sowie sich schädliche Folgen für seine Person einstellen, beruft er sich auf die gesellschaftliche Ordnung, auf den Schutz, welchen diese gewährt – und der Bedrohte hat diesen Appell zu achten!

Es ist mein Recht, begründet in meiner persönlichen Freiheit, zu gehen, wohin ich will.

Das Verlangen, daß ich mich dem zuliebe dieser Freiheit begebe, der mich verletzen will, heißt nichts anderes, als das Recht hat dem Unrechte zu weichen.

Der Vergleich, mit dem Geyer dieses Recht »der freien Bewegung« ad absurdum führen will, ist hinfällig.

Er frägt, ob der auch in seinem Rechte sei, der sein Pferd geradezu auf einen im Wege liegenden Betrunkenen treten läßt, nur weil er sich eben in dieser Richtung bewegen will. Der große Unterschied liegt so offen zutage, daß jedes erörternde Wort überflüssig erscheint. Man widerlegt etwas nicht dadurch, daß man es lächerlich macht.

(1891)

Schreckliches Pech

Ein junger Dichter läßt sein neuestes Trauerspiel auf einer kleinen Vorstadtbühne zur Aufführung bringen. In der Hauptszene, auf welche der Dichter seine höchste Erwartung gesetzt, verspricht sich die erste Liebhaberin und ruft mit markerschütterndem Pathos – anstatt: »Oh, du Grausamer!« – »Oh, du Saukramer!«

(1893)

Lieb Vaterland, magst ruhig sein

Ich fuhr einmal, gepriesen sei das Geschick,
Zusammen mit einem Handlungscommis,
Der nannte sich Franz Emanuel Spick
Und reiste in Knöpfen und Posamentrie.

Erst hat er mir bloß Anekdoten erzählt;
Man kennt das ja:
Der neueste Mikosch, et cetera;
Keine Nuance hat gefehlt.

Ich rauchte meine Zigarre in Ruh
Und hörte geduldig und höflich zu.

Dann schwang er sich zu höhern Zweigen,
Wollte Belesenheit, Bildung zeigen:
Fing mir der Mann
Von der Versunkenen Glocke zu reden an:
Daß manches nicht ganz klar drin wäre,
Z. B. so, wie in Sudermanns Ehre,
Doch eben deshalb sei das Stück
Für *denkende* Menschengehirne ein Glück;
Man könne den Verstand dran wetzen,
Und just das sei ein groß Ergetzen
Für tiefere Geister ein Rätsellöser;
Nein: ohne Frage, Herr Hauptmann sei größer,
Viel größer, als Herr Sudermann!

Dann sah er mich fragend und ernsthaft an.

Ich rauchte meine Zigarre in Ruh
Und dachte mir: löse die Rätsel du.

Nun aber wurde er rabiat,
Es fehlte der dritte Mann zum Skat,
Drum sprach er politice vom Staat:
Das müsse ein jeder frei bekennen,
Schön sei'n die Verhältnisse nicht zu nennen,
Geh alles zurück und nichts voran
Und die Geschäftswelt sei übel dran;
Zumal in Knöpfen und Posamentrie
Gings heute so niederträchtig wie nie.
»Man reift und rennt und red't sich wund,
Aber kaufen wollen sie nichts als Schund.
Wie soll das enden? Wo will das hinaus?
Am liebsten packte man gar nicht erst aus.«

Und wieder sah mich der reisende Mann
Sehr ernsthaft mit dem Frageblick an.

Diesmal bezwang mich der heischende Blick;
Ich wollt' ihm einen Gefallen tun,
Ließ einen Moment die Zigarre ruhn
Und sprach zu Herrn Franz Emanuel Spick:

– Ja, ja, die gegenwärtigen Zeiten
Sind voll von Widerwärtigkeiten;
Das Allerbeste wäre schon,
Es käm einmal eine Revolution.

Kaum, daß das Wort dem Mund entflohn,
So fuhr Herr Franz Emanuel Spick
Zwei Schritt weit weg in die Ecke zurück.

»Wie? ... Was? ... Ich bitte Sie! ... Aber nein:
Das kann Ihr Ernst unmöglich sein!

Die Zeiten sind schlecht – aber, wissen Sie:
Kommt erst die Sozialdemokratie
Das ist das Ende der Posamentrie!
Und überhaupt, so schlimm es auch steht:
Ich bin strammst für Autorität.
Nicht bloß als Bürger bin ich für Schärfe
Und Zucht und Ordnung jederzeit,
Nein, auch als *Feldwebel der Reserve*!
O nein, mein werter Herr, so weit
Sind wir noch nicht! In Waff' und Wehr
Fest steht und treu das deutsche Heer!!!«

Es sandte einen erhabenen Blick
Streng, stolz mir Franz Emanuel Spick
Und zog sich von nun an von mir zurück.
In seiner Seele tiefstem Schrein
Erklang, ich wette, die Wacht am Rhein.
Herr Mikosch, Herr Hauptmann, sie waren vergessen:
Jetzt galt es den Schutz der rauchenden Essen
Und die bedrohte Knopffabrikation.
Das machte das Wörtchen Revolution.

Und auch in meines Herzens Schrein
Sang's: Vaterland, magst ruhig sein,
Fest steht und treu die Posamentrie
Und der Reserve-Feldwebel-Commis.

(1898)

Der simplicianische Erlkönig

Wer reist so spät durch Nacht und Wind?
Herr Langen und Herr Wedekind.
So nachts zu reiten ist kein Genuß,
Und das kommt vom Hieronymus.

Herrn Wedekind fröstelt's im Dichterrock:
»O spende, Verleger, mir einen Grog!«
Der aber schüttelt sein Haupt und spricht:
»Jenseits der Grenze, doch eher nicht;

Nicht vor der ersten Schweizer Station!
Bis dahin bezähme den Durst, mein Sohn!«
»O mein Verleger, das dauert lang,
Und außerdem ist mir so bang, so bang, –:

Mich dünkt, was schrill durch die Drähte schallt
Da draußen, das ist der Staatsanwalt;
O hör' es, Verleger, er telegraphiert!
Nun werden wir selber bald konfisziert!«

»Sei stille, sei stille, mein Wedekind:
Durch die Leitungsdrähte wispert der Wind.
Komm, lege dich ruhig aufs Polster du,
Der Staatsanwalt pflegt der nächtlichen Ruh.«

»O Langen, o Langen, er stiert ins Coupé!
Ach, wär'n wir doch balde am Bodensee!
Das Schwarze da draußen, ich sehe es klar:
Das Schwebende, Wehende ist sein Talar!«

»Der Mond scheint ins Fenster, und schwarz flieht der Wald;
So groß ist er doch nicht, der Staatsanwalt!
Sind auch schnell seine Beine, so schnell sind sie nicht!
Und kannst du nicht schlafen, so mach' ein Gedicht!«

»Ich kann jetzt nicht dichten; der Durst bringt mich um:
O Langen, nur *einen* Grog von Rum!«
»O daß doch die Dichter so durstig sind!
Ich hole den Grog dir, mein Wedekind!«

Tief den Hut im Gesicht, auf der nächsten Station
Überschreitet Herr Langen kühn den Perron
Und labt seinen Dichter mit Grog von Rum.
Das stärkt und erquickt Hieronymum.

Er hat aus dem Plaide die Leier geschnallt
Und trällert ein Lied vom Staatsanwalt;
Und als die nächste Station erschien,
Da sah zum Büffette man eilen *ihn*.

Tief den Hut im Gesicht, hoch den Kragen vom Rock,
Und er brachte die dampfende Vase voll Grog.
Und es tranken sich durch mit vielen Genuß
Albert Langen und Frank Hieronymus.

»Hör', Langen, wie draußen das Wetter tost.
Wenn's der Staatsanwalt wär', ich riefe ihm Prost!«
Und es klang die Leier so hell wie nie
Des fröhlichen Hieronymi.

So trank das sehr verruchte Paar,
Bis daß es über der Grenze war.
Und als der Zug in die Halle lief,
Herr Langen und Herr Wedekind schlief.

(1898)

AN ALBERT LANGEN

München, August 1899

Zunächst sage ich Ihnen besten Dank für Ihr freundliches Anerbieten, mich als ständigen Mitarbeiter zu engagieren. Ich gestehe Ihnen gerne, daß ich Ihren Vorschlag als Anerkennung einiger Arbeiten mit wirklicher Freude gelesen habe, und ich hoffe, daß ich, Ihrem Wunsche entsprechend, dem Simplicissimus künftighin intensiver dienen kann.
Sie werden aber, lieber Herr Langen, es selbstverständlich finden, daß ich Ihnen frei von der Leber weg einige Wünsche und Bedenken vortrage. Sie schreiben mir selbst einiges Interesse an Ihrem Blatte zu und werden es nicht als Übereifer betrachten, wenn ich mich zu ihrem Vorschlage im besonderen und allgemeinen äußere.
Die freie Stellung Ihres Blattes liebe ich; es war immer meine Ansicht, daß sich gerade in dieser Tonart viel erreichen läßt, und daß gesunden, starken Talenten in

Ihrem Simplicissimus die erwünschte Möglichkeit geboten ist, dem süßlichen Zopf energisch auf den Leib zu gehen.

Ihre Heine, Paul und Thöny haben ja gezeigt, welcher unerschöpfliche Schatz hier zu heben ist. Nun nehmen Sie mir nicht übel, wenn ich sage, daß der literarische Teil des Simplicissimus fast ausnahmslos der starknervigen und künstlerischen Richtung Ihrer Zeichner geradezu konträr ausgebildet ist.

Ich habe heute in Nr. 20 die Novelle der Clara Viebig gelesen; sie steht auf derselben Höhe wie die Arbeiten der oft vertretenen Else Meyer und anderer Frauenzimmer. Ich finde das Zeug entsetzlich widerlich. Miserable Diktion, hysterisches, unwahres Empfinden und saudumme Erfindung. Diese Damen winseln sich heute noch – also zwanzig Jahre zu spät – mit einer Kontrast- und Elendmalerei ab, daß es zum Himmel um Rache schreit.

Ich glaube nicht, daß in Deutschland eine solche Leutenot herrscht, daß man solche Arbeiten aufnehmen muß.

Ich begreife nicht, warum sich die Redaktion so außer allem Kontakt mit der Schriftstellerwelt setzt. Mit Holm habe ich darüber gesprochen, aber sehr kurz. Meine Stellung zu Ihrem Blatte hindert mich etwas an rückhaltloser Kritik gerade den beiden Redakteuren gegenüber. Es hat unwillkürlich den Anschein eines gewissen Neides, wenn ich mich über die Qualitäten anderer ausspreche.

Ich übe an mir selbst ziemlich strenge Kritik und bin für motivierten Tadel *sans phrase* sogar dankbar. Aber ich unterschätze mich auch nicht und gestehe Ihnen ganz offen, daß ich mich an Lebenserfahrung und treuer Wiedergabe des Beobachteten ungleich stärkeren Talenten gewachsen fühle, als dermalen im textlichen Teil vertreten sind.

Ich trage das Gefühl in mir, daß unser Werkeltagsleben, und die Äußerlichkeit, die Phrasierung unserer gesellschaftlichen Moral so unendlich viel Humor in sich birgt, daß hier wahre Schätze zu heben wären.

Ob es mir gelingen wird, einige an den Tag zu fördern, weiß ich nicht. Manchmal traue ich mir das zu.

Nun, lieber Herr Langen, zum Schlusse. Ich habe nicht die Absicht, eine stilisierte Abhandlung über den textlichen Teil des Simplicissimus zu schreiben. Was ich sagen will, ist: mein Bestreben geht dahin, im Verein mit anderen das literarisch zu geben, was Ihre Künstler zeichnerisch leisten; freie Satire, derbe, gesunde Kost. Nicht rohe Kontrastmalerei, die nach süßlicher Sentimentalität schmeckt. Wenn Sie das Zutrauen zu mir haben, und wenn wir über ein Fixum einig werden, *bon*! Ich hätte meine Freude daran, unserer Gesellschaft den intimen Krieg zu erklären.

An Albert Langen

München, 30. 8. 1899

Unsere Korrespondenz hält sich in gemessenen Zwischenräumen. Heute ergreife ich die Initiative. Ich habe mich entschlossen, 2–3 Jahre in Urlaub zu gehen und die Stichprobe mit der Schriftstellerei zu machen. Die Welt wird so süß; ich will etwas Sauerteig hineinbringen und meinen lieben Mitmenschen zeigen, wie spießig sie an der Neige des Jahrhunderts stehen. Bringe ich es nicht zusammen, *bon*! Dann werde ich selber Spieß, verschwöre das Dichten und suche mein Heil wiederum darin, den unwissenden Landleuten die Hosen aufzuknöpfen.

Nach dieser Einleitung eile ich zum Schlusse. Haben Sie noch die Absicht, mit mir einen Kontrakt, sagen wir auf ein oder zwei Jahre abzuschließen, so bitte ich Sie, mir das mitzuteilen. Ich brauche mich nicht selbst anzupreisen. Meine schriftstellerische Qualität kennen Sie. Im Zustand vollkommener Freiheit hoffe ich, erheblich produktiver zu werden. Meine intimen Beziehungen zu Paul, Thöny und Wilke dürften mich auch nach anderer Richtung hin als taugliches Objekt erscheinen lassen. Ich selber hätte Freude daran, gerade im Simplicissimus die Sporen zu verdienen. Alles in allem glaube ich sagen zu dürfen, daß Sie Ihre Zusage nicht bereuen würden. Daß ich ein Fixum suche, bevor ich die Schiffe hinter mir verbrenne, werden Sie begreiflich finden. Wir Deutschen sind gehaltliebend, und suchen als ordentliche Staatsbürger eine Pension zu erlangen.

Ich bitte Sie um baldige Rückäußerung, da Ihre Entschließung einigermaßen die meinige bestimmt.

Lieber Simplicissimus!

Oberbürgermeister Lueger in Wien empfängt eine Militärdeputation von gemeinen Soldaten. Während der Unterhaltung fragt er den zunächst Stehenden: »Wenn Se. Majestät der Kaiser befehlen würde, du sollst auf mich schießen, würdest du auf mich schießen?« – »Wenn Se. Majestät der Kaiser befehlen würde, ich soll auf den Herrn Oberbürgermeister schießen, würde ich auf Herrn Oberbürgermeister schießen.« – »Was hast du für eine Religion?« – »Ich bin evangelisch, Herr Oberbürgermeister.« – »Na, da wundert mich das weniger; und was würdest tu tun?« fragte er den zweiten. »Wenn Se. Majestät befehlen würde, ich soll auf Herrn Oberbürgermeister schießen, so würde ich auch schießen.« – »Was hast du für eine Religion?« – »Ich bin Katholik.« – »Bei dir wundert mich das allerdings mehr. Und was würdest du tun?« fragte Lueger zu dem dritten gewendet. – »Ich würde auf den Herrn Oberbürgermeister nicht schießen.« – »Was hast du für eine Religion?« – »Ich bin mosaisch, Herr Oberbürgermeister.« – »Mosaisch?« fragte Lueger erstaunt, »weißt du nicht, daß ich Wiens größer Antisemit bin?« – »Doch,

Herr Oberbürgermeister.« – »Warum würdest du denn nicht auf mich schießen?« – »Ich bin Trommler, Herr Oberbürgermeister.«

Der Geistliche einer kleinen Stadt bemerkt bei einem Spaziergang einen kleinen, weinenden Jungen und fragt ihn: »Nun, Kleiner, warum weinst du denn?« – »Nu, ich hab' zwei Groschen verloren, und wenn ich nach Hause komm, haut mich meine Mutter.« – »Nun, davor will ich dich schützen, hier hast du zwanzig Pfennige; aber sag' mir nun mal, wie ist denn das passiert?« – »Nu – ich hab' halt – mit'm Klinke Karle – – Sechsundsechzig gespielt.«

(1899)

Bekenntnis

Ich bin fürwahr kein Feind der holden Frauen,
Soweit sie rund sind, nett und appetitlich.
Ich zähle in der Lieb' nicht zu den Lauen
Und pfeife auf das Prädikatum »sittlich«.

Ich möchte jede, ob sie nun in Seide,
– Doch nicht in Watte – hüllt die zarten Glieder,
Ob sie einhergeht im kattun'nem Kleide,
Denn auch ein Kocherl ist mir nicht zuwider.

Ich frage alle, die den Rummel kennen:
Was hilft mir denn die niedliche Marquise,
Wenn sie das ist, was wir in München nennen
»Geschupfte Nocken« oder »fade Brise«?

Kurzum, es möge keiner von mir glauben,
Ich könne bloß die höhere Bildung schätzen.
Ich sehe *darauf*, was sie uns erlauben,
Nicht was die Damen *nebenbei* noch schwätzen.

Nur eins gibt es, was ich wirklich hasse:
Das ist der Volksversammlungsrednerinnen,
Der Zielbewußten tintenfrohe Klasse.
Ich bin der Ansicht, daß sie alle spinnen.

Sie taugen nichts im Hause, nichts im Bette.
Mag Fräulein Luxemburg die Nase rümpfen,
Auch *sie* hat sicherlich – was gilt die Wette? –
Mehr als *ein* Loch in ihren woll'nen Strümpfen.

(1899)

Lieber Simplicissimus!

Der Oberförster Bödemann aus Frankenberg hat Audienz bei Serenissimus. Er hofft auf allergnädigstes Erinnern, da Serenissimus ihn in seiner Jugendzeit bei mancher fröhlichen Jagd mit seinem besonderen Wohlwollen beehrt hat. Als er aber das Gemach betritt, fliegt kein Zug des Erkennens über Serenissimi Antlitz, dagegen entwickelt sich folgender Dialog:
»Was sind Sie?«
»Oberförster, Durchlaucht.«
»Wie heißen Sie?«
»Bödemann, Durchlaucht.«
»Woher sind Sie.«
»Aus Frankenberg, Durchlaucht.«
Und nun Serenissimus im Tone fröhlichsten Erstaunens: »Dann sind Sie ja der Oberförster Bödemann aus Frankenberg.«

(1899)

Lieber Simplicissimus!

An einem großen Hoftheater wird ein Wagner-Zyklus gegeben, zu dem viele auswärtige Gesangsgrößen geladen sind, unter ihnen auch eine Sängerin, die zwar gutmütig ist, ihrer Vergangenheit aber nicht mit reinen Kinderaugen ins Gesicht blicken kann. Und sie sorgt dafür, daß die Gegenwart nicht allzu kraß von der Vergangenheit absticht. Nach Schluß der Vorstellungen pflegt sie noch mit ihren Bekannten kneipen zu gehen. Als einmal die Wogen der Begeisterung sehr hoch gehen, wird es so spät, daß der Wirt das Lokal schließen will. Die Gäste sind indigniert, da macht die Sängerin einen Vorschlag: »Kinder geht's allesamt mit mir in meine Wohnung, wir nehmen dann noch den Tee miteinander.« »Natürlich – selbstverständlich – famose Idee.« Als die Gesellschaft vor dem Hause ankommt, ist es natürlich verschlossen. Die Sängerin greift in ihre Tasche, greift nochmal und sucht, Zornesfalten auf der schönen Stirn. Plötzlich glätten sich diese, und im Tone seligsten Selbstvergessens ruft sie: »*Jesses, Jesses, den hat ja noch der Kapellmeister.*«

(1899)

An Heinrich Heine

Lieber Heine, warum hast du
Gar so scharf und keck gesungen,
Daß dein Lied unzähl'gen Biedern
Widerlich ins Ohr geklungen?

Und du hast dich nie gebessert,
Nein, du wurdest immer kecker;
Hattest du denn nicht ein Beispiel
An dem großen Niklas Becker?

Für dein Denkmal ist kein Plätzchen
Auf der weiten deutschen Erde,
Und bedenke mal, was alles
Dasteht in der Denkmalherde!

Jedem setzt man jetzt ein Denkmal,
Ja, man macht daraus Alleen,
Neuerdings sind gar die Hirsche
Zu dem Zwecke ausersehen.

Paß mal auf, die deutschen Dichter
Kriegen alle nächstens Steine:
Blumenthal, die Marlitt, Fulda,
Hirschfeld, nur nicht Heinrich Heine.

Aber doch, wie ich dich kenne,
Trägst du deshalb keine Reue,
Nein, mich will sogar bedünken,
Daß dich dieses diebisch freue.

Macht's dir Spaß, wenn dich in Bronze
Atta Troll mit Grau'n bewundert?
Nein, du wartest mit dem Denkmal
Lieber nochmals ein Jahrhundert.

Du hast ihn noch nicht getötet,
Atta Troll ist noch am Leben,
Aber du hast ihm den ersten
Schuß ins dicke Fell gegeben.

Treulich wollen wir dir folgen.
Und gelingt's ihn zu erschießen,
Wird man an demselben Tage
Dir das erste Denkmal gießen.

(1899)

Weihnachtswunsch

Die Glocken der Weihnacht tönen heut'
So dumpf. Ich höre verwundert
Die Luft erfüllt von Totengeläut,
Im Sterben liegt ein Jahrhundert.

Ich wünschte ihm einen sanften Tod,
Es ist nicht viel dran verloren,
Wird nur von hellem Licht umloht
Das neue Jahrhundert geboren.

Das alte hat als Mörtelfrau
Sich redlich durchgeschlagen
Und zu dem ragenden Zukunftsbau
Viel tüchtige Steine getragen.

Das ist ein guter Alltagsruhm,
Kein Denkmal im Reiche der Geister.
O würde das neue dem Menschentum
Der große Dombaumeister.

O würden die Menschen endlich einmal
Ein großer Lebensorden,
Des alten Jahrhunderts Ideal
Ist gar zu schäbig geworden.

Und hat man's gepredigt auch Tag für Tag,
Zuweilen sogar mit Ekstase,
Der Mensch mit lebendigem Herzensschlag
Erkannte dahinter die Phrase.

O möge lehren die künftige Zeit:
Die Wahrheit ist immer das Beste,
Und schön ist die atmende Wirklichkeit!
Das ist mein Wunsch zum Feste.

(1899)

Deutscher Frühling

Blickt man ins Land, es möchte einem grauen,
Kein Sonnenstrahl, kein heller Lerchenton!
Die Kön'ge trauern, und die Kärrner bauen,
Ja bauen an der Burg der Reaktion.

Die Dummheit herrscht in Hallen und in Gassen,
Salbadernd bläht sie sich vor aller Welt,
Vermorscht ist jede Kraft in Lieb' und Hassen,
Am Ruder sind die Bravheit und das Geld.

Du suchst das Licht? – Hör' auf, du suchst vergebens,
Weil hinter uns liegt längst die helle Zeit,
Ist doch »Geschäft« der Inhalt unsers Lebens,
Und man fischt gut in trüber Dunkelheit.

Jawohl, mit Geld, da kann man imponieren,
Wem leuchtet's nicht an Englands Beispiel ein?
Und kann trotzdem wie'n Hund am Weg krepieren,
Und niemand wird um einen traurig sein.

(1900)

Lieber Simplicissimus!

In einem Bauerndorfe zeigt ein Pfarrer jährlich an einem Muttergottestage ein Haar der heiligen Jungfrau auf einem Sammetkissen. Einmal nun meinte einer der kleinen Meßdiener: »Herr Pfarrer, ich kann aber nix seh'n!« – »Dummer Jung'«, antwortete der würdige Herr, »ich walte nun dreißig Jahre meines Amtes, und die heilige Muttergottes hat mich dieser Ehre noch nicht für würdig gehalten, und du willst es gleich am ersten Tag sehen?«

(1900)

Als Serenissimus unlängst dem Reitunterricht beiwohnt, bemerkt er, daß die Pferde sämtlich an derselben Stelle der Reitbahn scheuen. »Wachtmeister!« ruft er. – »Zu Befehl, Hoheit.« – »Äh, wovor scheuen denn die Pferde da hinten in der Ecke?« – »Vor den Ringeln, welche die Sonnenstrahlen auf der Erde machen, Hoheit.« – »Äh, dummer Kerl, weshalb lassen Sie denn da keinen Sand drauf streuen?«

(1900)

Der Leiber
(Zeichnung von E. Thöny)

Was ist des Kriegers seligstes Vergnügen,
Was ist des Kriegers allerhöchste Lust?
Als wie des Nachts beim Mädigen zu liegen,
Die treue Liebe in der stolzen Brust?
   Ja, das erfreuet jeden, der es kennt,
   Und auch den Tapfern – aberi juhe!
Vom Leiberregiment.

Marschieren wir des Tages auf und nieder,
Und wenn wir stehen auf der stillen Wacht,
Dann weihen wir der Liebsten unsre Lieder
Und seufzen leise: morgen auf die Nacht,
   Ja morgen komm' ich wieder hochbeglückt,
   Denn Liebe ist es – aberi juhe!
   Die wo das Leben schmückt.

O laß uns heimlich in die Küche gehen,
Und dort empfangen süßen Liebeslohn!
Hast du nicht etwas in dem Kasten stehen?
Mein Schätzigen, das andre weißt du schon.
   Wir wollen essen und gar fröhlich sein
   Denn unsre Treue – aberi juhe!
   Das ist kein leerer Schein.

So leben wir Soldaten stets in Freuden,
Nicht andres wünschen wir ja niemals nicht.
Ade Feinsliebchen, und jetzt muß ich scheiden,
Weil mich zu Bette ruft die harte Pflicht.
   Doch wenn uns auch die bittre Stunde trennt,
   Verbleib dein Schatz ich – aberi juhe!
   Vom Leiberregiment.

(1900)

Spruchweisheit

Zu Zeiten, da man seine Weisheit nicht
Aus Leitartikeln schöpfte, wo die Alten,
Weil sie das wechselvolle Leben kannten,
Für sehr viel klüger als die Jungen galten,

Zu jenen Zeiten hat sich unser Volk
An guten Regeln einen Schatz gegründet,
Hat an der Väter Klugheit sich gehalten
Und nicht an schönen Reden sich entzündet.

Das war wohl gut so, und ich möchte euch,
Ihr Herrn vom grünen Tisch, ihr Diplomaten,
Von Herzen bitten, bringt sie ab und zu
Zum allerhöchsten Ohr der Potentaten.

»In allem halte Maß.« Das Wort
Ist wirklich wert, daß man es oft verwende,
Den Kopf behalte kühl und warm den Fuß,
Denn blinder Eifer führt zu schlechtem Ende.

Dann heißt es weiter: Schweigen ist wie Gold,
Die Red' ist silbern, manchmal auch von Bleche,
Es ist nicht nötig und es ist nicht gut,
Daß vor dem Handeln man geschwollen spreche.

Gelingt dir etwas oder scheint es so,
Dann mußt du nicht in lauter Freude toben,
Denn nichts Gewisses weiß man nicht, und auch
Soll man den Tag nicht vor dem Abend loben.

Nichts wird so heiß gegessen wie gekocht,
Was dich nicht selber brennt, sollst du nicht blasen,
Man muß nicht überall dabei sein, und
In fremde Töpfe steckt nicht eure Nasen.

Ich wüßte noch so manches kluge Wort,
Doch hab' ich eine Weisheit nicht vergessen,
Die auch die Alten manchmal schon verspürt:
Mit großen Herrn ist nicht gut Kirschen essen.

(1900)

Die Thronstütze
Ein Couplet fürs Variété
(Zeichnung von B. Paul)

Immer nur so durchjeschloffen,
Nischt jelernt und viel jesoffen,
Roch ich sehr nach Biere.
Endlich bin ich durchjeschwommen,
Bin im Staatsdienst anjekommen
Mit 'ner sauren Niere,
   Hopsasa, tralala!
   Mit 'ner sauren Niere.

Doch da peu à peu die Kröten,
Die ich hatte, jingen flöten,
Weil ich's trieb zu tolle,
Hab' ich mich nich lang besonnen,
Hab' mich feste injesponnen,
Nahm mir eene Olle,
   Hopsasa, tralala!
   Nahm mir eene Olle.

So 'ne olle, fette, dicke,
So 'ne rechte plumpe Zicke
Aus dem Bürgerstande.
's is nich schön, mit ihr zu leben,
Darum hab' ich mich jejeben,
Janz dem Vaterlande,
   Hopsasa, tralala!
   Janz dem Vaterlande.

Führ' 'ne heftige Bataille
Mit der dummen Preßkanaille,
Leg' sie auf die Latte.
Will ich mir mal amusieren,
Laß den Jeist ich maltraitieren,
Den ich selbst nich hatte,
   Hopsasa, tralala!
   Den ich selbst nich hatte.

Scharf nach unten, mild nach oben,
Öffentlich den Herrgott loben,
Heimlich is man kalte.
Bald 'nen Tritt, un bald 'nen Orden,
Mancher ist schon so jeworden
Oberstaatsanwalte,
   Hopsasa, tralala!
   Oberstaatsanwalte.

(1900)

Vom Antialkoholisten-Kongreß

Und dann kam der berühmte Professor Maier zum Schlusse seiner Rede. »Wenn ich dies alles zusammenfasse«, sagte er, »wenn ich von der deduktiven auf die induktive Methode und umgekehrt zurückgreife, wenn ich einerseits das Gegenständliche an sich, andererseits aber in seinen Beziehungen zur Allgemeinheit betrachte, bin ich wohl berechtigt zu sagen: das Wesen des Alkohols liegt in der *Betrunkenheit*.«

Stürmische Beifallsrufe zeigten dem Gelehrten, wie seine lichtvollen Ausführungen gewirkt hatten. Die Begeisterung des Kongresses erreichte den Höhepunkt, als der Präsident mitteilte, er sei durch die Liebenswürdigkeit einiger Mitglieder in die angenehme Lage versetzt worden, der hochverehrten Versammlung ein altes Männchen vorzuführen, welches den Alkohol verabscheue und dessen ehrwürdiges Greisenalter allein für die Abstinenzbewegung ganze Bände spreche.

Er winkte und von zwei Dienern gestützt trat auf dem Podium das alte Männchen vor; ein kleiner Bauer mit schneeweißen Haaren, aus dessen runzeligem Gesicht ein Paar schlaue Augen blickten. Man setzte ihn in einen Lehnstuhl und er sah neugierig und vergnügt in die Versammlung hinein.

»Wie heißen Sie, alter Vater?« fragte der Präsident.

»Ha?« antwortete der Greis mit einer dünnen, zitternden Stimme.

»Er ist etwas schwerhörig«, erklärte der Vorsitzende und ließ sich das Hörrohr bringen. Dann wiederholte er seine Frage.

»I hoaß Peter Ladensteiner. Wann kriag i denn mein Taler?« sagte diesmal das Bäuerlein.

Der Präsident lächelte. »Er meint die Reisevergütung«, wandte er sich an die Umstehenden. Dann fuhr er fort: »Wie alt sind Sie jetzt?«

»I? I bin zwoaraneunz'g Jahr. Wann kriag i denn mein Taler?«

»Sie bekommen ihn schon. Nicht wahr, Sie verabscheuen den Alkohol?«

»Ha?«

Der Präsident wiederholte die Frage, aber das alte Männchen sah ihn verständnislos an. Der Vorsitzende wußte sich zu helfen. »Nicht wahr«, fragte er »Sie mögen das nicht?« Und er machte die Bewegung des Trinkens.

Das Gesicht des Bäuerleins erhellte ein Lächeln. »Ja, ja«, antwortete er, »wenn i mein Taler hab, kaaf i mir oan.«

»Er versteht mich nicht«, sagte der Vorsitzende; dann wurde er recht eindringlich und betonte jede Silbe. »Wa – rum trin – ken Sie nicht?«

Das Bäuerlein lächelte wieder und sagte mit gut vernehmlicher Stimme: »Weil i koa Geld net hab. I hab scho alles versuffa.«

(1901)

Im Neckartal

Der Kirschbaum blühte am Straßenrand,
Die Hügel lagen im Sonnenschein,
Und wo ein Wirtshaus am Wege stand,
Da schenkte man einen guten Wein.

Wir schlürften bedächtig so manches Glas
Und schauten rings das gesegnete Land,
Wir dachten schweigend an dies und das
Und nahmen wieder das Glas zur Hand.

Um alle Berge ein leichter Duft;
So freundlich grüßte die alte Zeit;
Es lag ein Lied in der blauen Luft,
Ein Lied von vergangener Herrlichkeit.

Da kam ein Fremder vom andern Tisch,
Der setzt' sich zu uns und sagte, es sei
Das Wetter prachtvoll, nur etwas frisch,
Und wenn wir gestatten, wär er so frei.

Er war im Reden durchaus nicht faul;
Die Gegend, sagt' er, stimme ihn weich;
Und hatte er ein Stück Brot im Maul,
Dann kaute und schwätzte der Kerl zugleich.

Als unsere Stunde geschlagen hätt',
Wir nahmen Abschied vom Neckartal,
Da sagt' er, er fände uns riesig nett,
Wir wären wohl auch nationalliberal.

(1901)

Heute

(Zeichnung von B. Paul)

Zwei i. a. C. B.'s und drei C. B.'s,
Die man niemals im Kollege sah,
Bummelten infolge Katerweh's,
Da begegnet ihnen ein a. H.

Seines Zeichens war er Ref'rendar.
Protokolle schreibend beim Gericht,
Dient' dem Staate er seit einem Jahr.
Manche Narbe schmückte sein Gesicht.

Ihm entgegen schritt jetzt der F. M.
Jeder grüßte einfach tadellos,
Schnarrte: »Mahlzeit!« und »sehr angenehm!«
Gegenseitig war die Achtung groß.

Jeder hatte vor sich selbst Respekt,
Jeder kam sich äußerst wichtig vor
Und benahm dabei sich sehr korrekt,
Wie es üblich ist im feinen Corps.

Da ihm dies gefiel, sprach sehr gelehrt
Auf der Kneipe abends der a. H.
Von der Corps erzieherischem Wert.
Stinkbesoffen wurde jeder da.   (1901)

Silvester
Ein Stimmungsbild

Um Silvester, im Familienkreise
Schaut ein jeder, wieviel Uhr es sei;
»Bald« – so spricht bald der, bald jener leise –
»Bald ist wiederum ein Jahr vorbei.«

Und der Vater hält die Zeit geeignet,
Daß er eine gute Rede spricht:
»Was sich wohl das nächste Jahr ereignet,
Dies, Geliebte« – sagt er – »weiß man nicht.«

»Denn wir wissen nur, was sich begeben
In dem Jahr', das jetzt vorüber ist;
So ist einmal nun das Menschenleben
Und so faßt es auf ein guter Christ.«

»Du hast recht« – so sprach der Onkel – »hoffen
Wir das Beste von dem neuen Jahr'!
Allen Wünschen steht es jetzt noch offen,
Später sehen wir erst, wie es war.«

Auch die Mutter nickte mit dem Haupte;
Denn sie stimmte diesen Reden bei.
Und so zeigte – schneller, als man glaubte –
Jetzt die Uhr auf neunzehnhundertzwei. –

(1901)

Gleichgültigkeit

Als ich gestern lag in meinem Bette,
Klopfte es so gegen Mitternacht.
Meine Meinung war, es sei Jeannette,
Und natürlich hab' ich aufgemacht.

Leise kam es jetzt hereingeschlichen,
Setzte sich an meines Bettes Rand,
Hat mir über meinen Kopf gestrichen
Mit der ziemlich großen, dicken Hand.

Doch ich merkte bald an ihren Formen:
Dieses Weib ist ja Jeannette nicht,
Deren Hüften nicht von so enormem
Umfang sind, und solchem Schwergewicht.

Trotzdem schwieg ich. Denn ich überlegte:
Nicht das *wer*, das *wie* kommt in Betracht,
Außerdem die Absicht, die sie hegte,
War entschieden löblich ausgedacht.

Was bedeutet dieserhalb ein Name?
In der Liebe ist das einerlei.
Man verlangt nur, daß es eine Dame,
Und von angenehmem Fleische sei.

(1902)

Lumpenlied

Wenn man so an Werkeltagen
Stillvergnügt beim Weine sitzt,
Sieht man, wie sich andre plagen,
Wie so mancher furchtbar schwitzt.
Und der Weise trinkt und spricht:
Dies mißfällt mir wirklich nicht,
Es ist nötig unbedingt,
Fideldibum!
Daß der Mensch was vor sich bringt,
Fideldibum und schrumm!

Manchmal sucht man sich Vergnügen
Bei des Nachbars hübschem Kind,
Soll die Liebe nicht genügen
– Wie nun einmal Mädchen sind –
Ei, da sagt man, liebe Maus,
Such dir einen andern aus,
Denn die Ehe muß wohl sein,
Fideldibum!
Doch ich selber fall' nicht rein,
Fideldibum und schrumm!

Stirbt man in gepumpten Kleidern,
Lebt man fort noch manches Jahr
Unvergeßlich allen Schneidern,
Denen man was schuldig war.
Seinen Enkeln sagt der Spieß
Über uns noch das und dies,
Seufzend spricht er: ja, hier liegt
Fideldibum!
Der, von dem ich nichts gekriegt
Fideldibum und schrumm!

(1902)

Frühlingsahnung

Herrgott, ich rieche Frühlingsluft!
Es liegt so was wie Veilchenduft
    Um alle grünen Sträuche.
Jetzt kommen vor die Ladentür
Die Krämersleute all herfür
    Und wärmen sich die Bäuche.

Nun hat die Sonne wieder Kraft.
Das ist die Zeit der Leidenschaft,
    Wo alle Böcklein springen.
Will mir ein Mädchen gnädig sein,
Dann könnt' es auch dem Dichterlein,
    Dem Dichterlein gelingen.

Der Teufel weiß, woran das liegt,
Daß uns die Lust am Zipfel kriegt
    In diesen Frühlingszeiten.
Ja selbst ein sanfter Mensch wird keck,
Mich könnte jetzt ein lieber Schneck
    Zum dümmsten Streich verleiten.

Doch wenn es so geschehen müßt,
Daß mich kein ledig Mädchen küßt,
    Dann ist das allerbeste:
Ich hüpf' um eines Andern Frau,
Und lebe wie der Kuckuck schlau
    Vergnügt im fremden Neste.

(1902)

Pistole oder Säbel?
Kongreß des satisfaktionsfähigen Deutschlands

Als Delegierte sind erschienen: Von Seite der Corps, die alten Herren: Oberstaatsanwalt Schlumpke, Franconiae Nassoviae, Gesandtschaftsrat von Wulkenow, Borussiae, Geheimer Justizrat Behrke, Saxoniae.
Ferner die Aktiven: Erbprinz Gottlieb Udo, Graf Rumps auf Rülpsen, beide Saxo-Borussiae, von Bonekamp, Saxoniae.
Von Seite der Burschenschaften, die alten Herren: Konsistorialrat Käsebier, Arminiae, Pfarrer Schmorkohl, Bubenruthiae, Pfarrer Liebetraut, Germaniae.
Ferner die Aktiven: Susemihl, Arminiae, Bärmann, Bubenruthiae, Mathes, Teutoniae.
Von Seite des Offizierscorps: Rule von Rulenstein, Generalmajor, von Köchern, Oberst.

VON WULKENOW: Ich eröffne die Sitzung und erteile dem Referenten, Herrn Geheimem Justizrat Behrke das Wort.
KONSISTORIALRAT KÄSEBIER: Wollen wir nicht zuerst ein Gebet sprechen, daß Anfang, Mitt' und Ende der Herr zum besten wende?
GRAF RUMPS AUF RÜLPSEN: Is nich nötig.
ERBPRINZ GOTTLIEB UDO: Mein Papa hat tesagt... mein Papa hat tesagt...
OBERSTAATSANWALT SCHLUMPKE: Wir können uns nicht prinzipiell ablehnend verhalten. Das Gebet gehört mit zum andern. Aber wir wollen es schweigend abmachen, da der Text wohl nicht gleichlautend ist.

RULE VON RULENSTEIN: Man los!

— *Gebetspause* —

VON BONEKAMP: Fertig! Von unsrer Seite aus kann's weitergehen.

GEHEIMER JUSTIZRAT BEHRKE: Meine Herren! Es ist eine wichtige Frage, die heute unserer Erwägung obliegt; eine Kulturfrage. Sie lautet kurz zusammengefaßt: Pistole oder Säbel?

GRAF RUMPS AUF RÜLPSEN: Schlagen oder knipsen!

ERBPRINZ GOTTLIEB UDO: Schladen oder tnipsen.

GEHEIMER JUSTIZRAT BEHRKE: Gewiß, Hoheit! Und bevor wir in die Details eingehen, darf ich einen Satz wohl mit Stolz voranstellen: In der Hauptsache sind wir uns einig; wir alle anerkennen die harte aber edle Notwendigkeit des Duells, das in seiner letzten Konsequenz doch nichts andres ist, als eine Blüte der höchsten Gesellschaftsmoral.

(*Allgemeines Bravo! Die Offiziere stoßen mit den Säbeln auf den Boden.*)

GEHEIMER JUSTIZRAT BEHRKE: Nun, meine Herren, kommen wir auf das »Wie«. Wie geben wir Satisfaktion? In der Studentenschaft macht sich eine mächtige Bewegung bemerkbar für die blanke Waffe. Sie soll die heimtückische Pistole verdrängen, welche ich eine Zufallswaffe nennen möchte. Allein wir wissen recht wohl, daß wir nichts tun können ohne Übereinstimmung mit dem Offizierscorps. Die Studentenschaft und das Offizierscorps, diese beiden Träger der nationalen Kultur, der nationalen Ehre müssen hier einig gehen. Über die letzte und höchste Äußerung der uns gemeinsamen Bildung darf es keinen Streit geben. Darum sage ich, wir Studenten, alte und junge, wollen den Säbel, aber nur im Einklange mit den Trägern des Portepees.

VON WULKENOW: Ich bitte Herrn Generalmajor von Rulenstein, das Wort zu ergreifen.

KONSISTORIALRAT KÄSEBIER: Gestatten Sie mir vorher eine Bemerkung.

VON WULKENOW: Aber...

KONSISTORIALRAT KÄSEBIER: Nur zwei Worte! Vielleicht ist dann alles Weitere überflüssig. Geliebte Brüder im Herrn! Sollen wir nicht den Zufall, nein! die göttliche Fügung preisen, die uns hier zusammengeführt hat? Sollen wir nicht darin die Mahnung erblicken, unsere Herzen zu prüfen, ob es nicht möglich sei, einträchtig im Frieden nebeneinander zu wohnen? Nach Gotteswort und ohne Blutvergießen?

(*Alle schreien: Nein! Ach was! Murren.*)

OBERSTAATSANWALT SCHLUMPKE: Aber lieber, verehrter Konsistorialrat! Das ist doch wahrhaftig nicht am Platze...

KONSISTORIALRAT KÄSEBIER: Ich dachte an Gottes Gebot: Du sollst nicht töten.

OBERSTAATSANWALT SCHLUMPKE: Hören Sie mal! Ich bin Staatsanwalt. Gebote oder Gesetze, darüber habe ich zu wachen. Aber, ich sage, es gibt Gesetze, die man hält, oder man ist Kanaille, und Gesetze, die man bricht, oder man ist Kanaille.

(Stürmisches Bravo.)

GENERALMAJOR VON RULENSTEIN: Ich habe eine Erklärung abzugeben.

VON WULKENOW: Herr Generalmajor von Rulenstein hat das Wort.

GENERALMAJOR VON RULENSTEIN: Wenn hier, in dieser Versammlung, jemand ist, der gegen unbedingte Satisfaktion spricht, habe ich als Offizier das Lokal zu verlassen.

VON WULKENOW: Ich glaube sagen zu dürfen, ein solcher Mensch ist nicht hier.

SUSEMIHL, ARMINIAE: Herr Konsistorialrat Käsebier ist ein Armine!

KONSISTORIALRAT KÄSEBIER: Meine Herren! Mißverstehen Sie mich nicht, wenn ich einer Amtspflicht genügte. Wenn ihr alle dagegen seid, so ist es wohl Gottes Wille.

GENERALMAJOR VON RULENSTEIN: Die Erkärung genügt mir. Und nun, meine Herren, wenn ich das Wort habe, will ich Sie zu allererst darauf verweisen, daß eine hohe Persönlichkeit unter uns weilt, welche unsern beiden Ständen die Ehre der Angehörigkeit erweist. Es ist unsere Pflicht, die Meinung Seiner Hoheit vor allem zu hören.

(Bravo! Gewiß!)

VON WULKENOW: Darf ich Euer Hoheit untertänigst einladen, sich geneigtest zu erklären?

ERBPRINZ GOTTLIEB UDO: Papa hat tesagt, daß man dar tein Duell nicht machen darf. Aber Papa hat auch tesagt, er mag danich Menschen leiden, die tein Duell machen. Und Papa hat Gottlieb Udo teschickt zu Leuten, die immer Duell machen.

Aber Gottlieb Udo darf kein Duell machen.

(Ehrfurchtsvolles Schweigen.)

VON WULKENOW: Hoheit, genehmigen unsern untertänigsten Dank zu Füßen zu legen für die bündige Erklärung, die unsern Standpunkt sanktioniert.

OBERSTAATSANWALT SCHLUMPKE: Da haben Sie die allerhöchste Meinung, Herr Konsistorialrat. Gesetz übertreten – strafbar – nicht übertreten – ehrlos.

VON WULKENOW: Wir entfernen uns vom Thema. Ich bitte Herrn Generalmajor von Rulenstein, uns den Standpunkt des Offizierscorps zur Säbelfrage klarlegen zu wollen.

GENERALMAJOR VON RULENSTEIN: Ich werde kurz sein. Die Ehre ist ein Ganzes, das Duell auch. Nehmen Sie etwas, fällt alles. Der stolze Bau, den unser Ehrenkodex vorstellt, besteht in Schlagen und Schießen. Keinen Stein aus diesem Bau! Wir knallen, nach wie vor.

PFARRER SCHMORKOHL: Wir gedachten, daß durch die Säbelmensur eine Milderung ermöglicht wäre, und das wäre doch im christlichen Sinne gehandelt.

VON KÖCHERN: Mildern heißt schwächen. Wir knallen.

PFARRER LIEBETRAUT: Darf ich auch meine schwache Stimme erheben? Gerade wir im geistlichen Stande verspüren es hart, daß sich im Volke immer mehr Abneigung gegen das Duell geltend macht. Der tötliche Ausgang eines solchen ruft stets neue Erbitterung hervor, und es kommt zu heftigen Anklagen gegen Thron und Altar, gegen alles Heiligste.

OBERSTAATSANWALT SCHLUMPKE: Herr Pfarrer, mit solchen Gesichtspunkten wollen Sie uns nicht kommen. Das verehrte arbeitende Volk hat endlich einmal einzusehen, daß seine Ehre mit Schweiß, die unsere mit Blut aufrecht erhalten wird.

(Stürmische, anhaltende Bravorufe.)

PFARRER SCHMORKOHL: Aber ...

VON WULKENOW: Keine Debatte darüber! Es ist doch wirklich unnötig zu sagen, daß wir unsere Ehre nicht in der Arbeit suchen. Das überlassen wir andern.

ERBPRINZ GOTTLIEB UDO: Die andern sind Elende. Wir passen darnich auf. Papa hat es auch tesagt. Dute Menschen müssen Duell machen. Aber Gottlieb Udo darf kein Duell machen.

VON WULKENOW: Ich glaube, daß für weitere Verhandlungen keine Basis vorhanden ist.

ERBPRINZ GOTTLIEB UDO: Darf ich meine Ehre nicht mit Blut machen? Muß Gottlieb Udo seine Ehre mit Sweiß machen?

OBERSTAATSANWALT SCHLUMPKE: Hoheit, keines von beiden. Hoheit stehen über der Ehre.

VON WULKENOW: Pardon! Ich wiederhole, daß weitere Verhandlungen nach der bestimmten Erklärung unseres verehrten Herrn Generalmajors keinen Zweck haben. Es liegt uns ferne, Differenzen herbeizuführen. Wenn das Offizierscorps die Pistole nicht entbehren kann, fügen wir uns.

KONSISTORIALRAT KÄSEBIER: Der Herr wird auch künftig alles zum Guten führen.

OBERSTAATSANWALT SCHLUMPKE: Ich möchte noch eins sagen. Ich möchte den jungen Studenten danken, daß sie ihre ganze Kraft auf diese Frage geworfen haben, und ich möchte sie ermahnen, weiter zu fahren in diesem edlen Streben.

GENERALMAJOR VON RULENSTEIN: Meine Herren! Der Kongreß verlief durchaus nicht resultatlos. Im Gegenteil, er hat so recht gezeigt, wie einig wir in der Hauptsache sind. Und das ist ein großes, erfreuliches Resultat.

(Lebhafte Bravorufe.)

VON WULKENOW: Meine Herren! Wir können diese Versammlung nicht erhebender schließen, als wenn wir rufen, der Großherzog von Gerolstein und sein erlauchter Sohn, der in unserer Mitte weilt, hurra! hurra! hurra!

(Alle Anwesenden brüllen hurra. Vor der Tür erhebt sich Lärm, der immer stärker anwächst.)

VON WULKENOW: Was ist das?

(Einige Arbeiter dringen zur Türe herein.)

EIN ARBEITER: Wir haben gehört, daß hier eine Versammlung ist. Helft uns! Wir haben Hunger!

VIELE ARBEITER: Brot! Brot!

OBERSTAATSANWALT SCHLUMPKE *(donnernd):* Ruhe! Hinaus!

VON WULKENOW: Wir haben etwas Wichtigeres zu tun und wollen in unserer Arbeit nicht gestört sein.
KONSISTORIALRAT KÄSEBIER: Geht nach Hause, Kinder! Geht nach Hause! Betet und arbeitet!
PFARRER SCHMORKOHL: Und liebet euren Nächsten, wie euch selbst!

(1902)

Im Maien
(Zeichnung von R. Wilke)

Ach! Im Frühlingsüberschwange
fühlt ein jedes Hundeherz
Sich getrieben von dem Drange
   Ohne Ruh
     A-hu! A-hu!
von der Liebe süßem Schmerz.

Milder werden ihre Sitten;
Es ergreift Melancholie
Alle, die vergeblich bitten
   Darum du
     A-hu! A-hu!
Hundedame, höre sie!

Fühlst du keine jener Schwächen,
Die das Herrenvolk verehrt?
Oh! das muß sich einmal rächen!
   Nur so zu!
   A-hu! A-hu!
Auch der Mops hat seinen Wert.

Eh' du's meinst, vergeht die Jugend;
Und mit der du so gegeizt,
Gerne gäbst du deine Tugend,
   Alte Kuh!
   A-hu! A-hu!
Die dann keinen Pinscher reizt.

   Mädchen! sieh an diesen Hunden,
   Was auch unsre Wünsche sind!
   Hast du wen im Mai gefunden,
      O so tu!
      A-hu! A-hu!
   Alles, was er will, mein Kind!

(1902)

Gräßliches Unglück,
welches eine deutsche Familie betroffen hat

Im Wirthaus sitzt der Vater,
Die Mutter im Theater,
Sie schwelgt im Kunstgenuß.
Die Tochter, unschuldsreine,
Liest still beim Lampenscheine
Den Simplicissimus.

Wie alle höh'ren Töchter,
Hat sie nicht der Geschlechter
Verschiedenheit gekennt.
Doch, als sie *dies* gelesen,
Ist alles futsch gewesen,
Was man moralisch nennt.

Sie ließ den Storchenglauben
Wohl über Nacht sich rauben,
Und sonst noch mancherlei.
Sie las vergnügt die Witze,
Verstand die frechste Spitze,
Und wußte, was es sei.

Als dies die Mutter ahnte
Und ihr das Schlimmste schwante
Sprach sie nicht einen Ton.
Sie schloß in ihrer Kammer
Sich ein, mit ihrem Jammer
Und einem Bariton.

Noch tiefer ist gesunken
Der Vater. Schwer betrunken
Holt er sich bald die Gicht.
Wie war er gut katholisch!
Jetzt ist er alkoholisch,
Bis daß sein Bierherz bricht.

Er geht nicht mehr von hinnen,
Poussiert die Kellnerinnen
Vor Gram und Überdruß.
Und wer hat das verschuldet?
Der, den man leider duldet,
Der Simplicissimus!

(1902)

Gegen Bürger, Spießer, Nationale
1902–1906

Friede
(Zeichnung von P. Roloff)

Über die Heide geht der Wind;
Es flüstert im Gras, es rauscht in den Bäumen.
Die dort unten erschlagen sind,
Die vielen Toten, sie schweigen und träumen.

Hören sie nicht den Glockenklang?
Dringt nicht zu ihnen aus heiligen Räumen
Halleluja und Friedenssang?
Die vielen Toten, sie schweigen und träumen.

Voll des Dankes ist alle Welt,
Sie darf mit dem Lobe des Herrn nicht säumen;
Wer im Kampfe fiel, heißt ein Held.
Die vielen Toten, sie schweigen und träumen.

Wenn die Herrscher versammelt sind,
Beim festlichen Mahl laßt die Becher schäumen!
Über die Heide geht der Wind;
Die vielen Toten, sie schweigen und träumen.

(1902)

Herbst

(Zeichnung von W. Schulz)

Der Wein, der ist wohl manches Jahr
Im Kellerraum geblieben;
Da war noch krausgelockt mein Haar,
Wie der als Most getrieben.

So manches Mädel dreht' den Kopf,
Kam ich daher gegangen,
Und jeder Rock und jeder Zopf
Schuf brennendes Verlangen.

Wie kann man so vernünftig sein
Nach all dem tollen Gären?
Das Alter muß wohl jungen Wein
Und junge Liebe klären.

(1902)

Münchener Oktoberfest

Neulich saß ich lang bei einem Greise
In der Wiesenbude Nummer vier,
Jeder trank auf seine stille Weise:
Er wohl sechs, ich sieben Liter Bier.

Anfangs war er still in sich versunken;
Menschlich näher kam er nach und nach.
Und als er die achte Maß getrunken,
Ja, dann kam es, daß er zu mir sprach.

Glauben Sie, so sagt er, mit den Jahren
Sieht man erst die Änderung der Zeit,
Und man kann es Tag für Tag erfahren,
Wie sich häuft und mehrt die Schlechtigkeit.

Seiner Zeit in meiner frühen Jugend
Führte man sein Mädel auch hierher,
Man verlor aus Liebe seine Tugend,
Aus Gewinnsucht gab man sie nicht her.

Wenn Sie jetzt die Frauenwelt betrachten,
Freut es einen, der das Treiben sieht?
Kann man heute noch die Liebe achten,
Wo sie nur aus Eigennutz geschieht?

Glauben Sie, Herr Nachbar, ich war immer
So wie heute gänzlich impotent?
Oh! ho! ho! Ich hab' die Frauenzimmer,
Als ich jung war, ganz genau gekannt.

Aber heute, wenn Sie ernstlich fragen,
Heute wird man nicht umsonsten froh;
Ich kann Ihnen das bestimmtest sagen,
Meine Töchter sind ja ebenso.

(1902)

Der Sieger von Orleans
Vaterländisches Volksstück in zwei Akten

Miadei. Seppei. Der Vater. Ein Postbote.

Erster Akt

MIADEI: Jessas, der Seppei!

SEPPEI: Grüaß di Gott, Deandl! Vom höchsten Berg bin i abagstiegen, bloß daß i dir in deine zwoa Äugerln schaugen ko. Dö san so klar, als wia der Bergsee, wann der Schnee vergeht und die Veigerln blüahn.

MIADEI: Is wahr Seppei? Aba da Vater!

SEPPEI: Ah was! Auf dein Vata – ah, hon i net denkt.

MIADEI: Er hat's aba verboten, daß i mit dir z'sammkimm!

SEPPEI: Is die Liab net das höchste G'fühl in der Menschenbrust?

MIADEI: Aba das vierte Gebot Gottes!

SEPPEI: Ah was! Auf dös vierte Gebot – ah, hon i net denkt.

MIADEI: O mei liaba Bua, tua net a so freveln!

SEPPEI: Schau Deandl, i bi so muatterseelenalloa auf da Welt, i hab nix als wia di, und wann d' mi du aa nimma mogst, nacha ziag i furt, in Kriag, wo die Schlacht am heißesten is, oder i geh zu die Hindianer nach Amerika.

MIADEI: Na, Seppei, dös derfst net toa. I mag di ja!

SEPPEI: Miadei!

(Hinter der Szene furchtbares Gepolter. Türe wird zugeschlagen, ein Tisch umgeworfen. Teller fallen herunter.)

(Der Vater tritt total besoffen auf.)

DER VATER: Herrgottsakrament!

MIADEI: Vater, tua di net versündigen!

DER VATER *(sieht den Sepp):* Halts Maul! Is der Lump scho wieder bei dir. Hab i net...

SEPPEI: Großbauer, i hab koa Geld und koan Hof, aba koa Lump bin i net! Großbauer!

DER VATER: A Lump bist, a ganz a hundshäutener...

SEPPEI: Großbauer, du kannst vom Glück sag'n, daß i dei Tochta gern hab, sunst tat i mei Ehr an dir rächa.

DER VATER: Mach daß d' außi kimmst, du Haderlump!

MIADEI: Vata, schimpf den net, dem mei Herz g'hört.

DER VATER: So? So kimmst du daher? Is das die Ehrfurcht vor den grauen Haaren von dein Vata, du Luada du!

MIADEI: Jessas!

DER VATER: Und dei Religion? Kennst du net Gottes Gebot, du Loas, du miserablige?

SEPPEI: Großbauer, dös reut di no auf dein Totenbett, was d' jetzt g'sagt hast.

MIADEI: I ko nimma glückli wer'n in dem Leben.

SEPPEI: Du zerreißt den Faden der Kindesliebe, g'waltsam.
DER VATER: Herrgottsakrament!
SEPPEI: Bleib stark Miadei, i laß net von dir.
DER VATER: Deandl, i gib dir mein väterlichen Fluach, wann der Mensch no a Minuten im Zimmer is.
MIADEI: Jessas, geh Seppei, geh Seppei!
SEPPEI: Also muaß i, und nacha in Gott's Nam. Siehgst Miadei, i hätt di durch's Leben tragen auf meine starken Arm', koa Stoandl hätt di ang'steßen...
DER VATER: Gehst net, du Bazi, du ganz schlechter!
SEPPEI: I geh! Pfüat di Gott Miadei, mi siehgst nimma! *(Ab.)*
    (Feierliche Stille. Der Vater nimmt den Hut ab, Miadei schluchzt.)
DER VATER: Es is hart, wenn ma streng sei muaß. Das Herz hat mir bluat, aba die Ehre is das Höchste von an Bauern, und mei Tochta derf koan Deanstboten heirat'n. Des war gegen die sittliche Weltordnung.
    So, Miadei, jetz hör amal 's Rotzen auf, sinscht schlag i dir 's Kreuz o, du Loas du miserablige.
MIADEI: Oh, mei liaba Bua!
DER VATER: Jetzt geh i zum Wirt, du ehrvergessene Tochta, und trink no a sechs, a sieben, an acht Maß Bier. Und du bet dawei zu dein Herrgott, daß er di auf den rechten Weg bringt, du Malafizkrampen, du ganz verdächtige.
    (Geht hinaus. Poltern. Stühle und Tischeumschmeißen. Teller klirren.)
MIADEI *(kniet nieder):* Der Himmivata wird no alles recht machen.

Zweiter Akt

MIADEI *(sitzt auf einem Stuhl und strickt):* Jetz is a Jahr, daß mei liaba Bua in Kriag furt is, und seit zwoa Monat hab i nix mehr g'hört davo *(seufzt)* i – ja! Und der Vater laßt si net derweichen. Jessas, da kimmt er.
    (Spektakel wie im ersten Akt.)
DER VATER *(total betrunken):* Herrgottsakrament!
MIADEI *(vorwurfsvoll):* Scho wieder an Rausch, Vata!
DER VATER: Red net so dumm daher. Hast, hast net g'hört, daß der bayrische Löwe den französischen Hahn derworfa hat. Da g'hört si für an Bayern, daß ma dös feiert.
MIADEI *(seufzt):* I – ja!
DER VATER: So fest wia unsere Burg steht die Treue zu'n angestammten Herr... Herr... Herrgottsakrament, Herrscherhaus, daß das woaßt, du Schlitt'n, du ausg'franzter.
MIADEI: Ja, aber die tapferen Krieger, de wo die Siege erfochten haben, de ehrst du net.
DER VATER: Aha, du moanst an Seppei. Da werd nix drauß.
(Ein scharfer Pfiff ertönt hinter der Szene. Dann der ruf »Miadei«, nochmals ein Pfiff.)
MIADEI: Dös war an Seppei sei Stimm! Allmächtiga Gott!
(Seppei tritt ein; die Brust voll Orden, eine Militärmütze auf dem Kopfe. Miadei fliegt ihm entgegen und schreit:)
    Seppei!

DER VATER: Halt! Da bin i aa no do.
SEPPEI: Großbauer, i bi nimma der arme Deanstknecht. Schau her! *(Deutet auf seine Orden.)* De hab i mir g'holt auf'm Schlachtfeld.
DER VATER: Dös is ja mir wurscht.
SEPPEI: Dös ko koana sagen, der wo sei Vaterland liabt.
DER VATER: I liab mei Vaterland, du Hanswurscht, du dappiger, i liab's aus vollem Herzen, wia'r a Kind sei Muatta liabt.
MIADEI: Nacha muaßt aa den liaben, der wo's verteidigt.
DER VATER: Dös is was anders. De feste Ordnung is vom Herrgott g'setzt, daß de Tochta von an Bauern koan Knecht heiraten derf.
SEPPEI: Wo steht dös?
DER VATER: Dös steht in unserm Herzen g'schrieben.
MIADEI: Na, Vata!
DER VATER: Jo, sag i, du triaugete Stallatern!
SEPPEI: So schmeißt also du den Sieger von Oreleans außi?
DER VATER: I muaß, und wenn's mi aa hart o'kimmt.
SEPPEI: Miadei, im heißesten Schlachtgetümmel is mir net so z'Muat g'wen, als wia in dera Stund; der Säbelhieb von dem französischen Kürassier hat mi net a so g'schmerzt, als wia der Abschied vo dir, du armes Deandl.
DER VATER: Jetz halt amal 's Mäu, du Bluatsmensch!
(Der Postbote tritt ein.)
DER POSTBOTE: A Briaf, a Briaf!
DER VATER: Vo wem?
SEPPEI *(hat den Brief genommen):* Dös is unserm Kini sei Handschrift.
MIADEI: Vom Kini? Von...
DER VATER: Von unserm Kini? Was schreibt de Majestät?
SEPPEI: Glei, glei... *(liest vor:)* »Es ist mein allerhöchster Wille, daß der Großbauer von Wall seine Tochter dem Unteroffizier Josef Brandstetter gibt, für bewiesene Tapferkeit.«
DER VATER: Steht dös wirkli drin?
POSTBOTE: Jawoll, so hoaßts.
DER VATER: Wenn der Kini dafür is, ko da Großbauer net dagegen sei. In Gott's Nam, heirats enk halt.
ALLE RUFEN: Es lebe der Kini und das Bayerland!
(Die Musik spielt die Königshymne. Bengalische Beleuchtung, Alpenglühen und Bergfeuer.)

(1903)

Zittau in Sachsen

In den heiß gewärmten Ehebetten
Warten Zittaus Frauen auf die Männchen.
Diese meiden ihre Rosenketten,
Sitzen lieber bei den vollen Kännchen.

Mancher, den ein legitimes, nacktes
Weibchen lockt in aufgewühlten Kissen,
Sitzt beim Kellnermädchen, und er packt es
Ohne Scheu vor Sittenhindernissen.

Erst am Morgen taumeln heim die Biedern;
Rülpsend nahen sie dem Ehehafen,
Nicht mehr fähig, Liebe zu erwidern,
Und vom Drang erfüllt, sich auszuschlafen.

Welche Bilder muß die Gattin sehen!
Was vernimmt die Zärtliche an Tönen!
Diese Laute, welche hier geschehen,
Sie gehören nicht zum Reich des Schönen.

Amor flieht, vertrieben von Geräuschen,
Die den Stempel der Gemeinheit tragen
Und betreffs der Herkunft niemand täuschen.
Amor flieht, und Zittaus Frauen klagen.

(1903)

Aufruf

Eine schwere Zeit, Herr Nachbar! Was man hört,
Nichts wie Klagen, Schimpfen allerorten.
Ganz verschwunden ist die alte Gottesfurcht,
Und das Bier ist auch nicht besser 'worden.

Früher – wer sich noch daran erinnern kann –
Wurde gut katholisch man geboren,
Lebte glaubensfroh und starb als rechter Christ,
Und das Bier war stärker ausgegoren.

Hoch verehrte man das göttliche Gebot,
Und mit Abscheu sprach man von den laxen
Christen. Man bekam mit fünfzehn Kreuzer schon
Überall die größten Kälberhaxen.

Immer weniger katholisch wird die Zeit,
Und man geht nicht, wie die Väter taten,
Mit den heiligsten Gedanken zu der Beicht',
Achtzig Pfennig kost' ein Nierenbraten.

Eilt in dichten Scharen zu der Wahl herbei!
Wählt fürs Zentrum, euren Gott zu ehren!
Und es soll in unserm lieben Vaterland'
Sich das Rindvieh wieder stark vermehren.

(1903)

Soldatenbriev

Eigene Angelegenheit des Ämpfängers.
(Poststempel Hermsdorf, Oberlausitz), 6. 1. 04. Lauterbach, 6. 1. 04.

Sehr geehrter Herr Scherschant!
Ich habe viel Mihe gehabt ihre liebe Adrese zu erfahren. Bis neilich die Schullehrersmarta, von die sie ja der Preidigan sein, ein Brief an sie einer Freindin von mir mit zu Bost gab. Von die Freindin hob ich erfohre, als ich nein ging nach Görlitz. Ich hab sie barmal gesähe mit ihrer Braut an unsern Haus vorbei schbaziere, sie scheinen ein kuten Karakter zu haben und döswägen möchte ich ihnen gärn als Baten haben fir mein gingstes Kind. Die Schullehrersmarta hat auch ein kut Gemid, die möcht ich dann gärn als Batin bidden. Wenn die Baten kud und hibsch sein, dann mus das Kind auch kud und hibsch wärden.
Ach Entschultige sie, Herr Scherschant, ich hob an die verkehrte Seite angewangen mit die Brief.
Die Kindsdaufe wollen wir zu Ostern feiern, das baßt sie wol am schensten, dann forn sie kewiß ins Urlab zu ihre Braud.
Ich hab der Schmidtmarta noch nix gefragt, da ich eher von sie heren wolhte, ob sie mir den Gefallen duhn mögten. Dann bidden sie vielleicht ihre liebe Braud, dass sie auch ja spricht. Sie ischt ja eigentlich nicht schtolz, doch ich denke, sie Nimmt anstoss daran, weil ich kein Mann mehr hob seidd 3 Jahren, der ist miehr davon gelauven.

Wir haben eine So klickliche Ehe zusamengefihrt. Doch beese Menschen müssen mich bei ihm verklatscht hoben. Daß war mein zweider Mann. Mein erschter Mann war so hibsch von Gestalt, wie sie, liebster Herr Scherschant. Doch der hat sich in ein Schtrikk verwickelt und hat dabei das Atemholen vergessen.
Neilich wahr ich beim Gastwird im Dorf und holte mir einen kleinen Schnaps, do sah ich der Leidholdens Selma sein Mann beim Herrn Lehrer Schmid sizen. Sie sein ja ein Kuhseng von Leidholders Schwiegersohn, wie ichs heerte. Sie ahneln sich beide, doch sie sein doch dausend mal hibscher. Ich genns der Marta von härzen, dass sie einen hibschen, kudmitigen Mann kriegt wie ihnen.
Wenn sie in Urlab kommen, kennten sie vielleicht einen Fraind mitbringen, der sich auch eine Frau vom Lande winscht; ich bin erscht 28 alt, aber noch ganz hibsch von Gesicht und Viehkur. Ich binz einzliche Kind zuhaus. Wir habe 2 scheene Kihe im Schtall und ein Schwein, 6 Morgen Land und ein scheenes Haus. Die 4 Kinder von mir werden wol niscHt schenieren. sie und ihr fraind werden sich fraien, wie hübsch sie ale 4 sein.
Ein kudes schwarzes Braudkleid habe ich auch noch, daß verriegts, wenn ich sollte zum 3den Mole einen Mann klicklich machen.
Ich will nun schließen und ihnen vielmals kriesen. ich hab noch nicht die Kihe gemolken, sie sein tann so gitig und schreibe an ihnen ihre Braud, ob sie die Ähre annimmt und mit sie Bate wird bei mir. Dann brauch ich mich um niehmant Andersch zu kimmern. Denken sie auch gitig an einen Fraind, der mitkommt. Das Essen reicht zu bei der Daufe. Ich backe zwei Stritzel und einen grossen Kuchen und bringe auch 1 Punt Läberwuscht von Görlitz mit naus.
Es kriest ihnen dausend Mal

ihnen ihre Fraindin.

An die Nationalen

Ihr alle, die ihr treu und bieder seid,
Und die ihr patriotisch uns verdammt,
Und denen hinter'm scharfen Brillenglas
Das blaue Auge in Entrüstung flammt,

Ihr hebt die Hände drohend gegen uns,
Und schwarze Galle fließt euch ins Gemüt,
Ihr sagt, daß uns die Heimatliebe fehlt,
Die euch so deutsch in tapfern Herzen glüht.

Ich bitte euch, ihr Männer guter Art,
Wenn ihr das Vaterland so brünstig liebt,
Warum ist keiner unter euch so deutsch,
Daß er der Wahrheit furchtlos Ehre gibt,

Wenn unserm Land von oben Schaden droht?
Macht euch nicht schamrot der verdiente Hohn,
Der in dem Lächeln unsrer Nachbarn liegt?
Was steht ihr feige schweigend vor dem Thron?

Sagt doch ein Wörtchen! Sagt, was jeder denkt!
Fällt euch das Deutschtum in das Hosenbein?
Und seid ihr bieder auch beim Festkommers,
In Fürstensälen könnt ihr's nimmer sein.

Theaterhelden, schert euch fort! Und wenn
Nur einem unter euch die Feigheit schwand,
Dann sei das Predigen euch gern erlaubt,
Dann schwätzt uns wieder von dem Vaterland.

(1904)

Unterhaltung
(Zeichnungen von O. Gulbransson)

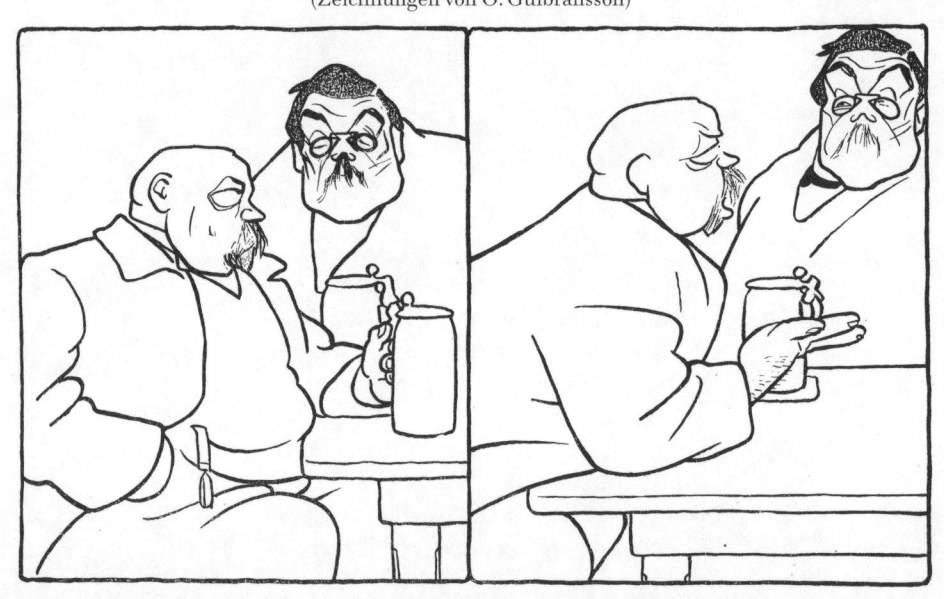

»...und dann sind die sozialen Verhältnisse heute derart, daß man... ja, ich glaube gleich, der Kerl schläft!«

»...Also nicht wahr, Sie müssen doch zugeben, daß die Verhältnisse sich immer mehr verschlechtern, und daß...

»Ja, Herrgottdonnerwetter!«

»Es ist einfach nichts zu machen mit dem Kerl.«

(1904)

9. Jahrgang — **Beiblatt des Simplicissimus** — **Nummer 31**

München, den 25. Oktober 1904 — Verlag von Albert Langen in München

An die Sittlichkeitsprediger in Köln am Rheine

An die Sittlichkeitsprediger in Köln am Rheine
(Zeichnung von O. Gulbransson)

Warum schimpfen Sie, Herr Lizentiate,
Über die Unmoral in der Kemenate?
Warum erheben Sie ein solches Geheule,
Sie gnadentriefende Schöpsenkeule?

Ezechiel und Jeremiae Jünger,
Was beschmeußen Sie uns mit Bibeldünger?
Was gereucht Ihnen zu solchem Schmerze,
Sie evangelische Unschlittkerze?

Was wissen Sie eigentlich von der Liebe
Mit Ihrem Pastoren-Kaninchentriebe,
Sie multiplizierter Kindererzeuger,
Sie gottesseliger Bettbesteuger?

Als wie die Menschen noch glücklich waren,
Herr Lizentiate, vor vielen Jahren,
Da wohnte Frau Venus im Griechenlande
In schönen Tempeln am Meeresstrande.

Man hielt sie als Göttin in hohen Ehren
Und lauschte willig den holden Lehren.
Sie reden von einem schmutzigen Laster,
Sie jammerseliges Sündenpflaster!

Sie haben den Schmutz wohl häufig gefunden
In Ihren sündlichen Fleischesstunden
Bei Ihrem christlichen Eheweibchen?
In Frau Pastorens Flanellenleibchen?

(1904)

Das symbolistische Ehebett

Er war vier Jahre mit ihr gegangen – nicht ohne daß der Himmel ein Einsehen gehabt hätte. Denn zweimal hatte er gewisse Bitten, die man gar nicht an ihn gerichtet hatte, erhört. Das erstemal war es ein kleines Mädchen, das aber schon nach einigen Wochen starb – vermutlich aus Gram darüber, daß seine Mutter noch nicht verheiratet war. Das zweitemal war's ein Knabe. Der war weniger feinfühlig in solchen Dingen und blieb deshalb am Leben. Er bekam ein reizendes Himmelbett mit spitzenverzierten Kissen und einem blauseidenen Himmel. Denn der Herr Vater war reich, sehr reich, obwohl er ein deutscher Schriftsteller war. Er ließ seine Gedichte – der Titel hieß: »O du buckliges Erdendasein!« – auf eigene Kosten auf dem feinsten Büttenpapier drucken und den Zelluloideinband ebenfalls mit blauen Seidenbändern umschnüren. Er schilderte darin seine Liebe zu seiner guten Mieze, zum treuen Mütterlein und zum lieben Gott; denn er war fromm und hatte sein Kind, obwohl er in wilder Ehe lebte, christlich taufen lassen und den Herrn Pfarrer persönlich zum Taufschmaus eingeladen.

Allein schließlich hatte er doch die Sache satt. Die Mieze, die sich gewisse Kellnerinnenmanieren nicht abgewöhnen konnte, verletzte sein ästhetisches Gefühl – namentlich seitdem sein Vater gestorben war und ihm mehrere Millionen in bar hinterlassen hatte. Er kündigte ihr also eines Tages seine Liebe, und sie verließ mitsamt ihrem Kind und dem blauseidenen Himmelbett das Haus.

Eines Tages jedoch trafen sich die beiden wieder – vor Gericht. Sie verlangte fünfzig Mark Alimente mehr monatlich als er ihr freiwillig auszahlte. Die beiden Advokaten taten jeder sein möglichstes, um seinem Klienten zum Siege zu verhelfen. Sie mußte hören, daß sie das undankbarste Geschöpft der Welt sei, das die Gabe gar nicht zu schätzen gewußt habe, die ihr der vornehme Herr durch seine liebevolle Fürsorge bisher angetan. Er erfuhr, daß er ein ganz gewöhnlicher Filz und Knicker sei, der sich als Millionär mit einem armen Mädchen, dessen Jugend er bis zur Neige ausgekostet, wegen lumpiger fünfzig Mark vor Gericht herumstreite. Das war für beide Teile unangenehm, und man entschloß sich daher nach längerem Bedenken, einen Vergleich einzugehen. Ihn reuten die fünfzig Mark, die er sich von seinen 6666 Mark monatlichem Einkommen hätte absparen müssen, und daher machte er ihr den Vorschlag, er wolle sie – heiraten.

Vier Wochen darauf war im Schaufenster eines der größten Möbelgeschäfte der Stadt ein prächtiges eichenes Ehebett mit blauseidenem Himmel ausgestellt – ganz modern stilisiert. Das trug am Kopfende unterhalb zweier sich schnäbelnder Tauben in goldenen Lettern folgende Inschrift: »*So zwei sich heiraten, die hat nicht der Mensch, die hat Gott zusammengeführt.*« Und darunter waren nebst Datum die Namen des reichen Schriftstellers und seiner Mieze zu lesen.

Die Leute, die das Schaufenster betrachteten, waren gerührt über so viel Frömmigkeit in unserer gottlosen Zeit.

(1904)

Soldatenliebe

(Zeichnung von B. Paul)

Sieh'gst, dös sag' i, Madl,
Mit an Nierenbratl,
Und, vastehst mi scho, recht viel Salat,
Oder an sauer'n Lüngl
Und a schweinern's Züngl,
Mog di jeder gern als a Soldat.

Und mit a g'selchter Zung,
Da kriagt ma'r aa an Schwung,
Und mit Knödl ko'st mi leicht vaführ'n,
Geh, zahl a Maß a zwoa,
Na bleib'n mir ganz alloa,
Und es reut di net, du werst as g'spür'n.

(1904)

Warnung
(Zeichnung von W. Schulz)

Die Welt will euch so schön bedünken,
Weil euch die junge Freiheit lacht;
Ihr wollt in ihrem Schoß versinken.
So hab' ich auch einmal gedacht.

Den Weg, den ihr im Jugendprangen
Mit freudevollem Herzen zieht;
Auch ich bin ihn einmal gegangen,
Obschon ich besser ihn vermied.

Die Blumen, die am Rande blühten,
Ich hab' nach ihnen mich gebückt,
Und – davor möcht' ich euch behüten –
Ich habe manche mir gepflückt.

Ich könnt' euch gute Warnung geben,
Jedoch ich weiß, ihr hört mich nicht,
Man kennt die Rosen, wie das Leben
Nur, wenn man sich an ihnen sticht.

(1905)

GEGEN BÜRGER, SPIESSER, NATIONALE 65

Goethe nach der Schlacht bei Valmy
(Zeichnung von W. Schulz)

»Von hier und heute geht eine neue Epoche der Weltgeschichte aus, und ihr könnt sagen, ihr seid dabei gewesen.«

Goethe bei Valmy

»Noch am Morgen hatte man nicht anders gedacht, als die sämtlichen Franzosen anzuspießen und aufzuspeisen, ja mich selbst hatte das unbedingte Vertrauen auf ein solches Heer, auf den Herzog von Braunschweig zur Teilnahme an dieser gefährlichen Expedition gelockt.« (Goethe)

Den Abend nach der Schlacht sah es sich anders an. Das berühmte preußische Heer war zurückgeworfen, der Marsch auf Paris aufgehalten, die Revolution gerettet, und in der französischen Hauptstadt durfte, zum Glücke auch für Deutschland, die vergeltende Gerechtigkeit ihren Weg nehmen. Das Gottesgnadentum wurde geköpft; das absolutistische Prinzip wurde unter die Guillotine geschoben.

Der Schrecken fuhr den deutschen Fürsten in die Beine. Und sitzt heute noch darin. Was sie zögernd und widerwillig abließen für das Volk, alles gaben sie in schaudernder Erinnerung an die Maschine auf der Place de la révolution.

Und alles datiert vom Tage bei Valmy. Ein Deutscher, der mit dabei war, hat mit klugen Augen in die Zukunft gesehen. Johann Wolfgang Goethe.

Der saß am Wachtfeuer unter den bestürzten Offizieren des Herzogs von Braunschweig und sagte: »Von hier und heute geht eine neue Epoche der Weltgeschichte aus, und ihr könnt sagen, ihr seid dabei gewesen.«

Es klingt so was wie Freude und Erhebung aus den Worten; ja wir dürfen glauben, daß hier an der Schwelle der neuen Zeit der beste Vertreter deutschen Geistes frohgemut die Zukunft begrüßte.

Die neue Epoche der Weltgeschichte, die Epoche der Freiheit, die wirklich kam.

Uns Deutschen als Geschenk, nicht selbst verdient.

Das wollen wir den Franzosen danken, und wenn verbrecherischer Wahnsinn zum Kriege drängt, soll etwas in uns leben von der Erkenntnis Goethes.

Daß uns das heitere und schöne Volk Frankreichs die neue Zeit brachte.

(1905)

Prophezeiungen
(Zeichnungen von F. v. Reznicek)

Durch die fortwährenden Sittlichkeitsbestrebungen sind die Geburten derartig zurückgegangen, daß man in Deutschland aus militärischen Gründen zur Wiedereinführung der Unsittlichkeit schreiten muß.

Man wird die Feigenblätter von den Statuen entfernen,

man wird in der Schule Schiller ohne Streichungen lesen,

man wird das Militär in Bürgerquartiere legen,

man wird in Berlin zahlreiche Théâtres parés veranstalten.

Man setzt Preise für Ehepaare aus, welche die meisten Kinder kriegen. Jedoch werden immer Pastoren die Preise gewinnen.

Man wird das Zölibat aufheben.

Alles ist vergeblich; erst Bohn wird durch die lebhafte Schilderung seiner Ehefreuden der Unsittlichkeit wieder auf die Beine helfen.

(1906)

Eine Weihnachtsgeschichte
(Zeichnungen von O. Gulbransson)

Am Heiligen Abend saß ein Mann verlassen und einsam in der Wirtschaft zum weißen Elefanten. Er hieß Martin Söll und war ein Registrator. Heute war er recht ärgerlich, weil die anderen Stammgäste nicht gekommen waren, und er trank sein Bier mit Verdruß und schimpfte über das Weihnachtsfest. Da stand plötzlich ein Engel hinter ihm. Der hatte ein langes, weißes Gewand an; das roch gut nach Pfefferkuchen. Die himmlische Erscheinung beugte sich nieder zu dem Zecher und berührte ihn bei der Schulter. Söll wandte sich um, und als er den Engel sah, brummte er: »Mach daß d' weiter kimmst! I kauf' nix!« Er glaubte nämlich, der Engel sei ein Hausierer, weil er ein Christbäumchen in der Hand trug.

Nach einer Weile berührte ihn der Engel wieder und sprach: »Martin, erhebe dich und folge mir!« Aber Söll fragte unwirsch: »Wer san denn Sie überhaupts?« Dieser antwortete: »Ich bin der Engel Asriel, und ich mahne dich, daß du heimgehen sollst und nicht einsam trinken an diesem heiligen Abend, des sich alle Menschen erfreuen.« Und er sprach weiter mit gütigen Worten, bis Martin Söll seinen Hut aufsetzte und ihm folgte. Auf der Straße blieb Martin stehen. »Was tu' i denn dahoam?« fragte er. »Du sollst mit den Deinen fröhlich sein und ihnen das kleine Bäumchen bringen«, sagte der Engel. Wieder gingen sie einige Schritte. Es war eine feierliche Nacht. Die Flocken fielen hernieder und bedeckten die Erde.

»Sieh doch, wie schön das ist!« sagte der Engel. »Das kost't wieder an Haufen Geld, bis der Schnee wegg'schaufelt is«, antwortete Martin. Und er sagte, es reue ihn, daß er nicht sitzen geblieben sei und noch eine Maß getrunken habe. Er blieb wieder stehen. Da zog ihn der Engel fort und sprach: »Alle Menschen bleiben heute zu Hause. Nur du willst deine Familie meiden.« – »Kennen Sie vielleicht meine Frau?« fragte Martin. »O ja«, sagte Asriel. »Und ihre Schwester, die kennen Sie auch?« »Gewiß; ich bin ja immer in deiner Nähe; Gott hat dich mir zum Schutze anvertraut.«
»Sie san mei' Schutzengel?«
»Ja, Martin. Der bin ich.«
»Nacha drucken's Ihnen aber glei!« sagte der Registrator zornig. »Warum hamm denn Sie mich heiraten lassen? San Sie auch noch ein Schutzengel? Da is mir ja jeder Gendarm lieber.«
»Ich weiß, daß du nicht glücklich bist«, erwiderte der Engel. »Aber siehe, gerade heute will ich Frieden stiften zwischen dir und deinem Weibe. Komm schnell!« Martin ließ sich nur mit Widerstreben fortziehen, und Asriel mußte oft Gewalt anwenden.

Er führte ihn durch die Straßen der Stadt, und wo ein Fenster erleuchtet war, zeigte er dem Registrator, wie glücklich die Menschen am Heiligen Abend sind.
Aber je näher sie an Martins Wohnhaus kamen, desto langsamer wurden die Schritte, und Asriel redete immerzu voll Güte.
»Siehe, ich war bei dir an deinem Hochzeitstage.«
»So?«
»Deine junge Braut war lieblich anzusehen mit dem Myrtenkränzlein im Haare.«
»So?«
»Ihre Wangen färbten sich rot, als sie dir das Jawort vor dem Altare gab.«
»Geh, hören S' auf!« sagte Martin. »Ich will Ihnen was sagen, Herr Asriel, wenn Sie g'scheit san, kehr'n mir um und trinken mitanander a Maß im Elefanten.«

»Wie kannst du so reden?« fragte der Engel vorwurfsvoll. »Und doch hast du ihr zärtliche Namen gegeben, als ihr allein waret nach der Trauung!«
»So?«
»Du hast zu ihr gesagt, deine Liebe würde stärker mit jedem Tag!«
»Hab' i dös g'sagt?«
»Ja, Martin, und jetzt soll es wieder so werden zwischen euch. Am Heiligen Abend öffnen sich die Herzen, und die Menschen finden sich wieder in Liebe.«
Martin gab keine Antwort und schritt zögernd dahin. Plötzlich fragte er: »Sie, Herr Asriel, könnt's ihr Engel in die Zukunft schauen?«
»Sie ist uns nicht so verschlossen wie euch Irdischen.«
»Was sehg'n Sie dann von meiner Zukunft?«
»Ich sehe dich friedlich in deinem Zimmer sitzen. Das Christbäumchen steht auf dem Tische, und helle Lichter brennen in seinen grünen Zweigen. Deine Augen sehen fröhlich in den Glanz, und dann richten sie sich voll Liebe auf die lachende Frau, die neben dir auf dem Sofa sitzt.«
»Dös sehg'n Sie alles?«

»So deutlich, wie du die Gegenstände siehst, welche du mit Händen greifen kannst. Ich sehe dich, wie du den Arm um ihren Hals legst. Sie schmiegt das Köpfchen an deine Brust, und du gibst ihr die alten Kosenamen wieder.«
»Also, wenn dös koa Schmarr'n is...«, sagte Martin.
»Es ist die Wahrheit«, sagte Asriel ernst.
Unter diesen Gesprächen waren sie bei der Wohnung des Registrators angelangt. Im ersten Stockwerk brannte ein Licht.
»Siehst du, sie erwartet uns«, sagte der Engel und griff nach der Glocke.
»Halten S'! Net läuten!« flüstert Söll.

»Warum nicht?«
»Lassen S' Ihnen raten. Es ist g'scheiter, wenn wir umkehren.«
»Nein, Martin, du sollst heute dein Glück wiederfinden.«
Der Engel zog an der Glocke. Einen Augenblick war es still, dann öffnete sich oben das Fenster, und eine weibliche Stimme fragte: »Wer is da?«
»Ich bin es, der Engel Asriel, und ich bringe dir deinen Mann.«
»Warten S' an Augenblick!« sagte die Stimme.
Martin wollte sich von dem Engel losmachen, aber dieser hielt ihn fest.
»Freue dich, Martin«, sagte er. »Es ist ein fröhlicher Abend.«
Und er begann leise mit herrlicher Stimme zu singen: »Vom Himmel hoch, da komm' ich her...«
Er kam nicht weiter.

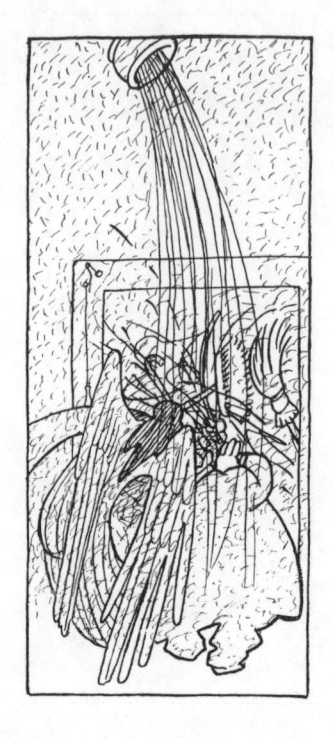

Ein staubiger Besen fuhr ihm zwischen die Zähne, und er verspürte heftige Schläge an allen Teilen seines Körpers. Und ein Guß kam von oben, daß er um und um naß wurde.
Da wandte sich Asriel zum Gehen.

(1905)

Anbetung der Hirten

(Zeichnung von I. Taschner)

Um Bethlehem ging ein kalter Wind,
Im Stall war das arme Christuskind.
Es lag auf zwei Büschel Grummetheu,
Ein Ochs und ein Esel standen dabei.

Die Hirten haben es schon gewißt,
Daß selbiges Kindlein der Heiland ist.
Denn auf dem Felde und bei der Nacht
Hat's ihnen ein Engel zugebracht.

    Sie haben gebetet und sich gefreut,
    Und einer sagte: Ihr lieben Leut',
    Ich glaub's wohl, daß er bei Armen steht,
    Schon weil's ihm selber so schlecht ergeht.

(1905)

In ernster Zeit
(Zeichnungen von O. Gulbransson)

Die Zeit ist ernst und Unheil droht
Und Wachsamkeit ist bitter not.
Der Preußenaar hält strenge Wacht,
Er gibt auf alles treulich acht.

Doch Bayerns Löwe ist fidel,
Und Gleichmut wohnt in seiner Seel';
Es ist nun einmal Karneval;
Er brennt sich Locken für den Ball.

Er schwenkt nach links, er schwenkt nach rechts
Die Schönen weiblichen Geschlechts.
Er lebt in lauter Fröhlichkeit
Und pfeift was auf die ernste Zeit.

Er geht nach jedem Bal paré
Des Morgens in ein Nachtcafé,
Und labt sich nach dem Tanze hier
Mit Weißwürscht und mit frischem Bier.

(1906)

Moralisches
(Zeichnung von W. Schulz)

1.

Ein Erhebendes ist in Deutschland geschehen. Die deutsche Kaiserin hat ein paar Wochen vor ihrer silbernen Hochzeit zum *erstenmal* erfahren, welche Hungerlöhne die kleinen Näherinnen erhalten. Seit 25 Jahren lebt die Kaiserin in Berlin, und bei einem zufälligen Besuche einer Ausstellung hat sie zufällig gefragt und hat zufällig die Wahrheit erfahren.

Die Geschichte hat ein Schönes. Die Kaiserin war entrüstet, und Entrüstung über Gemeinheit ist nun einmal schön. Aber die Geschichte hat noch viel mehr Unschönes. Die Kaiserin gilt landauf landab als fromme Protestantin. Viele Pastores, Konsistorialräte, Hof- und Oberhofprediger machen ihr die untertänigste Aufwartung.

Wie oft mag die Kaiserin mit diesen Agenten des Christentums beraten haben, wie so denn der Unsittlichkeit zu steuern sei. Wie viele Seufzer sind zum Himmel gestiegen über die erschreckliche Zunahme des Lasters in Berlin! Dann sind Kirchen projektiert und gebaut worden, daß die Frömmigkeit wachse, es sind Magdalenenstifte gebaut worden, daß die Gefallenen wieder empor kämen. Aber daß 20 Schritte hinterm Schlosse in elenden Dachkammern die Mädchen Nächte durchwachen, Nächte durcharbeiten und zuletzt doch durch die blutige Not der Prostitution anheimfallen, das hat der Kaiserin keiner von den Heiligen gesagt. Das hat sie zufällig erfahren müssen.

Aber das weiß sie immer noch nicht, daß viele von den Schuften, denen die bittere Armut als ein gutes Mittel zur Verführung gilt, Beiträge zeichnen für Kirchen und Magdalenstifte.

Und ab und zu mit Orden ausgezeichnet werden.

2.

Der *Pastor Christaller in Hohenstaufen* hat das folgende gepredigt: »Was ist nach dem Sinn Jesu schrecklicher: wenn hundert junge Männer blutend auf dem Schlachtfelde liegen, die doch früher oder später einmal sterben müssen, oder wenn ein Mensch Schaden nimmt an seiner Seele? Ist's nicht gerade in einer langen Friedenszeit, daß die Menschen sittlich erschlaffen und die Macht der Sünde durch Genußsucht und Verführung überhand nimmt?«

So wirkt die Lehre des milden Heilands in solchen Köpfen. Haut niemand dem Prediger von Hohenstaufen die Bergpredigt ein paarmal ums Maul, damit er sie wenigstens von außen kennt?

Ein ähnlich milder Gottesmann lebet und wirket zu *Ruppertsburg* in Sachsen. Der Pastor *Fritsch*, Gottholdchen Fritsch. Der hielt in Leipzig im Kristallpalast eine Rede, worin er sagte: »*Das Mitleid mit der unehelichen Mutter ist die schwerste Beleidigung unserer Frauen und Töchter.*«

Dieser Mensch ist Priester. Er muß wissen, daß jedes schöne Wort Christi Barmherzigkeit und Mitleid, und jedes zornige Wort Verdammung der selbstgerechten Pharisäer atmete.

Das wissen wir, daß der arme Zimmermannssohn die harten Pächter der Frömmigkeit haßte, die Kaiphasse, Ananiasse aus Jerusalem, und vorahnend die Fritsche aus Ruppertsburg.

Und einer, der seine liebevolle Lehre zu Roheiten gebraucht, heißt sich seinen Priester.

3.

Geruch und Gehör sind mächtige Sinne und wirken viel Unheiliges auf Erden.
Wenn zum Beispiele ein junger Mann im Pariser Sündenholze – Bois de Boulogne – lustwandelt, was höret und riechet er da.
Es ist Frühling, und die Luft ist durchtränkt vom Duft der Blüten und der Wässerlein, womit die Frauenzimmer ihre Leiber besprengen. Der Jüngling springt vor Lust; er merket auch den Frühling in seinen Gliedern.
Und er höret das Lachen der schönen Damen. Das klingt, als schlüge man mit einem Elfenbeinstäbchen an silberne Becher.
Und die Seide knistert.
Da überkommet den Jüngling ein unseliges Verlangen, die Seide zu hören, wenn sie von einem Frauenleibe gestreift wird; und das Lachen zu hören, ganze nahe, wie es in weichen Pfühlen ersticket.
Wie anders ist es in einer deutschen Ehekammer, die nicht von Wohlgerüchen, aber von christlichem Geist durchwehet wird!
Hier ist Fleisch. *Das* Fleisch.
Nicht von Spitzen umhüllet, nicht von Seide umknistert. Nackend, wie es an die Sünde mahnt.
Ja, hier begreifen wir, daß die fleischliche Liebe eine Folge des Sündenfalles ist; hier ahnen wir, daß das Fleisch in Verwesung übergehen muß; hier können wir uns freuen, daß es in Verwesung übergehet.
Hier verstehen wir, daß die Seele gerne dahin fahret aus der Umhüllung von Fleisch und Fett.
Wir riechen dieses Verlangen der Seele, wir . . . horch!
Das Türchen des Nachtkästchens dreht sich kreischend in den Angeln; der Klang von Porzellan und Holz ertönet. Nein! Meine Teuren; eine solche Ehe kann nicht zur Liebe ausarten; sie bleibet christlich im Sinne Stöckers.

4.

Der Schriftsteller Otto von Leixner zu Groß-Lichterfelde ist der Präsident der deutschen Keuschheit, welche laut Jahresbericht ihren Sitz in vier Städten hat. Nämlich in Berlin, St. Johann, Saarbrücken und in Sondershausen. Die deutsche Keuschheit hat 600 persönliche Mitglieder; darunter einen pensionierten General. Es ist keine Kunst, Mitglied der Keuschheit zu sein, wenn man pensionierter General ist. Als Leutnant war der Mann nicht bei dem Vereine.
Dagegen bedarf es eines tieferen Studiums, warum man in Sondershausen einen Verein gegen die Sittlichkeit in Wort und Bild errichtet.
Sollte es daher kommen, daß vor Jahren ein Weinreisender in Sondershausen am Stammtische solche Bilder vorwies, wie sie denn Weinreisende öfter bei sich führen, um die Unterhaltung zu beleben und dadurch den Hoteliers sich angenehm zu erweisen?

Aber das weiß nur Otto von Leixner, der bereitwillig Auskunft erteilt.
Dieser Mann hat also zwei Bücher geschrieben. Das eine heißt: »*Anleitung in 60 Minuten Kunstkenner zu werden*«; das andere: »*Anleitung in 60 Minuten witzig zu werden*«. Welch eine schöne Perspektive für die Deutschen, und insbesondere für die Mitglieder der Keuschheit in St. Johann und Sondershausen!
Aber die Hoffnung trügt.
Leixner hat mehr versprochen, als er halten kann.
Er ist jetzt nach Kürschners Lexikon genau *60 Jahre alt*, und ist weder *Kunstkenner* noch *witzig*.
Was er selber in 60 Jahren nicht gelernt hat, wie kann er das andere in 60 Minuten lehren?

(1906)

Splendid isolation

Man war Hans Dampf in allen Gassen,
Blies jede Suppe weit und breit,
Jetzt sind wir plötzlich ganz verlassen
Und heißen's schöne Einsamkeit.

Wir teilten schmerzlich Rußlands Nöte
Und waren tiefen Mitleids voll,
Wir lieferten nach Rom den Goethe
Und gratis zwar, mit Fracht und Zoll.

Auch England hat uns oft gesehen,
Wir brachten unsre Liebe dar,
Wir mußten neulich brünstig flehen,
Als Spaniens König hiesig war.

Wir liefern junge Fürstentöchter,
Nach Holland auch den Prinzgemahl,
Ja, die regierenden Geschlechter
Sind meistens deutsches Material.

Wir lassen niemand ungeschoren
Und sind in allen Fällen da,
Wir tauschen alte Professoren
Und Grüße mit Amerika.

Geburten, Taufen oder Leichen
Erfolgen niemals unbewacht,
Und Trauer- oder Freudenzeichen
Hat stets der Telegraph gebracht.

Recht wie ein Schmok, der dienstbeflissen
Die Achtung vor sich selbst verliert,
Zudringlich und hinausgeschmissen –
Das heißt man »*glänzend isoliert*«.

(1906)

Gottesgericht

Ein Enterich hat jüngst im Freien
Der Liebe ohne Scheu gefrönt.
Natürlich waren sie zu zweien,
Und was sie taten, ist verpönt.

Er hatte das Rezept gefunden
Zu jenem alten Wonnespiel,
Wobei er oben und sie unten
Ins Auge des Betrachters fiel.

Ha! Wie ihm alle Sinne schwinden,
Da schien es manchem offenbar,
Daß jedes ethische Empfinden
In diesem Tier erloschen war.

Ein solches Beispiel öffentlicher
Verdorbenheit kommt selten vor.
Doch Gottes Mühlen mahlen sicher,
Hier war es ein Benzinmotor.

Das Rad zerquetscht sie in der Rinne
Und preßt den Enterich auf sie,
Es war wohl in gewissem Sinne
Auch eine Schicksalsironie.

(1906)

Im Mai

(Zeichnungen von O. Gulbransson)

Gott läßt nun wieder alles sprießen,
Sprach Pastor Maier, wir genießen
Durch seine Güte alle Dinge ...
Was treiben diese Schmetterlinge?

Kommt man beim Anblick der Natur
Der Sünde stets auf ihre Spur?

Und soll es hier geduldet sein?
Am Tag des Herrn? Ich finde, nein!

O Herr, wer deinen Frühling schändet,
Ist wert, daß er im Feuer endet.

(1906)

An Marion Thoma

Stadelheim, 24. Oktober 1906

Liebstes Mädel,
Das freut mich, daß Du eine schöne Tour gemacht hast und mein liebes Innsbruck und die Goldene Rose gesehen hast. Mir ist gleich der Duft von dem guten Tirolerwein die Erinnerung gekommen, den ich schon so oft in der Rose gekneipt habe.
Du mußt nicht denken, daß dieses schöne Herbstwetter ein Unglück für mich ist. Mir tut es auch gut, wenn ich meine Stunde im Hofe spazieren gehe.
Übrigens paßt mir das frühe Aufstehen ganz vortrefflich, und ich werde es den Winter beibehalten. [...]
Mit der Arbeit geht es mir gut. Ich sehe nun ziemlich den Weg vor mir, den ich gehen will. Ich denke, daß ich herin den 1., vielleicht sogar den 2. Akt fertig im Rohbau kriege. Draußen werde ich 3- bis 4mal abends ins Theater gehen; und jedenfalls besuchen wir Ausgangs Februar Berlin, denn ich muß mich etwas über die dortigen Theaterverhältnisse orientieren. Ich werde diesmal gleichzeitig mit der Fertigstellung auch die Umarbeitung für die französische Bühne vornehmen, und ich werde Langen vorschlagen, daß wir eventuell Brucks von Paris kommen lassen, damit ich mit ihm am Tegernsee die französische Bearbeitung mache. Vielleicht so 20. Juni–20. Juli. Im Französischen kann es um ein Gutes lustiger werden, und viel ausgelassener.
Damit habe ich mein großes Stück Arbeit pro 1907, und das stimmt mich fröhlich. Nebenher wird ja wohl manches andere gehen.
Nun aber, liebstes Mädel, gehen wir in dein Reich, das realer ist. Ich danke Dir für die Besorgungen, die Du gemacht, und die Du noch vorhast. Wenn Ihr das Fleisch habt, laßt es 4 Wochen in der Sure, dann 3 Wochen im Rauchfang. Bertha weiß hiefür eine Adresse.
Wenn der Wein kommt, laßt ihn 14 Tage ruhig im Keller liegen; aber gleich das Faß so legen, wie es bleiben soll.
Wenn das einmal alles in Ordnung ist, habe ich nicht mehr viel Zeit abzu [Rest des Wortes gelöscht von der Zensur]. Ich möchte Dich nur noch um ein paar Gefälligkeiten ersuchen. [...]
Und schließlich sorge, daß mir die Zigarren nicht ausgehen. [...]
Besuche auch einmal Hirth, oder schreibe ihm, daß er etwas von sich hören läßt. Hier herin ist man froh um jede Zeile. Und wäre ein andrer herin und ich außen, so würden dem [zwei Worte getilgt von der Zensur] die Ohren singen; aber nicht angenehm.
Ich danke Dir noch eigens für die lieben Fotografien; ich will sie alle Tage ansehen und mich auf die Freiheit freuen. Notabene: Herr Miller aus Tegernsee schrieb mir, daß am Samstag der Geometer außen war und das Grundstück vermessen hat, das wir noch dazu kaufen. [...]
Ich hoffe, daß in 8–10 Tagen auch diese Sache geordnet ist. Wegen des Anwesens habe ich manche Pläne. Wenn wir schon genötigt sind, und ich halte es auch wie Du für unerläßlich, daß wir einen Hausmeister haben; oder zwei ältere Leute, auf die man sich unbedingt verlassen kann, dann ist es gut oder sogar notwendig, von

Anfang an 2 Kühe zu halten; sonst kommt der Haushalt auf das Doppelte, und der Mann muß am Ende doch auch von Früh bis Abend Beschäftigung haben. Faulenzen macht auch gute Leute zu schlechten. Die Sache muß man erwägen, vor der Bau beginnt. Denn ich möchte nicht hinterdrein nach einem Jahr wieder die Maurer auf meinem Grund haben.
Jedenfalls müßte der Stall vom Haus getrennt sein, vielleicht zusammenhängend mit Deiner Waschküche.
Du darfst nicht vergessen, daß die Leute das ganze Jahr draußen sein müssen, auch wenn wir hier oder auf Reisen sind.
Würden sie dann als Pensionäre 4–5 Monate mit Wirtshauskost und ohne Arbeit leben, so wären das lauter Nachteile.
Man kann bei 2 Kühen ohne Übertreibung auf 20 bis 24 Liter Milche rechnen. Die Möglichkeit geht bis 32 und 36. Natürlich nicht das ganze Jahr. Aber immerhin würde es genügen, was man profitiert, daß wir die beiden Leute umsonst hätten. Denn Futter für die Kühe ist reichlich da. Es würde sogar für 3–4 reichen.
Dazu kommt der Spaß, den einem das macht.
Lach mich nicht aus, daß ich Dir davon schreibe; wenn ich es tue, fühle ich weniger, daß Mauern um mich herum sind, und ich sehe grüne Wiesen vor mir.
Jetzt leb wohl, meine liebe kleine Marion
und nimm 2000 Grüße und Küsse von

Deinem Lucke

P. S. Ich bitte Langen dringend, daß er mir alle Kongreßberichte des Sittlichkeitsvereins besorgt; insbesonder Köln und Magdeburg. Ich brauche sie nötigst und bald.

NB! Langen soll, wenn »Tante Frieda« arrangiert wird, 2 Exemplare arrangieren, damit ich 1 herinbehalten kann. Mir macht es Freude.

Gegen Klerus, Zentrum, Obrigkeit
1906–1909

Das rechte Mittel
(Zeichnungen von O. Gulbransson)

Unter den Affen war einer namens Jingo, den keine Arbeit freute, und während sich die andern um das liebe Brot plagten, saß er faul herum. Zuletzt kam es ihm so vor, daß er besser sei wie seine Mitaffen, gerade weil er nicht so mühselig hinterm Pflug einhertrottete und sich die Hände nicht hart und schwielig machte. Es deuchte ihm, er sei von Natur dazu auserkoren, umsonst zu fressen und Herr zu sein über die andern, und zum Zeichen dessen setzte er sich eine Krone aufs Haupt.

Mehrere Affen, denen seine Faulheit über die Maßen nobel vorkam, gesellten sich zu ihm und faulenzten mit ihm an allen Werkeltagen. Jingo lobte sie darüber und erkor sie zu seinen Freunden, und eines Tages beschloß er, sie zu Fürsten und Grafen und Baronen zu ernennen, und er fand eine eigene Zeremonie, jeden freundlichen Faulenzer feierlich zum Mitglied seines Ordens zu ernennen.

So entstanden Königtum und Adel bei den Affen unter Jingo I. Sie ließen sich die Nägel wachsen, ringelten die Schwänze auf eigenartige Weise und kräuselten ihre Bauchhaare mit Brennscheren. Nun wäre diese Vornehmheit recht schön und angenehm gewesen, allein die Arbeitsaffen kümmerten sich nicht um sie, und es bestand Gefahr, daß sie alle ihr Getue aufgeben oder verhungern mußten. In dieser Verlegenheit fand der Faulste von ihnen, der Affe Bims, welcher sich späterhin Fidelis nannte, ein Mittel, all ihrer Lebtage umsonst zu fressen und in Herrlichkeit zu leben.

Es sagte nämlich, man müsse einen Gott erfinden, der über die Affenwelt gesetzt sei, und man müsse sich als die besonderen Lieblinge und Diener dieses Gottes erklären und das Volk lehren, daß nur der größte Respekt vor ihnen die Affen selig mache, daß man den Lieblingen Gottes zeitlebens die besten und saftigsten Bissen vorsetzen müsse, daß sie den von Gott gewollten Anspruch auf jede zehnte Kokosnuß hätten, und daß sie unter keinen Umständen arbeiten dürften, weil sie ansonsten nicht beten und regieren könnten.

Bims oder Fidelis I. übernahm es alsofort, das Volk zu belehren, und da er wußte, daß die Affen sich durch Äußerlichkeiten verblüffen lassen, gab er sich ein heiligmäßiges Aussehen, indem er sich die Haare schor und wegrasierte.

Sodann nahm er ein seufzendes, tränenreiches Wesen an und verkündete überall, daß ihm von einem geheimnisvollen Gotte die Aufgabe übertragen wurde, seine Mitaffen zu bußfertigen und gläubigen Geschöpfen zu erziehen, und er schilderte mit glühenden Farben das erschreckliche Los derer, die ihm nicht glauben wollten. Die armen Affen, welche keine Zeit hatten, über solche Dinge nachzudenken, ließen sich durch die Worte und Tränen des Bims-Fidelis erschrecken. Und da sie hofften, es nach dem Tode schöner zu haben, wollten sie sich herbeilassen, es den Lieblingen Gottes schon bei Lebzeiten angenehm zu machen.

Jeder, der sich bereit erklärte, die zehnte Kokosnuß zu geben und überhaupt den Lieblingen Gottes reichliches Fressen zu verschaffen, wurde von Bims-Fidelis mit ganz eigens erfundenen Worten gesegnet und gepriesen und auf eine erstaunlich fröhliche Zeit nach dem Tode vertröstet, und so kam es, daß bald viele Affen Jingo und Bims unverbrüchliche Treue schworen.

Freilich gab es noch Widerstrebende und Ungläubige, aber die Schar der Anhänger war schon so groß geworden, daß man gegen die Zweifler abscheulich und seltsam vorgehen konnte. Man hielt ihnen die Schweife so lange auf glühende Kohlen, bis sie an den neuen Gott glaubten; man streckte ihre Glieder auf Folterwerkzeugen, hing sie auf, köpfte sie, verbrannte sie, vierteilte sie, bis endlich die Religion Gemeingut der Affen wurde.

Jetzt begann ein herrliches Leben für Jingo I. und seinen Adel, und insbesondere auch für Bims-Fidelis und seine Lehrlinge.

Sie lagen auf seidenen Pfühlen und ließen sich die Fliegen abwehren und die Läuse suchen.

Sie taten durchaus nicht dankbar für die Gaben, welche ihnen das Volk brachte, sondern sie gingen strenge und hart mit ihren Ernährern um, auf daß ihre Herrschaft erhalten blieb, und sobald sie dachten, es könne der Eifer nachlassen, ließ Bims-Fidelis seinen Gott blitzen und donnern, ließ hageln und Steine regnen und wandelte jedes Naturereignis zu einer Strafe der beleidigten Gottheit um.
Auch erstickte er jede Lernbegierde und setzte die Dummheit als göttliche Institution ein.
So konnten er wie Jingo I. von Jahr zu Jahr ihr Ansprüche steigern, und das arme Volk hatte nun bald als bitterste Sorge die, jene Lieblinge Gottes zufrieden zu stellen. Den Nachkommen wurde es noch schwerer gemacht, denn da sie von Kindheit auf in der Ehrfurcht vor den Herrschgewaltigen erzogen wurden und die Herkunft dieser vergaßen, da sie ferner auch in Dummheit aufwuchsen, wurde ihre Furcht vor der geheimnisvollen Macht nur immer größer. Und die Abkömm-

linge Jingos wuchsen, wie man sich denken kann, nicht minder an Frechheit, wie die Schüler des erfindungsreichen Bims und die Enkel der Adeligen.

Sie glaubten jetzt selber an alle Götzen des Fidelis, wie an ihre Besonderheit, und darin erblickten sie das Recht, immer mehr zu verlangen.

Sie unterschieden sich nun auch im Äußeren von den anderen Affen, verkümmerten an allen Gliedmaßen, die zur Arbeit dienen, verloren auch die Steißhaare durch das ewige Faulenzen. Nun galt es bald als besonders vornehm, ein nacktes Hinterteil zu haben, und wieder nach etlichen Affenaltern färbte der Adel seine Steiße mit auffälligen Farben und schuf besondere Orden der Schwarz-, Rot-, Blau-, Gelbsteiße. Die Blausteiße haben sich bis auf den heutigen Tag erhalten. Ihre gefräßigsten Mitglieder haben sich östlich der Elbe angesiedelt. Dort zeichnen sie sich noch jetzt durch besondere Habgier und Frechheit aus.

(1909)

Der Ostelbier
(Zeichnung von W. Schulz)

Biederkeit im Angesicht,
Ehre stets im Mund,
Ist er tapfer, brav und schlicht
Und ein falscher Hund.

Aufrecht, wie ihn Gott erschuf,
Treu bis in das Mark,
Ohrenbläser von Beruf
Und im Lügen stark.

Fest auch, wo er Treue schwur,
Doch wenn's nötig ist,
Wie das Bismarck schon erfuhr,
Voll von Hinterlist.

Kurz und gut, ein Edelmann,
Der den König liebt,
Alles, was er kriegen kann,
In die Taschen schiebt.

(1909)

Im deutschen Raritätenkabinett
(Zeichnungen von W. Schulz)

»Eintreten, meine Herrschaften, nur eintreten! Hier ist zu sehen die deutsche Herrlichkeit, seit zwanzig Jahren. Jeder Besucher erhält for zehn Fenniche ein rosarotes Glas, wodurch es noch ganz bedeutend viel schöner wird. Hereinspaziert, meine Herrschaften! Wem's nicht gefällt, der kann ja woanders hin gehen, wo's schöner is. Allens rosarot, meine Herrschaften!

Hier sehen Sie im Vordergrund drei Figuren, welche den Dreibund darstellen tun. Die Figur links bedeutet die großmächtige Monarchie Österreich-Ungarn. Sie ist leider nicht mehr ganz, weil sie in der Mitte aus dem Leim ging, aber durch Ihr Glas merken Sie nicht, daß sie gekittet ist. Rechts steht Italia; sie ist aber leider durch mehrere Erschütterungen halb umgefallen, aber die Stellung ist immer noch ganz schön.

Hier ist das Exemplar eines Riesenballons, welcher bei Marokko im Afrikanerlande gesehen wurde; bis er aber über das Meer nach Algeciras kam, ging ihm die Luft aus, und er wurde ganz klein, wie Sie hier sehen.

Hier haben Sie den großen Generalfeldmarschall Waldersee und neben ihm eine Schüssel voll Kraut, auf welchem er die Chinesen aufgefressen hat.

Gleich daneben steht sein Kollege, der tapfere Hunnenkönig Attila, welcher aber das Maul nicht so voll genommen hat, indem er nicht Deutsch konnte.

Hier sehen Sie den großen Cheruskerfürsten Arminichus aus dem Teutoburger Walde; diese Figur bedeutet die Größe Deutschlands, und sie ist ganz aus Blech.

Hier erblicken Sie die Hand des Arbeiters Biewald, welche ihm aus Versehen abgehauen wurde von einem Breslauer Schutzmann, und gleich daneben ist ein Loch, welches die Versenkung darstellen tut, in welcher der Schutzmann verschwunden ist, so daß ihn kein Mensch nicht mehr finden kann.

Hier sehen Sie einen Arbeiter, welcher aber nichts mehr schwarz sehen kann, indem ihm die Polizei die Oogen blau geschlagen hat.

Hier, meine Herrschaften, erblicken Sie die Hose, welche der tapfere General Stössel bei der Belagerung von Port Arthur getragen hat. Sie kann deshalb ganz allein aufrecht stehen, weil sie nämlich ganz voll ist. Der Stern, welchen Sie darüber sehen, ist kein Stern, sondern der preußische Pour-le-mérite-Orden.

Dieser Zylinderhut, den Sie hier sehen, gehörte dem Fürsten von Lippe-Detmold. Er wurde ihm seinerzeit eingetrieben und ist deshalb kaputt.

Hier haben wir das Exemplar eines Adlers, welchem aber sein Riesenschnabel eingewickelt ist, weil er ihn sich schon so häufig verbrannt hat.

Und hier erblicken Sie das Formular einer deutschen Depesche. Dasselbige ist leider nicht ganz rein, indem es nämlich bei jedem Dreck erscheint!«

(1906)

1907
(Zeichnungen von O. Gulbransson)

Wir schreiben also, meine Lieben,
Den Jahrgang neunzehnhundertsieben.
Er wird wohl, prophezei ich recht,
Ein Mittel zwischen Gut und Schlecht.

In altbewährter Folge gleiten
Die Monde und die Jahreszeiten.
Die Woche läuft, die Stunde rinnt,
Der Sommer geht, der Herbst beginnt.

Betreff das Wetter will ich sagen:
Es wechselt gleichfalls mit den Tagen,
Im Juli ist es öfters schwül,
Dagegen im Dezember kühl,

Vom Weine läßt sich prophezeien:
Er wird uns ziemlich gut gedeihen,
Wiewohl man Achtung haben muß
Auf Rebläus' und Sartorius.

Der Hopfen liefert viel zu trinken,
Das Schwein gibt seinerseits den Schinken,
Der Sauerkohl – auch Sauerkraut –
Wächst überall, wo man ihn baut.

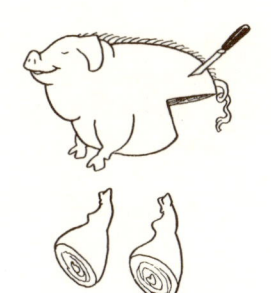

Auch sonst wird, was wir gern genießen,
In angenehmer Fülle sprießen.
Jedennoch nicht für jedermann:
Nur dem, der es bezahlen kann.

Man muß in diesen Weltproblemen
Die alte Ordnung willig nehmen:
Der Reiche schlemmt, der Arme sorgt,
Das heißt, wenn er nicht etwa borgt.

Die Zukunft wird sogar mit Steuern
Uns noch den Lebensweg verteuern.
Es schlummert manche Steuerkraft,
Die man demnächst zutage schafft.

Wer Luxus übt mit Tabakrauchen,
Soll der ihn nicht zu zahlen brauchen?
Liegt nicht im Glase Alkohol
Ein Pfennig für des Landes Wohl?

Und krümmt der Onkel sich im Sterben,
Ist's nötig, daß wir alles erben?
Die Tante bildet wehmutsvoll
Bei ihrem Tod ein Steuersoll.

Aus Bier, Tabak und Todesfällen
Entspringen neue Steuerquellen,
Und jeder, der Zigarren raucht,
Bemerkt, daß Deutschland Schiffe braucht.

Nun gut, so laßt uns weiter gehen!
Was wird sonst in der Welt geschehen?
Was zeigt uns der besorgte Blick
Auf das Gebiet der Politik?

Wir werden uns zu fremden Ländern
Ein bißchen im Benehmen ändern,
Und schauen schmollend, wie es geht,
Daß ohne uns die Welt sich dreht.

Wir werden beispielsweise sparen
Mit Hochgefühlen für den Zaren,
Und ebenso scheint nächsterdem
Auch Rom uns wenig angenehm.

Es kann den Herren, die regieren,
Jetzt alles mögliche passieren,
Doch schweigt der Hohenzollernaar,
So mitteilsam er früher war.

Indes, es wird nicht lange dauern;
Kommt Sonnenschein nach Regenschauern,
Kriegt wieder jeder Fürstenstamm
Von Potsdam her sein Telegramm.

(1907)

Letzte Telegramme

Hamburg, 5. November 1905
Aus Friedrichsruh kommt die schier unglaubliche Nachricht, daß der im Jahre 1898 verstorbene Fürst Bismarck dort gesehen worden ist. Wir haben sofort einen Spezialberichterstatter dorthin entsandt.

Friedrichsruh, 5. November, abends 9 Uhr
Es bewahrheitet sich, daß Fürst Bismarck lebt. Professor Schweninger ist hier anwesend. Ich hatte soeben eine Unterredung mit ihm. Seine Darstellung ist kurz folgende: Fürst Bismarck in 1898 extreme nervöse Kachexie. Empfahl absolute Ruhe. War nur durch vorgeblichen Tod erreichbar. Seitdem ständige Bettruhe mit Playfairscher Mastkur. Fürst jetzt völlig wiederhergestellt. Darf wieder ausgehen.

Friedrichsruh, 5. November, nachts 11 Uhr
Sprach soeben den Fürsten. Der Fürst ist etwas stark geworden, ziemlich bleich, sieht sonst wohl aus. Weiß nichts vom Lauf der Politik seit 1898. Erwartet heute nacht mit Dreiuhrzug Harden zum Vortrag darüber.

Friedrichsruh, 6. November, 2 Uhr früh
Der Schloßverwalter Piepenbrink gibt folgende Darstellung der Vorgänge des Jahres 1898: In München lebte ein Doppelgänger des Fürsten, der Uhrmacher Bullinger, derselbe, der Lenbach stets als Modell für seine Bismarckbilder diente. Es traf sich, daß dieser Doppelgänger gerade zu jener Zeit an Asphaltvergiftung starb, als Schweninger Bismarck die Playfairkur verordnete. Wir ließen die Leiche per Expreß nach Friedrichsruh kommen. Der Fürst begab sich ins Bett, und die Trauerfeierlichkeiten nahmen ihren Anfang. Was sonst noch im Jahre 1898 passierte, gehört der Weltgeschichte an.

Hamburg, den 6. November
Der Fürst Bismarck hat sich seine Kürassieruniform weiter machen lassen.

Berlin, den 6. November
Die Norddeutsche Allgemeine Zeitung erklärt das Wiedererscheinen des Fürsten Bismarck für im höchsten Grade taktlos.

Berlin, den 7. November
Fürst Bismarck ist soeben, 11 Uhr 25 Minuten, per Extrazug auf dem Lehrter Bahnhof angekommen. Der Fürst, der die Uniform seiner Halberstädter Kürassiere trägt, wurde von einer jubelnden Volksmenge enthusiastisch begrüßt und wollte eine Droschke besteigen. »Aha«, sagte er, »da hat mir das Volk die Pferde schon ausgespannt.« Es war aber ein Automobil, das erste, das der Fürst zu Gesicht bekam. Rasch entführte ihn das moderne Vehikel nach dem Reichskanzlerpalais, und er gab seine Visitenkarte ab. Er wurde sofort vorgelassen. Bülow faßte sich

schnell und sagte: »Durchlaucht, ich kenne Sie nicht.« Darauf holte er den Band Biserta bis Cesnola des Brockhausschen Konversationslexikons vom Regal und wies dem Fürsten Bismarck daraus nach, daß er gestorben ist.

Berlin, 7. November
Endlich ist es gelungen, den Köpenicker Hochstapler zu fassen. Durch den Erfolg in Köpenick ermutigt, trieb der Bursche seine Frechheit so weit, in einer Uniform der Halberstädter Kürassiere per Automobil beim Reichskanzlerpalais vorzufahren und unter dem Vorgeben, er sei Fürst Bismarck, dort einzudringen. Dem genialen Scharfblick des Fürsten Bülow gelang es bald, den Hochstapler zu entlarven und der Polizei zu übergeben. Man hofft, den Verbrecher, der hartnäckig leugnet, bald zum Geständis zu bringen.

Berlin, 7. November, nachts 10 Uhr
Als der mutmaßliche Köpenicker Verbrecher auf seinem Transport nach Moabit am Begasschen Bismarckdenkmal vorübergeführt wurde, warf er einen Blick auf die Statue, schrak zusammen und fiel, tödlich vom Schlage getroffen, zu Boden. Man befürchtet infolgedessen, daß man es hier doch mit keinem Hochstapler zu tun hatte.

(1906)

Caruso im Affenhaus

Wo der Orang-Utan Zähne fletscht,
Stand Caruso dort.
Eine Dame hat er zart getetscht,
Zornig ging sie fort.

Wo mit rotem Hintern der Mandrill
In den Käfig hüpft,
Da versucht er nochmals, ob sie will;
Aber sie entschlüpft.

Wo sich der Gorilla emsig floht,
War's das drittemal,
Daß Caruso seine Reize bot
Und ihr anempfahl.

Da entfuhr ihr doch ein lauter Schrei,
Weil er sie gezwickt,
Und sogleich hat Gott die Polizei
Zürnend hergeschickt.

Ja, was ist's, wenn wirklich ein Tenor
Eine Dame kneift?
Kommt dies jemand so befremdlich vor,
Daß er's nicht begreift?

Wenn sich jede Holde noch entzückt
Vor den Sänger warf,
Ist damit nicht deutlich ausgedrückt,
Daß er alles darf?

(1906)

Die tapfern Hamburger Schutzleute und ihr glorreicher Sieg am 17. Januar 1906

(Zeichnung von O. Gulbransson)

Ehren-Diplom

Ihrer vier Schandarmen haben
Einen kleinen Waisenknaben
Treu gemeinsam so lädiert,
Daß er nie mehr revoltiert.

Höniger hieß ein Privater,
Der auch als Familienvater
Damals auf die Straße ging
Und dabei fünf Hiebe fing.

Reindel hieß ein Frauenswesen,
Das man ohne Federlesen
Durch den Hut und falschen Zopf
Haute auf den Hinterkopf.

Ja, ihr tapfern Hanseaten,
Ihr vollbrachtet Heldentaten,
Und ihr wart so fürchterlich
Als wie Anno siebenzich.

Und ihr ließt die Fahne flattern,
Schluget drauf, bis Wasserblattern
Jeder hatte an der Hand,
Die er um den Säbel wand.

Alte Weiber, Kinder, Greise
Stacht ihr auf Soldatenweise
Und zwar meistenteils von hint',
Wo sie stark verletzlich sind.

Eure wackern Reiter fingen
Krüppel, die nur mühsam gingen.
Und der Pallasch saust herab,
Daß er gleich ein Seufzen gab.

Den Verleger *Martoschecken*
Wollte einer niederstrecken,
Doch er traf ihn diesmal nicht,
Weil er hinters Gitter flücht'.

Tischler *Wittmann* fand als Bayer
Hierorts seine Leichenfeier,
Denn ein Hieb, den man ihm gab,
Rief ihn von der Erde ab.

Als er sich am Boden wälzte,
Kam ein Schutzmann noch und pelzte
Mit den Stiefeln ihn und sprach:
»Knödelbayer, gibst du nach?«

Ja, in Hamburg ist's gewesen,
Wo wir jetzt mit Ehrfurcht lesen,
Daß mit aller Manneskraft
Sich gezeigt die Schutzmannschaft.

Keiner ist davongelaufen
Vor den Weib- und Kinderhaufen,
Jeder zeigt' mit Stich und Hieb
Seinen Staatserhaltungstrieb.

Ohne Furcht und Allerbarmen,
Haben ihrer acht Schandarmen
Eine alte Frau besiegt,
Daß sie schwach am Boden liegt.

Und ein Kind mit dreizehn Jahren
Hat es alsobald erfahren,
Daß der tapfre Hanseat
Einen scharfen Säbel hat.

Frauen wurden weggetragen,
Finger wurden abgeschlagen,
Kinder schrieen blutbespritzt,
Ob ein Gott im Himmel sitzt.

In der Berg- und Schmiedegassen
War ein starkes Aderlassen,
Und das stolze Heldenschwert
Traf nur den, der sich nicht wehrt.

Dieses sind die Heldentaten
Von den tapfern Hanseaten,
Die so kampfbegierig sind
Gegen Greis und Weib und Kind.

(1906)

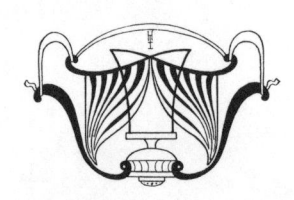

Regierung und Zentrum

Die Jahre her ging glatt der Handel,
Verstohlen hier, und dort geheim,
Da kam von ungefähr ein Wandel;
Die Freundschaft ging jetzt aus dem Leim.

Das Zentrum tut, wie die Kokotte,
Mit der ihr Louis nicht länger geht;
Sie überliefert ihn dem Spotte,
Sie wird ganz furchtbar indiskret.

Und er, der von ihr ausgehalten
Sich wohl gefühlt so manches Jahr,
Zeigt jetzt, wie sie doch mißgestalten,
Und wie so hundsgemein sie war.

Und was sie früher sich erfüllten
Im ungestörten Minneglück,
Dünkt ihnen selbst, da sie's enthüllten,
Als ausgemachtes Lumpenstück.

(1906)

Der Alte
(Zeichnung von W. Schulz)

Mein alter Hut aus jungen Tagen,
So keck die Krempe aufgeschlagen,
Stülpt' ich vorzeiten dicht aufs Ohr;
Da wußten sie in jeder Gasse,
Wie grimmig ich die Fürsten hasse,
Und hatten ihre Angst davor.

So du wie ich, wir beide waren
Ein Schrecken den Philistercharen,
Sie sahen recht. Der Heckerhut
Weckt die verwegensten Gedanken
Und Wünsche ohne Ziel und Schranken
Und heißen Drang und Übermut.

Doch hinterdrein kam der Zylinder
Und dürre Zeit und Weib und Kinder,
Die schöne Jugend war vorbei.
Du lagst in einer Waschkommode,
Ich suchte nach dem lieben Brode,
Die Schaben fraßen an uns zwei.

(1907)

Erprobte Zentrumswähler

(Zeichnungen von R. Wilke)

Die gläubigsten Anhänger des Zentrums gibt es in der Oberpfalz – das heißt, wenn man die Insassen der Anstalten für Geistesschwache nicht mit einrechnet –.
Aber von den in Freiheit befindlichen Zentrumswählern sind die Oberpfälzer als die eifrigsten zu erachten.
In der Oberpfalz wird jeder Neugeborene in der standesamtlichen Urkunde auch als Mitglied der ultramontanen Partei eingetragen; wird der Oberpfälzer fünfundzwanzig Jahre alt und damit Reichstagswähler, so hat er vor dem zuständigen Pfarrer sich auszuweisen, ob er noch ultramontan ist.

Der zuständige Pfarrer zeigt ihm einen Knochen; erkennt der Prüfling, daß es ein Schinkenknochen ist, so gilt er als verloren; hält er ihn aber vorschriftsmäßig für ein heiliges Schlüsselbein, so darf er die zweite Prüfung ablegen, welche der jeweilige Dekan von Amberg vornimmt.

Sie besteht darin, daß ihm der Weisheitszahn mit den drei nächststehenden Zähnen ausgezogen wird. Es gibt nämlich seit Urzeiten keinen Oberpfälzer, der den Weisheitszahn besitzt, weil der katholische Glaube ohne denselben noch besser gedeiht.

Wer diese Tatsache anzweifelt, soll dem Abgeordneten Lerno ins Maul schauen. Er wird unsere Aussage bestätigt finden. Hat der Prüfling den Weisheitszahn hingegeben, dann kommt es zur dritten und letzten Probe.

Der reichstagsmündige Oberpfälzer wird auf einen Stuhl gesetzt. Aus beträchtlicher Höhe wird ein Granitblock auf sein Haupt geworfen.
Das Experiment könnte gefährlich sein, wenn der Prüfling nicht eben Oberpfälzer wäre. So aber ist es durchaus harmlos und nur eine Förmlichkeit.
Wenn der Granitblock kaputt ist, erhält der Prüfling seinen ultramontanen Wahlschein, der in der Oberpfalz ebenso wichtig ist, wie in anderen Teilen Deutschlands der Impfschein. Dieser Schein berechtigt ihn, bei jeder vorkommenden Wahl dem Landgerichtsdirektor Lerno seine Stimme zu geben.
Außerdem befähigt er ihn zum Antritte eines Gemeindeamtes und gibt ihm das Recht auf kostenlose Verpflegung in den Kretinenanstalten der Provinz. Bis jetzt hat noch kein Oberpfälzer anders, wie ultramontan gewählt.
Vielleicht ist daran auch der Glaube schuld, daß der Oberpfälzer nachträglich die Folgen des Granitblockes verspürt, wenn er liberal wird.

(1907)

Die Schlacht

Seht ihr die Flammen lohen?
Funkelnde Augen drohen
Hinter den goldenen Brillen,
Und die Luft erzittert von schrillen
    Tönen der Wut.
    Durch die innere Glut
Rauher tönet die Stimme.
Bleicher werden im Grimme
Die glatten, die feisten Wangen,
Die sonst friedlich herunterhangen,
Und das bebende Doppelkinn
Zeigt den wütigen Kriegersinn.
    Der Schlachtruf braust.
    Zur drohenden Faust
Ballt sich manche fettige Hand.
Pfaffenschreie gellen durchs Land.

Aber drüben um ihre Fanale
Lagert die trotzige liberale
    Todesmutige Kämpferschar
    Die noch niemals zu feurig war.
Und die Männer, die sie erkoren,
Rechtsanwälte und Professoren,
    Schreiten mit wuchtigem Gang
    Die Reihen entlang.
Die Bärte zittern
In Schlachtgewittern,
Und von hehrer Begeisterung
Kommen die Bäuche in leisen Schwung.
    Im tiefen Basse
    Ohn' Unterlasse
Mahnen sie die tapfere Schar,
Und es sträubt sich das blonde Haar.

    Ha! Zusammen prallen
    Die Streiter. Es fallen
    Die Hiebe so hageldicht.
    Schonung gibt es hier nicht.
    Sie stöhnen, sie schnaufen,
    Sie schreien, sie raufen
    In wütende Klumpen geballt.
    Der Schlachtruf erschallt,
    Sie toben, sie stampfen,
    Die Leiber verkrampfen
    Ineinander sich.
    Fürchterlich!
    Fürchterlich!

    Der Kampf ist aus.
    Wer noch lebt, geht nach Haus.
    Heilige Triebe
    Und Menschenliebe
    Kehren zurück in des Priesters Herz.
    Und es geht wieder himmelwärts.

(1907)

Germania und die Berliner Polizei
(Zeichnung von W. Schulz)

Sieh her auf diesen! Ihn hast du geschlagen,
Als er, vom Stolz der Wahlschlacht noch getragen,
Für seinen Kanzler deutsche Lieder sang.
Du hast den Hut ihm gröblich eingetrieben,
Hast ihn verletzt mit derben Schutzmannshieben,
Da Hochgefühl aus seinem Busen drang.

Als er begeistert zog zum Königsthrone
Und hoch und hurra rief dem Fürstensohne,
Trafst du mit flacher Klinge sein Gesäß.
Die treuen Augen waren ihm erloschen,
So hast du grün und hast ihn blau gedroschen.
Ist diese Handlung deutsch und sinngemäß?

Hegt ihr nicht Achtung mehr vor meinen Kindern,
Wenn sie in Festesstimmung und Zylindern
Den Kaiser ehren durch ein treues Lied?
Darf man die Liedertafler so vermöbeln,
Wie Arbeitshorden, die aus Hunger pöbeln?
Und kennt ihr Rohen keinen Unterschied?!

(1907)

Freiheit

Mit gelad'ner Schießpistole
Kommt ein Mann, und »Halt!«
– Schreit er – »deine Wahlparole!
Oder du bist kalt!«

»Teurer Freund, es will mir scheinen«,
Sprach er kurz und schlicht, –
»Jeder kann es anders meinen,
Oder etwa nicht?«

»Nein!« So schrie er wutentbronnen,
»Freiheit ist 's Panier,
Du bist nicht wie ich gesonnen!«
Und er schoß nach mir.

(1907)

Nach den Wahlen

Es schreit nicht mehr in fetten Schriften
Das Für und Wider von der Wand.
So laßt uns alle Frieden stiften!
Ein jeder reiche seine Hand!

Zur Menschheit wird auf diesem Wege
Die heißentflammte Wählerschar;
Und wieder Nachbar und Kollege
Ist, wer noch gestern Schurke war.

(1907)

Lebensweisheit
(Zeichnungen von O. Gulbransson)

Die Kultur verdirbt die Liebe,
Denn sie hemmt den stärksten Drang.
Und der mächtigste der Triebe
Wird ein schwaches Santimang.

Kater, die in Städten leben,
Sie verschwenden ihre Zeit,
Um sich angenehm zu geben.
Selten kommen sie soweit.

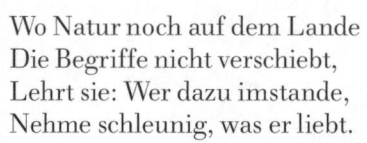

Wo Natur noch auf dem Lande
Die Begriffe nicht verschiebt,
Lehrt sie: Wer dazu imstande,
Nehme schleunig, was er liebt.

Rasch gestillte Wünsche reißen
Nicht an unserm Nervenstrang,
Und man darf sich glücklich heißen,
Und man lebt vergnügt und lang.

(1907)

Naturgeschichtliches Alphabet

(Zeichnungen von W. Schulz)

Der **A**bend kommt am Tagesschluß,
In **A**frika gibt's viel Verdruß.

Was in **B**erlin so vor sich geht,
Erfährt der **B**ülow manchmal spät.

Den **C**ognak trinkt man gern vieux,
Den **C**aro beißen viele Flöh'.

Des **D**avid Sohn hieß Absalon,
Der **D**ernburg wird jetzt auch bald »von«.

Die **E**lstern haben bunte Schwänz',
Im Alter wird man **E**xzellenz.

Die **F**ürsten sieht man nur von ferne,
Furunkeln hat man auch nicht gerne.

Die **G**nade ist um Geld nicht feil,
Und **G**reise sind mitunter geil.

Der **H**immel ist der Menschheit Ziel,
Der **H**ase rammelt ziemlich viel.

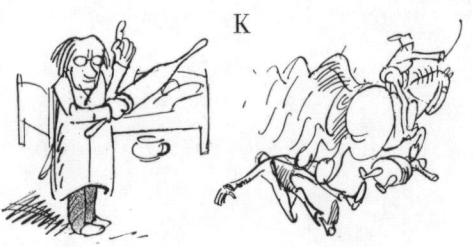

Das **I**ndigo ist blau, nicht rot,
Der **I**bsen ist jetzt auch schon tot.

Der **K**ranke wird sehr oft klistiert,
Der **K**aiser hat den Kleist zitiert.

Man wird leicht stolz als **L**eutenant,
Die **L**aus stammt wohl aus Griechenland.

In **M**ontenegro wird gestohlen,
Die meisten Sachsen sind **M**ongolen.

Wer länger ohne **N**ahrung ist,
Wird ganz von selber **N**ihilist.

O-Beine niemand leiden kann
Der **O**rterer ist ein schöner Mann.

Der alte Pfaffe wird ein **P**robst,
Der **P**ferdeapfel ist kein Obst.

Es gibt viel **Q**uallen in der See,
Viel **Q**uasselfritzen an der Spree.

Der **R**eiher speit mitunter sehr,
Von **R**oeren hört man gar nichts mehr.

In **S**ingapore sind wir fremd,
Der **S**erbe wechselt nie das Hemd.

Der **T**od ist dieses Lebens Ende,
Die **T**aube kackt auf Monumente.

Man lasse doch den **U**nfug bleiben,
Mit seinen Fürsten **U**lk zu treiben.

Vampire sind gemeine Biester,
Die **V**enus hat noch heute Priester.

Die **W**ade ist ein Teil des Leibes
Und oft die Zierde eines **W**eibes.

X Y sind sehr verzwickt,
Auch Busch hat sich darum gedrückt.

Der **Z**ar fühlt sich in seinem Saal
So bänglich wie ein **Z**itteraal.

(1907)

Kretins
(Zeichnungen von O. Gulbransson)

Der Dorftrottel

In einem Stallwinkel zwischen der Mistkiste und einem Bündel Stroh geboren, ist er ein ländliches Produkt der sexuellen »Duliäh«-Stimmung eines guten Hopfenjahres. Seine Wiege stand nirgends, hingegen hat ihn ein leerer Futtertrog der Mitwelt erhalten. Die besten Freunde seiner ersten Jugend sind die Stallziege und ein paar Kaninchen. – Von ersterer bezieht er auch die Muttermilch. Seine Mutter ist Kuhmagd und sein Vater nicht mit Bestimmtheit anzugeben. Mit zehn Jahren lernt er blöken, lachen und Kühtreiben. Dann wird er Kuhhirt und Gemeindetepp.

Äußere Kennzeichen: Wasserkopf, Kropf, Glotzaugen und schwankender, torkelnder Gang. Seine Lippen umspielt beständig ein Zug harmlos geiler Fröhlichkeit. – Auf seine Kühe und die erwachsene Weiblichkeit des Dorfes wirkt er dämonisch: – Sie fürchten sich vor ihm. – Der Gemeindestier haßt ihn; – doch grundlos. – Eine tiefere erotische Neigung liegt ihm fern. – Seiner politischen Überzeugung nach ist er selbstverständlich klerikal und tritt bei Wahlen mit seiner ganzen Lungenkraft für die Geistlichkeit ein, was man hinwiederum als ein Zeichen seiner politischen Reife mit Genugtuung begrüßt.

Wie seine Geburt, so dankt er auch sein Fortleben nach dem Tode der Wunderkraft des Alkohols. Denn er bleibt in seinen interessanten fleischlichen Bestandteilen der Nachwelt in Spiritus erhalten.

Der Edelkretin

Er ist der Sündenextrakt einer langen Ahnenreihe und das Ergebnis einer letzten verzweifelten Anstrengung, sich fortzupflanzen. – Reizmittel stärkster Art und der feste Wille der »Familie«, legitim weiterzuleben, sind an seiner Menschwerdung schuld. – »Rassenmerkmale« sind alsbald unverkennbar. – Die Zartheit des Körperbaues und die »Nerven« hat er von der Mama, Geschlecht, Rückenmark, Schädel vom Vater. – Seine Augen sind wässerige Nebensächlichkeiten, und sein Gehirn ist so klein, daß es ihm sein Leben lang keine Sorgen macht. Mit seinem Vetter vom Lande hat er das lächelnde »über den Dingen stehen« gemeinsam; sonst aber ist sein Werdegang naturgemäß ein grundverschiedener. – Mit fünf Jahren erlernt er die Handpflege und seinen Namen, mit zehn Jahren kann er letzteren schreiben, mit elf beginnt er sein Rückenmark zu vergeuden und erhält einen Hofmeister. – Mit vierzehn Jahren hat er ein kleines Verhältnis, mit sechzehn zahlt sein Papa für ihn die ersten Alimente. –

Zwischendurch bereitet er sich für seine Karriere vor. – Er wird Diplomat oder politischer Beamter, je nach der Höhe seiner Zulage. – Mit zwanzig Jahren ist er ein mondäner junger Mann, dessen distinguierte Kopfform vorteilhaft zur Geltung kommt. – Selbstverständlich ist er Leutnant der Reserve. Mit dreißig Jahren ist er in leitender Stellung, mit fünfunddreißig geschlechtslos, weshalb er mit vierzig Jahren heiratet.

Mit fünfundvierzig packt ihn die Sehnsucht seiner Familie, legitim weiterzuleben. – Er gebraucht daher Reizmittel stärkster Art und macht eine letzte, verzweifelte Anstrengung, sich fortzupflanzen. Gelingt ihm dies, so erfolgt nach angemessener Frist die Menschwerdung seines Kindes. – Rassenmerkmale sind alsbald unverkennbar; die Zartheit des Körperbaues und die »Nerven« hat es von der Mama, Rückenmark, Schädel usw. vom Vater... kurz, *er* lebt in seinem Kinde fort. – Daher die erfreuliche Homogenität in unseren alten Familien...

(1907)

Moralische Erzählung
(Zeichnung von Th. Th. Heine)

Zu Lengsfeld in Thüringen lebte ein gottesfürchtiger Landmann namens Gottlieb Grohlich, welcher auf eine bemerkenswerte Weise von harten Schicksalsschlägen verfolgt wurde. Bis zum Jahre 1906 erfreute er sich im Kreise seiner aus einer treuen Gattin und fünf wohlgeratenen Kindern bestehenden Familie eines vortrefflichen Wohlstandes, und nicht selten sah man ihn des Abends vor seinem hart an der Landstraße gelegenen Häuschen sitzen und Gott für seine große Güte danken.
Während dieser Abendandacht geschah es am 5. Mai des Jahres 1906, daß ein Wagen ohne Pferde dahergerast kam, desgleichen niemand in Lengsfeld zuvor gesehen. Grohlichs jüngstes Töchterchen, die dreijährige Minna, die sich gerade auf der Landstraße tummelte, wurde von dem Kraftwagen erfaßt und mußte ihr junges Leben lassen. Grohlich gab den Seinen ein Beispiel heldenhafter Niederkämpfung des seelischen Schmerzes. Aber bereits am 5. Juni wurde sein bestes Schwein, als es zum Stalle heimkehrte, vom Kraftwagen überfahren und verschied. Grohlichs netzten den Schweinebraten mit ihren Tränen. Nun folgte ein schwerer Schicksalsschlag auf den anderen.

Am 8. Juni wurde Schorsch Grohlich, alt fünf Jahre, überfahren und starb kurz danach; am 3. Juli kam Friedrich August Grohlich, alt 15 Jahre, unter das Automobil und wurde gänzlich zerstört; am 20. August kam Karoline Grohlich, vierzehn Jahre alt, auf dieselbe Weise ums Leben; am 1. September wurden dem zwölfjährigen Max Grohlich beide Beine kurz unterhalb der Hosentaschen abgefahren.
Nun war das Grohlichsche Ehepaar aller Kinder beraubt, schmerzgebeugt wagte es dennoch nicht, an der Lauterkeit von Gottes Absichten zu zweifeln. Am 6. September fand der Grohlichsche Haushahn seinen Tod unter Automobilrädern, und Frau Grohlich mußte ihm beim Versuche, ihn zu retten, in die Ewigkeit nachfolgen. Da zum ersten Male begann Grohlich, Gottes Güte und Weisheit mit prüfendem Blicke zu betrachten und schwarzen Rachegedanken Raum zu geben. Er beschaffte sich eine erhebliche Anzahl langer eiserner Nägel und verschluckte sie. So mit Nägeln gefüllt warf er sich vor einem herannahenden Automobil auf die Straße. Die Nägel durchdrangen sowohl seinen Leib als auch die Luftschläuche der Räder. Ein ungeheurer Knall erfolgte, und der Kraftwagen überschlug sich, seine Insassen unter sich begrabend.
Moral: Frauen und Kinder haben eine gewisse Existenzberechtigung, du sollst sie nicht ohne Grund überfahren. –
Nachtrag. Gottlieb Grohlich wurde von seinen schweren Verletzungen gänzlich wiederhergestellt und konnte vor Gericht gezogen werden. Er wurde wegen vorsätzlicher Körperverletzung und Sachbeschädigung zu längerer Freiheitsstrafe verurteilt. Mit seinem Gotte steht er leider noch nicht wieder auf dem früheren vertrauten Fuße.

(1907)

In den Gerichtsferien

(Zeichnungen von O. Gulbransson)

Der Herr Staatsanwalt langweilt sich schrecklich auf dem Lande, bis ihm ein Blick in die Natur beweist, daß an der ländlichen Sittlichkeit noch vieles zu verbessern und in ihrem Interesse zu verhüllen ist.

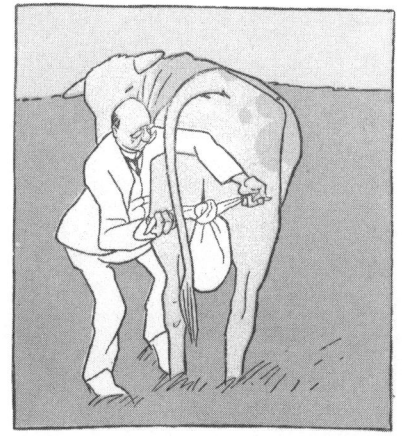

Schritt auf Schritt begegnet er den greulichen Szenen der Unzucht und versucht, durch gütliches Zureden auf die Tiere einzuwirken.

Ein bestimmter Verdacht zwingt ihn auch, das nächtliche Treiben der Bauerndirnen einer Betrachtung zu unterziehen.

Aber leider wird er in seiner gedeihlichen Tätigkeit durch die Gattin verhindert, welche ihm einen schändlichen dolus eventualis unterschiebt.

(1907)

Ein Blick ins Damenbad

Nicht all und jedes, meine Beste,
Ist reizend, was Ihr Kleid verhehlt.
Denn manches, was das Mieder preßte,
Wird schwabbelig, wenn dieses fehlt.

Ein hübscher Stiefel, schöne Strümpfe
Beschwindeln uns oft sonderbar.
Man sieht mit Schrecken, daß die Nymphe
Gespickt mit Hühneraugen war.

Ich spreche nicht von Hinterfronten,
Die ungebührlich aufgebauscht,
Uns nur so lang bezaubern konnten,
Als schwere Seide sie umrauscht.

Das Nackte kann die Tugend stärken,
Und vieles reizt uns nur umflort.
Ich konnt' es durch die Wand bemerken,
Als ich ein Loch hineingebohrt.

(1907)

Das Mädchenheim
(Zeichnungen von A. Lambert)

Eines Tages nun begab sich der Herr Jesus in das Land Preußen, welches gen Mitternacht liegt. Nahe einer Stadt rastete er ein weniges und schaute umher. Da sah er ein großes Haus, welches einem Gefängnisse glich, aber recht auffällig das Zeichen des Kreuzes trug. Er ging näher und las über dem Eingange verschiedene Worte, die er zu Lebzeiten gesprochen hatte.
Er begehrte Einlaß, und man führte ihn sogleich zu dem Direktor dieser Anstalt, welche ein Mädchenheim war. Es war aber der Direktor ein Geistlicher, ein Hirte der Seelen oder Pastor, wie man auf deutsch sagt. Er maß den Fremden mit strengen Augen und fragte:
»Wer sind Sie? Was wollen Sie?«
»Ich bin Jesus Christus«, sagte unser Herr.

»So, so«, sagte der Pastor. »Da haben Sie allerdings Ursache, zu mir zu kommen. Ich strenge mich sehr stark für Sie an.«
Über das Antlitz des Heilands huschte ein Lächeln.
»Was ist dein Amt?« fragte er.
»Ich bekehre Huren«, sagte der Pastor.

»Da tust du recht; auch ich habe ihnen gerne verziehen, denn sie sind eines gütigen Sinnes.«

Der Pastor blickte unsern Herrn mit heiligem Zorne an. »Ich weiß«, sagte er. »Sie waren merkwürdig milde in diesem Punkte. Wir urteilen anders über die Menscher.«

Der Klang seiner harten Stimme befremdete den Heiland. Eine häßliche Erinnerung tauchte plötzlich in ihm auf. Die Erinnerung an einen fetten Pharisäer, dessen Augen ebenso mitleidlos in die Welt sahen.

Aber dieser da war sein Diener. Wie konnte er seinen bittersten Feinden ähneln?

Und er sagte milde:

»Wenn sie zu dir kommen, so dürsten sie nach Hilfe. Und daß du sie ihnen gewährst, dafür danke ich dir.«

Ein spöttisches Lachen spielte um die dicken Lippen des Pastors.

»Wenn ich warten wollte, bis sie selbst kommen, stünde dieses Haus das ganze Jahr leer.«

»Wer kann sie zur Reue bringen, denn ihr Herz?« fragte der Herr.

»Das kann die königliche Regierung«, antwortete der Geistliche. »Sie schickt mir alle Huren, welche keinen Erlaubnisschein haben.«

»Was für einen Erlaubnisschein?«

»Den Schein, daß die betreffende Person gegen Bezahlung einer Steuer die Erlaubnis hat, ihr schändliches Gewerbe auszuüben.«

»Habe ich recht verstanden? Deine Obrigkeit gibt den einen Erlaubnis, zu sündigen?«

»Gibt sie.«

»Und nimmt Geld von den Unglücklichen?«

»Und nimmt Geld von den Huren.«

»Die anderen aber schickt sie dir, auf daß du sie besserst.«

»Schickt sie mir. Und ich bessere sie auch.«

Der Heiland schüttelte das Haupt.

»Und diese, so das tun, regieren die Menschen?«

»Ich möchte Sie ersuchen, von der königlich preußischen Regierung mit Respekt zu reden«, sagte der Pastor.

Der Heiland sah den Menschen an.

Zwei harte, feindselige Augen begegneten seinem Blicke.

Und wieder kam ihm die häßliche Erinnerung. Er kämpfte sie nieder.

»Du magst dich glücklich preisen, wenn deine Worte nur Macht haben über wenige«, sprach er.

»Mit Worten ist nichts getan«, erwiderte der Pastor.

»Du sagtest doch, daß du sie bekehrst?«

»Allerdings. Aber ich habe andere Mittel als Güte und Verzeihen. Übrigens, weil Sie gerade hier sind, kann ich Ihnen gleich am Beispiele zeigen, wie ich für Sie wirke. Wollen Sie mitkommen?«

»Geh voraus!« sagte der Heiland. Sie schritten durch einen engen Gang.

Vor einer Türe hielt der Pastor.

»Hier drinnen ist Sidonie Mischke, welche ich strafen muß«, sagte er.
»Warum mußt du sie strafen?«
»Sie hat gelacht, als ich zu Ihnen betete.«
»Dann verzeihe ich ihr.«
»Nee, das führt zu nischt. Strafe muß sein«, sagte der Pastor und öffnete die Türe der finsteren Zelle.
Er griff hinein und schrie:
»Ich habe sie schon. Heraus, du Rabenaas!«

Mit heftigem Rucken zerrte er eine schmächtige Person heraus und stieß sie vor sich hin, bis sie in ein größeres Gemach kamen. Dort wurde das Weib auf eine Bank gefesselt und etwas entblößt.

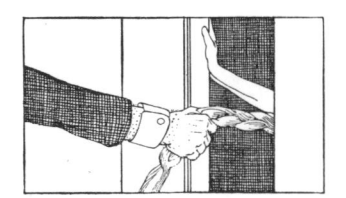

Der Pastor schlug sie hierauf mit einem festen Stocke taktmäßig auf den Hintern. Der Heiland sah schreckensbleich zu.
»Laß ab, Mensch!« schrie er.
»Hier wird nischt abgelassen und verziehen«, sagte der Pastor. »Da hast du noch eine, und noch eine, und noch eine.«
Sidonie Mischke wurde abgeschnallt.
»Sieh dorthin!« schrie ihr Peiniger und deutete auf den Herrn. »Dort steht Jesus Christus, welchen du gestern beleidigt hast, und damit du eine längere Erinnerung an deinen Frevel behältst, will ich dir deine sündhaften Haare abschneiden.«

Und schon hatte er Sidonie beim Zopfe gefaßt und in die Höhe gehoben.
Blitzschnell zog er die Schere aus der Tasche und vollbrachte seine Drohung.
Ein Wärter führte die Sünderin wieder in die Zelle. Der Pastor stellte sich freudestrahlend vor Jesus hin und fragte: »Na? Was sagen Sie jetzt?«

Aber der Herr verschwand vor seinen Augen und schwebte in die Zelle der Armen.

Sie kauerte schluchzend im Winkel, und als Sie Jesus erkannte, fragte sie: »Kommst du, um mich noch einmal zu strafen?«

»Ich strafe nicht.«

»Wie soll ich es glauben. Jeden Tag mißhandeln sie mich in deinem Namen.«

Da weinte der Herr und sagte: »Darum sollst *du* mir verzeihen, daß ich solche Diener auf Erden habe.« Und er segnete sie.

Dann aber fuhr er schnell auf einer Wolke aus dem Lande Preußen.

(1907)

Herbst

Nun welkt, was einstens grün war, Philippine,
Nach dem Gesetze der Vergänglichkeit
Weist die Natur uns ihre Sterbemiene.
Auch uns, Geliebte, droht es seinerzeit!

O schaue rings um dich! Mit ernsten Lettern
Schreibt es der Herbst in unser Lebensbuch:
Wir werden nach und nach uns ganz entblättern,
Dann, Philippine, kommt das Leichentuch.

Sieh dort am Rand des Waldes: Immer gelber
Färbt sich die Linde; gestern war sie grün.
Und sprich, Geliebte, merkst du es nicht selber,
Daß unsre Triebe minder heftig glühn?

Die Glocken läuten dumpf. 's ist Allerseelen.
Man wendet seinen Sinn den Toten zu.
Wie bald wird eines von uns beiden fehlen!
Entweder ich – entweder oder du!

(1907)

Missionspredigt
des P. Josephus gegen den Sport

Liebe Christengemeinde!

Im vorigen Jahr habe ich euch den Unzuchtsteufel geschildert, der wo bei schlampeten Frauenzimmern unter dem Busentüchel wohnt oder gleich gar auf der nacketen Haut sitzt, wenn sie ihre seidenen Fetzen so weit ausschneiden.
Er freut sich über die höllische Wärme, de wo beim Tanzen aufakimmt, und rapiti capiti hat er den christlichen Jüngling bei der Fotzen oder beim Heft, mit dem er vielleicht liebevoll die giftigen Dünst' aufschmeckt.
Apage Satanas! sag i, apage du Höllenfürst! Aber natürlich die Menscher müssen flankeln, und wenn die Röck fliegen, merken sie nicht, daß ihnen der Spirigankerl den Takt pfeift.
Liebe Christengemeinde! Jetzt haben wir aber noch einen anderen Unzuchtsteufel, und der ist gleich gar ein Engländer und heißt Sport.
Jesses-Marand-Joseph! Wenn man mit leiblichen Augen zuschauen muß, wie da eine unsterbliche Seele nach der andern in die Höll abirutscht und mit einem solchem Schwung, daß sie im Fegfeuer gleich gar nimmer bremsen kann! Rodelts nur! Rodelts nur, ihr Malefizpamsen, daß euch die letzten Unterröck kopfaus in die Höh steigen und der Teufel gleich weiß, wo er anpacken muß. Zeigt's as nur her, eure Waderln und die schwarzen Strümpf und noch was dazu, daß euer Schutzengel abschieben muß über dem grauslichen Anblick!
Ja, was siech i denn da?
Ein Trumm Mensch, das schon zehn Jahr aus der Feiertagsschul is, schnallt sich Schlittschuh an, wie ein lausigs Schuldeandl, und rutscht am Eis umanand.
Und natürlich, er is aa dabei, der feine Herr mit sein Zwickerbandl hinter die Ohrwaschel!
Habt's as net g'hört, daß die Glocken zum heiligen Rosenkranz läut? Hörts net glei auf mit dem Speanzeln, und mit'm G'sichterschneiden, und mit dene Redensarten, die von der Peppen ins Herz hinein tropfen?
O du Amüsierlarven, du ausg'schamte, was hängst denn du deine Augen so weit außer, daß ma's glei an der Knopfgabel putzen könnt?
Hat er was g'sagt, dein abg'schleckter Herzensaff? Hat er was g'sagt, daß deine Kuttelfleck vor lauter Freud in die Höh hupfen?
Und in Rosenkranz gehst net nei, du arme, verlorene Seel, und ausg'rutscht bist aa scho, und der Teufel hat di bei deine langen Haar?
Gelt, da schaugst, wenn di der Teufel mit der glühenden Zang in dein Hintern zwickt, weil's d'n jetzt gar a so drahst?
Ja, ja, ja, ja!
Ja, was kimmt denn da daher?
D'Frau Muatta mit die zwoa Töchter auf die Ski?
San S'da, Madam, und hat's Ihnen neig'schmissen in den Schneehaufen, daß de dicken Elefantenfüaß zum Firmament aufistengan? Da kann ja unser Herrgott a

halbe Stund lang nimmer aba schaug'n, sunst muaß er dös abscheuliche Schasti-Quasti sehg'n, dös wo eahm Sie aufirecken!
Pfui Teufi! sag i, pfui Teufi!
Und de Fräulein Töchter, habe die Ehre!
Plumpstika, liegt auch schon da!
Freili, was ma siecht, is ja netter, als wie bei da Frau Mama.
Aba g'langt denn dös net, daß Ihnen da Herr Verehrer vom Hofball her bis zum Nabel kennt? Muaß er no mehra seh'gn? Muß Eahna denn der Teufel aa bei der untern Partie derwischen?
Ja, strampeln S' nur mit di Füäßerln! Er schaugt scho hin; er siecht's scho! Servus, Herr Luzifer! Da kriag'n S' amal a feins Bröckerl in den höllischen Surkübel. Amen!

(1908)

Wilhelm Busch †
(Zeichnung von W. Schulz)

Wie wohl ist einem guten Greise,
Denkt er behaglich, still und weise,
Nach einem langen Arbeitstag,
Wie er den Abend nützen mag.
Die andre Menschheit jagt und hetzt,
Und prahlt und neidet, zankt und schwätzt,
Und ist enttäuscht und hofft aufs neue,
Fühlt heute Glück und morgen Reue,
Treibt sich mit Wünschen hin und her
Und hat sie viel, so will sie mehr,
Und dreht sich hastig um und um
Im ewigen Brimborium.

Der gute Greis sagt still und froh:
Ja, früher war ich auch mal so,
Doch fortan will ich nur allein
Recht fern von Lob und Lärmen sein,
An einem Ort, wo man nichts hört
Von Anerkennung, die uns stört.
Hab' ich mir selbst genug getan,
Was geht es meine Mitwelt an?
So von Erinnerung umgeben,
Läßt es sich noch ein wenig leben.
Mein Geist, indes die Pfeife brennt,
Sieht viel, was er von früher kennt,

Und liebgewordene Gestalten,
Sie grüßen herzlich ihren Alten.
Es grüßt und winkt die Jugendzeit
Und fröhliche Vergangenheit.
Man sieht den Weg, den man geschritten,
Vergessen ist, was man gelitten,
Man sagt sich selbst mit frohem Mut:
Im ganzen war die Sache gut,
Und gut war alles, was geschehen.
Jetzt ist es Zeit zum Schlafen gehen.

(1908)

Ludwig I.
Eine Märzerinnerung
(Zeichnung von W. Schulz)

Lola, auf den Knieen vor dir liegend,
Lebend in den höchsten Wonnen hin,
Und mein Haupt an deine Reize schmiegend,
War ich selig, Andalusierin!

Teutsche Kraft in alten Gliedern fühlend
Und besiegend die Bedenklichkeit,
Niemals die Begierde gänzlich kühlend,
Hab' ich meine Reste dir geweiht.

Aber wütend, mein Idol bespeiend,
Glaubete mein Volk sich heldenhaft;
Immer Lümmel nur gewesen seiend,
Spottet' es der Liebe Zauberkraft.

(1908)

Bismarck

Zehen Jahre sind dahingeschwunden,
Seit *ER* starb. Das treue Vaterland
Steht in diesen weihevollen Stunden,
Wie es nie an Seiner Bahre stand.

Unser Kaiser wird den Lorbeer winden,
Wird in Wehmut, die zum Himmel steigt,
Heiße Worte jenes Dankes finden,
Den im Leben er *IHM* auch gezeigt.

Generäle schmettern starke Worte,
Und Minister sprechen tief gebückt
Uns von Bismarck, Deutschlands starkem Horte,
Was sie früher ängstlich unterdrückt.

Schweiget still! Es singen Liedertafeln
Von Gefühlen, die uns keiner raubt,
Und die wohlgesinnten Männer schwafeln
Von der Treue, die man jetzt erlaubt.

Auch die tapfern alten Corpsstudenten
Zeigen jauchzende Begeisterung.
Bei den staatsgetreuen Elementen
Kommen dürre Seelchen in den Schwung.

Hörst du, Bismarck, den Bedientenjubel?
Siehst du ihn aus seligem Gefild?
Sage selbst, ist der Lakaientrubel
Nicht ein vaterländisch schönes Bild?

Und so herrlich, daß in solchen Tagen
Du die alte Bitterkeit vergißt?
Ja, auch dies ist leichter zu ertragen,
Daß dein Erbe schon verschleudert ist.

(1908)

Der Satanist
Zwei Szenen
(Zeichnung von O. Gulbransson)

Fünf Richter. Ein Staatsanwalt. Ein Referendar. Ein Gerichtsdiener. Franz Wedelgrind, ein satanischer Dichter.
Die Handlung spielt in einem Leipziger Gerichtssaal.

Erste Szene

ERSTER RICHTER: Wir haben es heute mit einem äußerst respektlosen Menschen zu tun.
ZWEITER RICHTER: Nu...nu...
ERSTER RICHTER: Ich gestehe offen, daß ich der Verhandlung mit Besorgnis entgegensehe. Wir werden Antworten erhalten, die mehr versteckte Frechheit bergen, als sein Gedicht. Die Presse greift sie auf, findet natürlich, daß wir dem kühnen Dichter nicht gewachsen waren, und so weiter. Lauter Verlegenheiten.
ZWEITER RICHTER: Nu...nu...
FÜNFTER RICHTER: Jedenfalls ist sein Gedicht von einer Bosheit, für die mir jeder Gradmesser fehlt.
ZWEITER RICHTER: Um neun Uhr morgens und in diesem nüchternen Gerichtssaale gibt es keine Bosheiten. Reißen Sie den Menschen aus der mitternächtlichen Kaffeehausstimmung und seine naive Dichterseele wird so weich wie Hammeltalg.
VIERTER RICHTER: Aber haben Sie denn auch seine Stücke gelesen?

ZWEITER RICHTER: Lieber Kollege, ich habe sie gelesen. Der spielt mit der Autorität, so lange er sie nicht kennt. Aber lassen Sie ihn nur kommen! Hier herin zeigt jeder Handwerksbursche mehr Trotz, wie dieser Moralgaukler.

REFERENDAR: Darf ich mir gestatten ...

ZWEITER RICHTER: Da herin ist kein Platz für seine Künste.

REFERENDAR: Darf ich mir gestatten? Ich habe Wedelgrind in München gesehen. Er gilt dort allgemein für einen Satanisten.

ERSTER RICHTER: Das ist es! Für einen Satanisten!

ZWEITER RICHTER: An seinem Höllenfeuer haben sich höchstens ein paar Malweiber verbrannt, die nicht früh genug ins Bett gegangen sind.

VIERTER RICHTER: Sie nehmen es zu leicht!

ERSTER RICHTER: Das meine ich auch. Jedenfalls sehe ich der Verhandlung mit Besorgnis entgegen. Aber wo bleibt denn der Angeklagte? Gerichtsdiener, warum ist der Angeklagte noch nicht vorgeführt?

GERICHTSDIENER: Halten zu Gnaden, Herr Präsident, er wird wieder trocken gelegt. Es ist schon die zweite Garnitur, Herr Präsident!

ZWEITER RICHTER: In dieser Beziehung sehe ich der Verhandlung allerdings auch mit Besorgnis entgegen.

(Franz Wedelgrind kommt, von einem Schutzmann geführt. Seine Knie schlottern.)

Zweite Szene

FRANZ WEDELGRIND: Gnade! Gnade!

ZWEITER RICHTER *(für sich):* Der Satanist!

ERSTER RICHTER: Stellen Sie sich mal ruhig hin! So. Sie heißen Franz Wedelgrind, nicht wahr?

FRANZ WEDELGRIND: Ich kann es nicht leugnen.

ERSTER RICHTER: Was sind Sie eigentlich?

FRANZ WEDELGRIND: Eigentlich bin ich Royalist.

ERSTER RICHTER: Was?

FRANZ WEDELGRIND: Eigentlich bin ich heimlicher Royalist.

ERSTER RICHTER: Wieso heimlich? Wer kann Sie hindern, das öffentlich zu sein?

FRANZ WEDELGRIND: Mein Hunger und mein Verleger.

ERSTER RICHTER: Hören Sie, hier werden keine Witze gemacht. Geben Sie uns klare und bescheidene Antworten, das rate ich Ihnen.

FRANZ WEDELGRIND: Ich war in meinem ganzen Leben nie so bescheiden, wie in diesem Augenblick.

ERSTER RICHTER: Wie können Sie sagen, daß Sie Royalist sind? Haben Sie dieses Gedicht verabfaßt, ja oder nein? Dieses Gedicht, worin die geheiligte Person des Herrschers gewissermaßen lächerlich gemacht werden soll? Ja oder nein?

FRANZ WEDELGRIND: Ich habe dieses Gedicht machen müssen. Aber jedes Wort ist meiner Seele fremd.

ZWEITER RICHTER: Finden Sie nicht, daß es hübscher wäre, wenn Sie dafür einstehen würden?

FRANZ WEDELGRIND: Ich bin nicht in der Lage, unterschreiben zu können, was hübsch ist. Ich weiß nur, daß ich es hier, in diesem gastfreundlichen Raume, zum ersten Male aussprechen darf: Ja, ich bin Royalist! Seit Jahren sehne ich mich vergeblich darnach, meine eigentliche Gesinnung kundgeben zu dürfen. Ich bin in der schrecklichen Lage eines Menschen, dem es die Notdurft des Lebens unmöglich macht, seine bürgerliche Hochanständigkeit zur Schau tragen zu dürfen. Denken Sie sich einen Mann, der seinem Berufe zuliebe seinen sozialdemokratischen Fanatismus unterdrücken muß. Er ist beneidenswert im Vergleich zu mir, der ich alle loyalen Regungen sorgfältig verbergen mußte.

ERSTER RICHTER: Was konnte Ihnen geschehen, wenn Sie, wie wir alle, sich zu Thron und Altar bekannt hätten?

FRANZ WEDELGRIND: Wenn ich mich jemals zu Thron und Altar bekannt hätte, dann hätte mich mein Verleger kaltblütig verhungern lassen.

ZWEITER RICHTER: Hören Sie, es gibt doch nicht nur diesen einen und einzigen Verleger!

ERSTER RICHTER: Wir haben – Gott sei Dank! – hier in Leipzig eine Menge hochachtbarer Firmen, die Ihre royalistischen Erzeugnisse gegen gute Bezahlung angenommen hätten. Und wenn Sie zum Beispiel mit Ihrem ausgesprochenen Reimtalent zu Kaisers Geburtstag Gedichte gemacht hätten, wären sie Ihnen sicher honoriert worden.

FRANZ WEDELGRIND: Seien wir uns darüber klar, daß Seine Majestät nur einen Tag mit dieser Auszeichnung bedacht hat, und daß 364 Tage ohne poetischen Stoff verbleiben.

FÜNFTER RICHTER: Es gibt so viele Fürsten in Deutschland!

FRANZ WEDELGRIND: Wenn ich jemals die Mittel besessen hätte, um mir einen Atlas zu kaufen, wäre ich ganz von selbst auf diesen literarischen Weg geraten. Aber die himmelschreiende Gemeinheit meines Verlegers hat mich immer verhindert, auch nur die kleinste Landkarte von Deutschland zu erwerben.

ERSTER RICHTER: Aber wenn Sie schon keine nationalen Stoffe wählen konnten, hat sich denn Ihre Feder nicht gesträubt, als Sie dieses Gedicht gegen Seine Majestät zu Papier brachten?

FRANZ WEDELGRIND: Nur eine freie Feder hat die gepriesene Möglichkeit, sich über irgend etwas zu sträuben. Der meinigen habe ich das längst abgewöhnt.

ZWEITER RICHTER: In einem Ihrer Bücher finde ich den Satz: wenn sich ein Mann in Not befindet, dann bleibt ihm oft keine andere Wahl mehr übrig, als zu stehlen oder zu verhungern. Heute kennen Sie aber noch eine dritte Möglichkeit. Nämlich die: mit gebrochenem Herzen eine Majestätsbeleidigung verkaufen?

FRANZ WEDELGRIND: Das ist die Verirrung in der schauerlichen Nacht meines Poetendaseins oder in der Nacht meines schauerlichen Poetendaseins.

ZWEITER RICHTER: Sie wünschen also für den Mann, oder wenigstens für das unglückliche Geschlecht der Dichter, einen Gesinnungsmarkt? Ganz so, wie Sie für das Weib den Liebesmarkt haben wollen?

FRANZ WEDELGRIND: Als ein ewiger Fluch lastet die Möglichkeit, sich verkaufen zu können, auf der Poesie. Wäre ich Friseur geworden, dann hätte ich nie den Kaiser beleidigt.

STAATSANWALT: Wer oder was hat Sie daran gehindert?

ZWEITER RICHTER: Und glauben Sie, Ihre Sache besser zu machen, wenn Sie uns diese Jeremiade vortragen? Denken Sie wirklich, daß wir den Käufer einer Gesinnung härter beurteilen sollen als den Verkäufer?

FRANZ WEDELGRIND *(schlottert heftig):* Um Gottes Barmherzigkeit willen, strafen Sie mich nicht zu hart! Um Gottes Barmherzigkeit willen, meine Herren, die Sie so hoch über mir stehen, strafen Sie mich nicht zu hart! Was ist das für ein Leben als Dichter! Wissen Sie denn überhaupt, was das für ein Leben ist? Niemals sehen, wie die schöne Welt am Tage aussieht! Der Tag wird zur Nacht, die Nacht wird zum Tag; nie die Sonne sehen, immer nur Glühbirnen und Bogenlampen! Nie Menschen sehen, immer nur Zahlkellner und Pikkolos und die Woche einmal seinen Verleger, der dem Schlaftrunkenen sein Portemonnaie zeigt und durch diese Roheit ihn zu Majestätsbeleidigungen zwingt!
Da! *(Fährt sich rasch mit der rechten Hand in den Mund und legt zweiunddreißig falsche Zähne auf den Gerichtstisch.)* Da liegt mein Gebiß! Sehen Sie zu, ob auch nur eine einzige Fleischfaser zwischen diesen zweiunddreißig Schneide-, Eck-, Backen- und Mahlzähnen hängen geblieben ist! So lebt ein Dichter! Hunger! Hunger!

ERSTER RICHTER *(das Gebiß wegschiebend):* Bringen Sie Ihr Gebiß wieder an Ort und Stelle, sonst versteht man Sie ja nicht! *(Wedelgrind schiebt die Zähne in den Mund zurück.)* So, und jetzt sagen Sie uns, was gedenken Sie zu tun, wenn wir Sie glimpflich behandeln? Was gedenken Sie ferner zu tun?

FRANZ WEDELGRIND: Ich werde niemals mehr, mit keinem Satz, mit keinem Wort, mit keiner Silbe den erhabenen Herrscher beleidigen, als dessen vornehmste Eigenschaft ich die glühende Feuerseele schätze, die verzehrend in seinem Körper lebt. Übrigens möchte ich mit diesen Worten nicht den Anschein der Anmaßung erwecken.

STAATSANWALT: Das ist nicht viel.

FRANZ WEDELGRIND: Ich will noch etwas tun. Ich will noch mehr tun. Ich will dem hohen Herrn Staatsanwalt die glänzendste Genugtuung für seine Milde geben. Ich habe einen Freund, einen intimen Freund, der mir seine Herzensgeheimnisse anvertraut. Ich will seine Geheimnisse auf die Bühne bringen.

STAATSANWALT: Das ist etwas!

FRANZ WEDELGRIND: Ich will meine Vergangenheit auslöschen. Ich will Schmutz werfen auf den Platz, auf dem ich gestanden bin, und auf alle, die neben mir gestanden sind. Ich will brav werden! Ich will loyal werden!

ZWEITER RICHTER: Der Satanist!

ERSTER RICHTER: Er hat doch Sehnsucht nach bürgerlicher Anständigkeit! ... Wir ziehen uns jetzt zurück und beraten das Urteil.
  (Richter, Staatsanwalt und Referendar ab.)

FRANZ WEDELGRIND *(zum Gerichtsdiener):* Die Poesie ist eine Rutschbahn.

(1908)

Hunde

Heil dir, o Kaiser! Sieh die Schar von Hunden,
Die wedelnd wieder deinen Thron umgeben!
Wenn Groll sie je gefühlt, er ist verschwunden,
Sie wollen nur in deiner Gnade leben.

O, blick hernieder! Mancher treue Pudel,
Manch dummes Vieh, das arglos dich umschmeichelt,
Ist in dem dichtgedrängten Hunderudel
Und heult in Sehnsucht, bis du es gestreichelt.

Und faule Doggen, die ums Fressen kommen,
Und die den Abfall deiner Küche schätzen.
So wie du früher ihr Gebell vernommen,
Wirst du es künftig auch nicht überschätzen.

Doch sieh, auch Pfaffenpintscher, Jesuiten,
Von allen Hunden sicher die gemeinsten,
Sie bieten sich dir an als Favoriten,
Und was *die* wollen, ist gewiß am feinsten.

Sie zeigen sich dir ganz und gar ergeben
Und heucheln Treue mit den Wedelschwänzen.
Doch wirst, o Kaiser, du es ja erleben,
Mit welchem Gifte sie dein Haus besprenzen.

(1909)

Das Abenteuer des Gymnasiallehrers
(Zeichnungen von F. v. Reznicek)

In Freising lebte ein Professor,
Der nicht aus Zufall Josef hieß;
Nein, er verdient den Namen besser
Durch alles, was er unterließ.

Ein Philolog' und deutscher Gatte,
Kannt' er die Liebe nur als Pflicht,
Die Zweck zur Volksvermehrung hatte,
Doch keine andern Reize nicht.

Nun hörte er von den Kollegen,
Wie man in München sich ergötzt.
Er war schon im Prinzip dagegen,
Und war im vorhinein verletzt.

Er suchte gleich in diesen Bildern
Den eigentlichen Wesenskern,
Um sie mit Abscheu dann zu schildern;
Denn alles andre lag ihm fern.

Doch als er sich damit befaßte,
Beschloß er auch, dorthin zu gehn,
Um dieses Treiben, das er haßte,
Sich einmal gründlich anzusehn.

Und so kam Josef an die Stätte,
Wo Bacch- und Venus sich vereint,
Wo unsre Scham – wenn man sie hätte –
Am Grabe unsrer Unschuld weint.

An hundert hochgewölbte Büsten
Umtanzen uns und drängen her,
Und will man *hier* sich recht entrüsten,
So sieht man *dort* schon wieder mehr.

Die Sittlichkeit ist hier nur Fabel,
Und jeder merkt, hier weilt sie nie.
Das Auge schweift bis an den Nabel,
Und weiter schweift die Phantasie.

Ein Rausch kommt über Josefs Sinne,
Und ihn ergreift ein Schönheitsdurst.
Mit einmal sind ihm deutsche Minne
Und deutsche Treue ziemlich wurst.

Er stürzt sich in die Freudenwoge
Und fragt ein Mädchen: »Willst auch du?«
Sie sagt: »Sie sind wohl Philologe?
Man kennt's am abgelatschten Schuh;

In Ihrem Barte hängen Reste
Von Linsen und von Sauerkohl!
Ich danke Ihnen auf das beste,
In mir – da täuschen Sie sich wohl?«

Mein Josef konnte es nicht fassen,
Was seiner Tugend widerfuhr;
Er wollte sie herunterlassen –
Und dem Geschöpf mißfiel es nur!

Schon fühlt' er Ekel vor dem Treiben
Und fühlt' sich von Moral umweht;
Man kann ja niemals reiner bleiben,
Als wenn ein Mädchen uns verschmäht.

Indessen war im Schicksalsfügen
Für Josef Härt'res aufgespart.
Er stürzte noch mal ins Vergnügen
Und kämmte vorher seinen Bart.

Das zweite Mädchen – angesprochen –
Hatt', etwas minder preziös,
Mit manchem Vorurteil gebrochen
Und sagte bloß: »Ach, Sie sind bös!«

Sie hatte einen, der bezahlte,
Er hatte einen Domino,
Mit dessen Gunst er sichtlich prahlte,
Und beide waren herzlich froh!

Wie ein Moralprinzip verschwindet
Selbst aus dem stärksten Intellekt,
Wenn man ein hübsches Mädchen findet
Und eine Flasche guten Sekt!

Auch Josef mußte dies erfahren,
Und an sich selbst sah er die Spur
Der ewig gleich unwandelbaren,
Das All beherrschenden Natur.

Schon wollt' er sich im Walzer drehen
Und sucht' im Tanze den Genuß;
Doch mußte er sich eingestehen,
Daß man auch dieses lernen muß.

Er mühte schwitzend sich im Kreise,
Er drehte sich nach rechts und links,
Versucht's auf die und andre Weise
Und fand's unmöglich schlechterdings.

Er wußte zwar von den Hellenen,
Wie man im Auftakt sich bewegt,
Doch lernt' er leider nicht bei jenen,
Wie man das Schwergewicht verlegt.

Mit stattlichem Gelehrtenschuhe
Trat er dem Mädchen auf die Zeh';
Sie bat ihn flehentlich um Ruhe,
Denn auf die Dauer tut es weh.

So blieb ihm nichts mehr, als zu trinken;
Er war Germane, und er trank
Und durft' in Seligkeit versinken
Mit seinem Mädchen, und versank.

Er dacht' an Bacchus und Tribaden,
Wie so der Wirbel um ihn schwoll;
Schon fühlte er die zarten Waden,
Und wurde glücklich, – wurde voll.

Es jauchzt um ihn mit gellen Tönen,
Ein jeder Busen atmet wild,
Die Haare lösen sich der Schönen
Und immer wilder wird das Bild.

So hat es Juvenal beschrieben!
So hat es Martial geschaut!
Ein Prosit allen, die sich lieben!
Und Evoë für jede Braut!

Was ist Moral! Nur eine Blase,
Steigt kränklich im Gehirne auf.
Die Sünde kommt uns in die Nase
Und nimmt von selber ihren Lauf.

Et cetera! So ging es weiter.
Was hilft die Philologenzunft?
Und Professoren werden heiter
Und werden wild in ihrer Brunft.

Nach so viel Sekt und Süßigkeiten
Schmeckt uns die Weißwurst und das Bier.
Der Abschluß ist das Heimbegleiten
Für jedes Paar. Warum nicht hier?

Auch Josef saß in einem Wagen
Und fühlte, wie an ihn sich preßt,
Was hier nicht unbefangen sagen,
Doch sich sehr einfach denken läßt.

Er fühlte seine Pulse hämmern,
Doch wußt' er nicht, was sonst geschah;
Denn seinen Sinn umfing ein Dämmern,
Daß er nichts mehr Genaues sah.

Er stolpert hastig über Stiegen
Und fällt auch irgendwo ins Bett,
Und muß sehr lang darinnen liegen –
Das übrige war wundernett.

Er hat die Zeit bis abends sieben
Bei diesem Mädchen zugebracht,
Und fuhr alsdann zu seinen Lieben
Nach Freising etwa um halb acht.

Als er daheim nun angelangte,
War er von solcher Müdigkeit,
Daß seine Frau um ihn sich bangte;
Sie macht' das Bett für ihn bereit.

Und Josef hat sich ausgezogen
Und sprach, daß er erkältet sei,
Und hat noch dies und das gelogen,
Denn eine Frau frägt vielerlei.

Daß Lügen kurze Beine tragen,
Das zeigte sich hier wunderbar;
Denn Josef ward so ganz geschlagen,
Daß hier für ihn kein Ausweg war.

Er trug – da gibt es kein Entrinnen
Und kein Erklären so und so –
Er trug aus duftig weißem Linnen
– – Das Höschen seines Domino – –!

(1909)

Wie spiele ich Tennis?
(Zeichnungen von Th. Th. Heine)

Wie alle besseren Sachen stammt das Lawn-Tennis-Spiel aus England. Maria Stuart wurde während ihrer Gefangenschaft mit Teppichklopfen beschäftigt. Der Königin Elisabeth genügte diese Erniedrigung ihrer Feindin noch nicht; sie verhöhnte die unglückliche Maria und warf eine tote Maus nach ihr. Maria schlug das Wurfgeschoß mit dem Teppichklopfer zurück. Nun ergriff auch Elisabeth einen Klopfer und es entwickelte sich das erste Lawn-Tennis, wie es, beinahe unverändert, noch heute gespielt wird.

Mäuseleichen sind oft schwer zu beschaffen, du wirst sie zweckmäßig durch kleine, möglichst harte Bälle ersetzen. Die in Rußland beliebte Füllung der Bälle mit Explosivstoffen ist für unser Klima nicht zu empfehlen. Der deutsche Tennisspieler soll sich an das englische Vorbild halten und stets darnach trachten, für einen Engländer gehalten zu werden. –

Die vom letzten Tanzkränzchen übriggebliebenen Damen und Herren verwandle mit Hilfe eines englischen Wörterbuches in einen Tennisklub. Suche in der Vorstadt einen Bauplatz, der so verwahrlost ist, daß nicht einmal Gras darauf wächst. Kalkwagen, die zu den benachbarten Neubauten fahren, hinterlassen die für das Spiel nötigen weißen Streifen auf dem Boden.

Während der Engländer längst herausgefunden hat, wie lieblich den Jüngling der Frack in Verbindung mit der weißen Tennishose kleidet, herrscht bei uns vielfach die Unsitte, in Hemdsärmeln Tennis zu spielen.

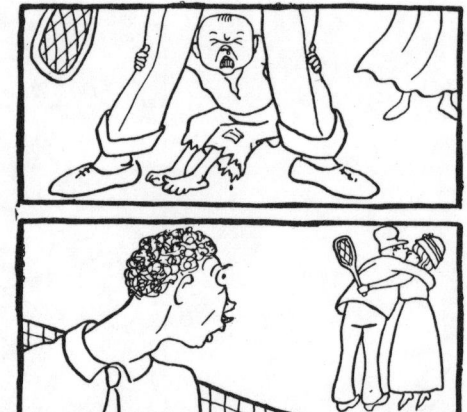

Ja, in Wannsee sollen sogar Matchs im Adamskostüm stattgefunden haben.

Kaufe dir einige Knaben (boys) zum Auflesen der Bälle. Wähle die Boys nicht zu klein, damit du nicht in den Verdacht kommst, ihr Papa zu sein, und auch nicht zu groß, damit sie dich nicht bei den Damen ausstechen.

Erwirb ein Schmetterlingsnetz und übe dich fleißig im Einfangen der Bälle! Zum Spiel brauchst du die Bälle nicht selbst mitzubringen; das tun stets die andern. Auch den Klopfer (racket) leihe dir von einem Freunde aus; denn er zerbricht sehr oft, obgleich er immer aus bestem Gußeisen verfertigt ist.

Jetzt beginnt das Spiel. Es werden zwei Parteien gebildet. Die eine flirtet am Rande des Platzes herum, die andere steht in der Mitte zu beiden Seiten des Netzes und versucht Englisch zu sprechen.

Sobald einer ein deutsches Wort spricht, wirf ihm einen Ball an den Kopf! Er schützt sich durch Vorhalten des Rackets und ruft dir einige englische Schimpfworte zu wie: »serve! game! advantage! fifteen!« Hast du den andern so getroffen, daß er kampfunfähig wird, so hat er verloren.

Gehe nun zur andern Partei über, suche dir ein hübsches Mädchen aus und beginne das sogenannte Doppelspiel (double play).

Eine andere Dame erklärt dein Spiel für fehlerhaft (fault). – Tritt bis an die weiße Markierung zurück und überlasse das Feld (field) den beiden Spielerinnen! Sie spielen dann meist ohne Bälle, nur mit den Rackets.

Wer zuerst gänzlich vernichtet ist, hat verloren.

Damit ist das Match beendet. Zum Fortschaffen der Leichen bediene dich der Netze, welche zu diesem Zweck auf jedem Tennisplatz aufgespannt sind.

(1909)

Gegen Bayern, Frömmler, Liberale
1909–1914

Niederbayrische Predigt
(Zeichnung von E. Thöny)

Indem wir ins wieder in Christo versammeln,
Schaugt's nur aufa, ös g'scheerte Rammeln,
Schaugt's nur her auf mei g'weichte Hand,
Ös abscheilige Christen überanand,
Was i da hab! Jetzt sagt oana g'wiß:
»A Maß!« Na – a Nahrungsmittel is,
Und g'wissermaßen is aa'r a Symbol
Fürs irdische Glück und 's geistige Wohl.

In Christo Geliebte, ös habt's as a g'lesen,
Dös san halt wieder vom Zentrum oa g'wesen,
De wo im Reichstag fürs Bier ham g'redt.
Gel, wenn man jetza koa Zentrum net hätt,
Nacha waar's glei aus mit'm schwoab'n und bürst'n,
Nacha wurd's ös aus Mangel an Nahrung verdürst'n,
Und verschwinden tat bald auf Erden hier
Der heilige Glaub'n und dös billige Bier.

Drum sag i no mal: Dös is a Symbol
Fürs leibliche Glück und fürs geistige Wohl.
Wer gibt enk zum Himmel an richtigen Paß?
Wer gibt enk hienieden a billige Maß?
Dös Zentrum gibt's enk. Drum bleibt's aa dabei
In spiritu sancto, bei dera Partei!
Amen.

(1909)

Bayrische Wähler
(Zeichnungen von E. Thöny)

Trink Zorn aus deiner Kümmelflasche!
Wer stiehlt das Geld aus deiner Tasche,
Gibt deine Pfennige den Junkern?
Die Herren, die vom Himmel flunkern.

So sei dir jede Maß
ein Menetekel:
Der Pfaffe plündert
deinen kleinen Seckel.

Für den, der deine Groschen nimmt,
Hat auch dein Mann, dös Rindvieh, g'stimmt.

Ein Schafkopf ist, wer Zentrum wählt,
Das hat man dir schon lang' erzählt,
Jetzt kannst du es begreifen
Bei deiner teuern Pfeifen.

Langt mir da Pfaff' in Sack
Nimmt mir mein Schnupftabak,
Höher geht's scho net mehr!
Hau a Pris her!

(1909)

Der Tanz

(Zeichnungen von B. Wennerberg)

Das Tanzen gilt als ein Vergnügen,
Bei dem sich zwei zusammenfügen,
Und sich – statt gradeaus zu gehn –
Nach links und rechts im Kreise drehn.

Wenn wir sein Wesen recht erkennen,
Wird man das Tanzen *Arbeit* nennen,
Man hat den triftigsten Beweis
In dem dabei vergossnen Schweiß.

Hier untersucht nun der Gelehrte:
Zum ersten schafft sie keine Werte,
Zum zweiten aber hat davon
Der Arbeitnehmer keinen Lohn.

Er dreht von acht bis morgens fünfe
Und immer gratis eine Nymphe.
Dies bildet doch ein Unikum!
Und deshalb frage ich: warum?

Erfolgt es wirklich unentgeltlich?
Geschieht es nicht doch vorbehältlich?
Entledigt man sich seines Specks
Ganz ohne Hinblick eines Zwecks?

Hier ist der Angelpunkt der Frage,
Und ihre Lösung tritt zutage:
Der Tänzer leistet nur so viel
In Hoffnung auf ein Nebenziel.

Es kann sich jede Nymphe denken,
Wenn Männer sie im Kreise schwenken,
So hofft er schließlich, daß vielleicht
Er das Betreffende erreicht.

Es gibt natürlich Unterschiede:
Der eine sucht es bona fide,
Der andre will als Schmetterling
Die Blume ohne Ehering.

Im Bürger- und Familienkränzchen
Verbirgt der Teufel schlau sein Schwänzchen,
Auch ist die Mutter nah dabei,
Damit es niemals lüstern sei.

Beim Walzer hält man sich manierlich,
Nie leidenschaftlich, immer zierlich.
Das Zeichen, daß man sich was denkt,
Ist auf den Händedruck beschränkt.

Man hält sich zart in der Bewegung,
Man unterdrückt die schlimmste Regung
Und ist voll Ernst, indem man spricht
Von Ideal, Beruf und Pflicht.

Das Auge schweift voll Seelenadel
Kaum einmal auf die Busennadel,
Und stößt im Drehen Bein an Bein,
So muß es unversehens sein.

Der Ball der gut erzognen Töchter
Dient auch zum Finden der Geschlechter,
Doch sucht hier alles die Partie;
Die Sinnenfreude sucht man nie.

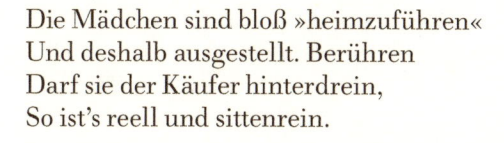

Die Mädchen sind bloß »heimzuführen«
Und deshalb ausgestellt. Berühren
Darf sie der Käufer hinterdrein,
So ist's reell und sittenrein.

Wie anders denkt man auf dem Lande
Beim kernhaft echten Bauernstande!
Hier prüft man erst den Vorgeschmack
Und kauft die Katze nicht im Sack.

Hier kann man schon den Zweck verstehen,
Wenn sich im Dorf die Paare drehen.
Des biedern Burschen große Hand
Ruht auf dem schönsten Gegenstand.

Dort, wo es sich nach hinten rundet,
Hat er durch festen Griff erkundet,
Daß mancherlei vorhanden ist,
Was er nicht gerne hier vermißt.

In Schwabing auf dem Bauernballe
Begegnet man dem gleichen Falle.
Das Künstlervolk denkt auch so groß
Und ehebundsbedürfnislos.

Dem Malweib in Reformkostümen
Ist das besonders nachzurühmen.
Die Malerin braucht kein Papier,
Der Amor kommt auch so zu ihr.

Die geht zum Ball als Gänseliesel;
In kurzen Hosen kommt der Hiesel,
Mit rauhem Griffe packt er sie
Und hat schon ihre Sympathie.

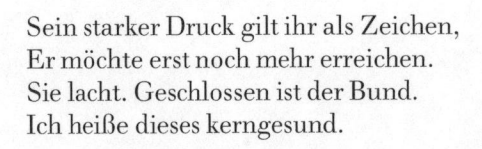

Sein starker Druck gilt ihr als Zeichen,
Er möchte erst noch mehr erreichen.
Sie lacht. Geschlossen ist der Bund.
Ich heiße dieses kerngesund.

Hat sie ein nettes Tanzvergnügen,
Warum soll er nicht seines kriegen?
Und trinkt sie mit von seinem Bier,
So wär' es auch nicht schön von ihr.

Ja, meine Herrn, das ist doch sicher
Viel edler und viel säuberlicher,
Als, den ich oben erst beschrieb,
Der Heirats- und Versorgungstrieb!

Und sprecht mir nicht von Ehrbegriffen!
Aufs Standesamt ist schon gepfiffen,
Natur genügt uns auch allein;
Nicht alles muß gestempelt sein.

Ein Juhschrei und ein falscher Schnalzer,
Dann dreht er sie im wilden Walzer
Und merkt beim ersten Schritt: Wie nett!
Das Mädel trägt ja kein Korsett!

Und was ihm da entgegenschwabbelt,
Ist wunderhübsch; das kribbelt, krabbelt
Und macht ihm einen Hochgenuß
Daß er sie schleunig küssen muß.

Und rechts und links ein wildes Stampfen,
Die Paare drehn, die Paare dampfen,
Beim Liesel hüpft es hin und her,
Der Hiesel spannt's und freut sich sehr.

Die rechte Hand verirrt sich schmeichelnd,
Ganz unvermerkt den Busen streichelnd,
Und Liesel duldet's ohne Groll,
Sie schaut verwirrt und seelenvoll.

Die Tour ist aus. Die Malerinnen
Sind nun schon alle fast von Sinnen,
Die Liebe schwillt, die Sehnsucht platzt,
Daß Lippe fest auf Lippe schmatzt.

Dann eine Maß in Kellerräumen;
Man heißt den Zustand »Selig träumen«,
Wenn er ihr Bein berührt, damit
Sie ihn auf seinen Plattfuß tritt.

Der Biergenuß kann's nur verschlimmern,
Wie immer bei den Frauenzimmern,
Und Liesels Augen werden feucht,
Der Hiesel weiß: es ist erreicht.

Schon wird sie kühn und ausgelassen
Und läßt ihn dies und jenes fassen.
Sie schmilzt in heißem Liebesdurst,
Der Ehrbegriff ist ihr schon wurst.

Und wird der Hiesel sie verstehen,
Dann kann er jetzt nach Hause gehen.
Die Welt erlebt ein Ärgernis
Mit Sündenfall und Apfelbiß.

Sie schleichen still im Morgendämmern
Durch Schwabing. Ihre Pulse hämmern,
Sie stehen schon vor seinem Haus.
Schutzengel, komm! Sonst ist es aus.

Der Engel, ach! ist ausgeblieben,
Das andre denkt euch, meine Lieben!
Im vierten Stock ein Atelier
Und bloß ein schmales Bett – adje!

(1910)

Borromäus-Enzyklika

Neulich schlief der Papst im Garten
Unter einem Zwetschgenbaum,
Und da überkam den zarten
Alten Mann ein schöner Traum.

Eine Stadt. Die Glocken klangen.
Aus dem Tore nahten sich
Hundert Pfaffen. Alle sangen
Froh bewegt und feierlich.

Ketzer führten sie an Stricken,
Wie der Metzger Kälber führt;
Mordlust sprach aus ihren Blicken.
Auch der Papst blieb ungerührt.

Pfaffen singen, Glocken dröhnen,
Flammen schlagen hoch empor
Und ein Weinen und ein Stöhnen
Dringt an das entzückte Ohr.

Lächelnd hält der Papst im Traume
Seine Nase in die Luft.
Riecht er unterm Zwetschgenbaume
Nicht den Ketzerbratenduft?

Nun erwacht er – – in der Küche
Brät der Koch ein Hammelbein – –
Ja, so täuschen die Gerüche,
Und man kann belämmert sein.

Tief verletzt vom Schabernacke
Dieses Traumes stand er da,
Und im bittern Nachgeschmacke
Schrieb er die Enzyklika.

(1910)

Ungestillte Sehnsucht
(Zeichnungen von O. Gulbransson)

Man will doch nach Italien gehn,
Um sich das Schöne anzusehn.

Venedig, die Lagunenstadt,
Ist, wo der Deutsche Hochzeit hat.

Die Seele schweift ins Altertum,
Und auch die Hand schweift wo herum.

Auch in der Arnostadt Florenz
Kennt Liebe keine Temperenz.

Man lächelt vor dem Tizian
Und rührt sich auch mal ähnlich an.

Und wo zwei Stiefelpaare stehn,
Da wird nach Tische was geschehn.

Rom ist die Stadt mit sieben Hügeln; Der Marmor, mag auch kalt er sein,
Der Deutsche kann sich nirgends zügeln. Erinnert doch an Fleisch und Bein.

Die Sonne sinkt nun sowieso, Der Abend freut in Anbetracht
Man sieht's vom Monte Pincio, Der nicht mehr allzufernen Nacht.

Man schließt vergnügt die Türe zu;
Auf Posten stehen zwei Paar Schuh.

(1910)

Hans, der Hahn

(Zeichnungen von O. Gulbransson)

»Hier ist mein Sohn!« sprach stolz die Henne.
Die Tante sagt: »Soviel ich kenne,
Und wie aus manchem Anschein spricht,
Wird das kein schlechter Gockel nicht.«

Die Tante wollte gern erfahren,
Ob ihre Worte richtig waren,
Und nahm den Neffen par amour
Einmal ein bißchen in die Kur.

Es kam zum ersten Unterricht;
Dem Hans mißfiel er wirklich nicht.

Doch war der Onkel tief empört,
Als er von diesem Vorfall hört.

Im Tierreich schätzt man frische Jugend
Entschieden höher als die Tugend;

Der Onkel fand trotz seiner Prügel
Beim ganzen weiblichen Geflügel
Kein Mitleid. Mit dem neuen Hahn
Fing jede ein Verhältnis an.

Ein Huhn ist halt nicht monogam
Und kennt nicht unsre zarte Scham.
Das mußte Hans an sich erfahren,
Als seine Kräfte fertig waren.

Doch fand er bald für Spott und Hohn
Sich Trost in seiner Religion.
Er sagte oft: »Man wird ein Christ
Erst, wenn der Spaß vorüber ist.«

Er starb gefaßt und gottergeben,
Ja schied noch gern aus diesem Leben,
Er ging in einen Pfarrer ein
Und kann dadurch im Himmel sein.

(1910)

Nationalliberal

Sollen wir nun doch nach links?
Ach, das will uns schlechterdings
So und so nicht passen.
Oder halten wir uns rechts
In dem Sturm des Wahlgefechts,
Den wir toben lassen?

Freilich, wenn ihr deutlich seht,
Wie der Wind in Deutschland geht,
Möcht' ich beinah' sagen,
Daß die Fahrt uns besser glückt,
Wenn ihr links das Steuer drückt.
Sollen wir es wagen?

Aber, wenn ihr recht bedenkt,
Wo man da hinüber schwenkt!
Unter was für Leute!
Und ob die Regierung nicht
Dann mit uns für immer bricht?
Ob uns das nicht reute?

Bleiben wir halt rechts! Man kann
Einfach nicht als deutscher Mann
Alles rund verneinen.
Jedem, der viel Geld besitzt,
Oder auch in Ängsten schwitzt,
Wird das besser scheinen.

Aber – aber! Sagt einmal:
Was wird bei der nächsten Wahl?
Können wir vermeiden
Den verfluchten Zug nach links?
Nein! Wir müssen allerdings
Uns für rot entscheiden...

Mit Grazie in infinitum
Peter Schlemihl

(1910)

Die Auchliberalen

Was können wir die Junker schelten?
Oh lieber Gott! Die sind mal so,
Und wollen auch nicht anders gelten,
Von Hause aus brutal und roh.

Wen wundert's, daß die Pfäfflein schwindeln?
Sie leben einmal nun davon,
Gewöhnen sich schon in den Windeln
Und üben es als Profession.

Da kann der Mensch nichts gegen machen,
Wenn die Natur ihn so bestimmt,
Im Gegenteil, es ist zum Lachen,
Wenn man's ihm weiter übelnimmt.

Von hausknechtselig stillen Schleichern
Sind wir empfindlicher geplagt;
Spülwasserlauen Freiheitsseichern
Sei herzhaft Fehde angesagt!

Haut Pfaff und Junker, die uns trotzen,
Wo ihr sie faßt und kurz und klein!
Doch jene Halben sind zum Kotzen
Und müssen ausgespieen sein.

(1911)

1911

Überall hört man von Hitze,
Manchen trifft sogar der Schlag,
Naß wird man am Hosensitze
Schon am frühen Vormittag.

Damen, denen man begegnet,
Leiden sehr am Ambopoäng:
»Gott! Wenn es nur endlich regnet!«
Ist der ewige Refräng.

Oberlehrer und Pastoren
Baden sich in diesem Jahr,
Ihre Scham geht auch verloren,
Und man nimmt sie nackicht wahr.

Busen, Hintern, Waden, Bäuche
Zeigt man heuer lächelnd her,
Und wir kriegen schon Gebräuche
Wie die Neger ungefähr.

Wenn das Barometer sänke,
Käme eine beßre Zeit
In bezug auf die Gestänke
Und in puncto Sittlichkeit.

(1911)

Neue Zeit

War es früher endlich Feierabend,
Ging man, gründlich von der Arbeit satt
Und behaglich seine Ruhe habend,
Auf dem Bürgersteige durch die Stadt.

Vom Geschäftlichen sich abzulenken,
Nahm man sich was Allgemeines vor,
Oder auch begann man nachzudenken
Über nichts, und sah dabei empor.

Frei im Äther ließ der Blick sich schweifen,
Nirgends stieß man auf ein Hindernis,
Wenn nicht etwa im Vorüberstreifen
Eine Schwalbe hoch herunterschiß.

Aber jetzt, wo oben der Propeller
Durch die Abendwolke wütend saust,
Geht man ängstlich und aus Vorsicht schneller,
Weil es einen unwillkürlich graust.

Aus der Welt entfloh uns das Behagen,
Das Idyll ist im Benzin ertränkt;
Oben Flieger, unten Autowagen!
Wer die Ruhe liebt, ist tief gekränkt.

(1911)

Lied der Großindustriellen

Wir lieben dieses Vaterland.
Doch fesselt uns ein schön'res Band
Viel stärker, unvergleichlich zäh
Ans Portemonnaie.

Die Treue unserm Königshaus,
Wir hängen sie beim Sekt heraus,
Indes noch immer hat das prae
Das Portemonnnaie.

An Gott im Himmel glauben wir.
Wär' Er dem Volk nicht mehr 's Panier,
Wer wüßte dann, was wohl geschäh'
Dem Portemonnaie?

So lebt sich's gut bei dem System,
Wir ändern es auch je nachdem,
Wenn man wo einen Nachteil säh'
Fürs Portemonnaie.

(1911)

Europa

Mein Erbteil der Humanitäten,
Des Rechtsgefühls und Gleichgewichts,
Was sagtest du, wenn's andre täten?
Gält' anderswo das Recht für nichts?

Marokko einfach einzusacken,
Ägypten stehlen über Nacht,
Und jetzt noch Tripolis zu packen,
Wie man's in Tunis vorgemacht!

Das Maul voll schöner Redensarten,
Der Menschheit edle Schützerin,
Nimmst du, erlauben dir's die Karten,
Vergnügt den schmutzigsten Gewinn.

Des Christentumes Grundgedanken,
Die deinen Staaten eigen sind,
Sie kommen wirklich oft ins Schwanken,
Verflüchtigen sich leicht im Wind.

Europas Völker, wahrt die Güter,
Die heiligsten, in guter Ruh'!
Und stehlt als treubesorgte Hüter,
Soviel ihr stehlen könnt, dazu!

(1911)

An trüben Tagen

So beweis' mir's einer maulgerecht!
Altes Deutschland, bist du gar so schlecht,
Wie sie nunmehr in den jüngsten Tagen
Allerorten und mit Eifer sagen?

Daß dein Wert in aller Welt nichts gilt,
Daß dich hier und draußen jeder schilt!
Ganz Europa eine Samtgemeinde
Deiner Hasser und ergrimmten Feinde!

Was du willst, ist ehrlich nie gewollt,
Was du tust, hätt'st anders du gesollt,
Stets und überall bist du Karnickel,
Und Herr Harden reist in dem Artikel.

Wenn ich's höre, kommt mir recht in Sinn,
Alte Heimat, wie ich gut dir bin,
Daß mir deine Mängel, die sie schelten,
So viel höher doch als alles gelten!

(1911)

Die Gefahren des Liberalismus
(Zeichnungen von E. Thöny)

»Meine Lieben Leut'! Wie wird denn das auf der Welt, wenn die Liberalen regieren? Ja, was glaubt's denn? Da wird g'rauft werden wegen nix und wieder nix, Räusch' werden die Leut' kriegen, ans Kammerfenster werden s' gehen, und ledige Madln werden Kinder kriegen. Ja, und der Mann wird sei' Weib hau'n, und nicht genug – – Meineid' wer'n g'schworen, Meineid'! Und Häuser werden an'zunden! Ja, meine lieben Leut', so kann's werden, wenn die Liberalen drankommen, so kann die biedere Unschuld auf dem Land untergehen!«

(1912)

Zentrumspredigt
(Zeichnung von K. Arnold)

»War auch die Wahl eine geheume Wahl – Gott sah doch hinein in das Kuvert eines jeden von Euch, und strafen wird er den, der wo einen Lüberalen gewöhlt hat, mit der Maul- und Klauenseuche im Stall, oder mit einem Erdbeben, das wo sein Anwesen zerreißet.«

(1912)

D'Annunzio

(Zeichnung von O. Gulbransson)

Sonst ein Ästhet, der honigsüßen Maules
Und wiederkauend gab ein Wortgepräng...
Kam Pfeffer in den Hintern deines Gaules,
Daß er so wiehernd stürzt in das Gedräng?

Du Dichter samtner Pfühle, seidner Fransen,
Du Spitzenhemdbesatz-Anakreon!
Was macht dich plötzlich nur zum großen Hansen
Und zum Tyrtäos mit dem rauhen Ton?

Was ist so kriegerisch der Parfümierte?
So unbezähmbar feurig für das Land,
Wo man ihn freilich mit dem Lorbeer zierte,
Doch wo er auch Gerichtsvollzieher fand?

O tägliches Objekt der Manikure,
Du duftend eingesalbter Moschusratz,
Sing wieder uns das Lied der Badehure,
Das Lied vom schönen Spitzenhemdbesatz!

(1912)

Querelles allemandes

Deutscher Mann und Freiheitsstreiter,
Volksvertreter und so weiter,
Sag' uns dieses eine noch:
Rufst du deinem Kaiser hoch?

Bleibst du nicht auf deinem Hintern
Mürrisch wie die Schlechtgesinntern,
Wenn man seiner Obrigkeit
Dreimal donnernd Hurra schreit?

Gehst du auch zum Königsschlosse
Wenn schon – denn schon als Genosse?
Trittst du hin vor Majestät,
Falls es gar nicht anders geht?

Das sind tiefe deutsche Fragen,   Aufzustehen – hochzuschreien –
Ja die tiefsten sozusagen,   Blech zu quatschen – Mücken seien –
Denn auf seiner Erdenbahn   Das ist deutsch und treu und echt –
Ist und bleibt man Untertan.   Sakrament! Mir wird es schlecht.

(1912)

Im Bade
(Zeichnungen von B. Wennerberg)

Doktor Schnüffelberger, Redaktör
Einer durchaus gut kathol'schen
Zeitung, kam aufs Land von München her,
Um sich von der dort'gen alkohol'schen
Stimmung und was sonst die Nerven reizt,
Zu erholen. Denn das Waldozon
In Verbindung etwa auch mit Baden
Kann dem abgehetzten Großstadtsohn
An und für sich überhaupt nicht schaden.
Seine Arbeit nahm er auch mit sich
Auf das Pornographische bezüglich,
Nackicht, ganz und halb, und lüderlich,
Nur für die Verdorbensten vergnüglich.
Mit der Lupe sah er das Detail,
Wenn auch schon mit Abscheu, aber gründlich.
Ohne Schaden blieb sein Seelenheil;
Scheinbar war er wirklich nicht entzündlich.
Also Schnüffelberger mit Gepäck
Kam in diese unberührte, stille
– Zur Erholung und zum Arbeitszweck –
In die unberührte Landidylle.
Wohnt' bei einem gut kathol'schen Mann
In der Nähe auch des Seegestades,
Wo er allenfalls baden kann.
Mancher glaubt's mir nicht, und doch er tat es.
Ja, er nahm ein Bad. Nur bis zum Knie,
Weiter konnte er sich nicht verstehen.
Erstens einmal tat er's vorher nie,
Zweitens hätte er sich selbst gesehen.

Drittens hat er's gern am Nabel warm,
Und von jung auf hat er für das Wasser
Keine Lieb' und ausgesprochnen Schwarm,
Als ein guter Zentrumsschriftverfasser.
Ergo badet er bloß bis zum Knie,
Pötzlich doch vernahm er ein Geräusche,
Neben ihm da badet eine »sie«,
Von beachtenswertem Weiberfleische.
Was er übrigens nicht gleich erfuhr,
Sondern nur gewissermaßen ahnte,
Durch die alte Stimme der Natur,
Die bewirkte, daß ihm etwas schwante.

Schnüffelberger war ja kühl, und doch
Suchte er sogleich an allen Brettern
Mit dem schärfsten Blick nach einem Loch.
Er begann auf eine Bank zu klettern.
Endlich hat er eines! Ei, man sieht
Durch das Loch die ganze Badkabine,
Jede Ecke, kurzum das Gebiet
Dieser baden wollenden Blondine.
Husch! Sie zog sich mal die Bluse aus,
Und der starke Busen wogt' und wallte,
Theoretisch war ihm das ein Graus,
Aber praktisch überlief's ihn kalte.

Sakrament! In einem Spitzenhemd,
Appetitlich und ans Kolossale
Grenzend – ist man noch so sündenfremd,
So ein Anblick freut uns allemale!
Husch! Husch! Husch! Jetzt fiel der Rock,
Und die Schöne stand nun in der Hose;
Schnüffelberger war nun zwar kein Bock,
Aber doch nicht ganz empfindungslose,
Zwar beruflich Antipornograph.
Täglich steigend in die schlimmsten Sümpfe,
Stand er dennoch als betroffnes Schaf
Vor dem Anreiz dieser seidnen Strümpfe.

Ui-ui-ui! Und was der Strumpf umschloß!
Diese Wade! Er gestand sich offen,
Was er sonst auf Bildern nur genoß,
War von der Natur hier übertroffen.
Teufel! Teufel! Wär' das Brillenglas
Nur zur Unzeit ihm nicht angelaufen!
Unerträglich war es, aber das
Kam natürlich vom erhitzten Schnaufen.
Weg die Höschen! Und auch weg der Strumpf,
Sieh das Hemd, durch das es rosig schimmert!
Schnüffelberger! Jetzt ist Stärke Trumpf!
Aber gelt, du Zipfel, wie's dir flimmert!
Wische nur dein Glas mit Hastigkeit!

Auf der Stirne fängst du an zu schwitzen,
Bist du auch für andre sehr gescheit,
Hier läßt dich die eigne Tugend sitzen.
Na! Nun drück die Nase ganz ans Brett!
Immer ran! Das Hemd wird hoch gezogen,
Eins, zwei, drei! Ist das nicht wundernett?
Hat der Pornograph dich angelogen?
Alles, was du hier erblickst, ist rund,
Und man glaubt partout, man soll es streicheln,
Und du Ärmster, wie beim Hühnerhund
Fängt das Maul dir aber an zu speicheln.

Ganz wie Ariadne sitzt sie da,
Und dem Schnüffelberger schwillt das Auge,
Daß er alles, was er gierig sah,
In sein ewiges Gedächtnis sauge.
Und es überkommt ihn Schüttelfrost,
Wiederum muß er dann Hitze leiden,
Wie der Heilige auf einem Rost,
Und es wühlt ihm in den Eingeweiden.
Platsch! Nun taucht sie in das Wasser ein,
Röchelnd sagt der Lump und Pharisäer:
»So was sollte eigentlich nicht sein,
Ich beleuchte das noch heute näher.
Außerdem wie schrecklich kann doch schaden
Unsrer Jugend das verfluchte Baden,
Nicht ein jeder ist wie ich gefeit
Angesichts von solcher Nackigkeit!«

(1912)

Frankfurter Festhymne
(Zeichnungen von E. Thöny)

Nach den neuern
Ungeheuern
Bittern Steuern,
Ungeheuern, teuern Steuern,
Nach den neuern, ungeheuern
Bittern, teuern, neuern Steuern ...

Singen wieder,
Treu und bieder
Frohe Lieder
Seifensieder,
Wieder bieder frohe Lieder,
Lieder wieder Seifensieder,
Seifensieder auf und nieder –

Und wir plerren
Und wir sperren
Vor dem Herren
Nur zum Lied die Mäuler auf
Und wir plerren vor dem Herren,
Vor dem Herren plerren, sperren
Wir zum Lied die Mäuler auf.

(1913)

O du mein Österreich!

Ins Möhlspeisland kehrt das Behagen
Jetzt langsam allgemach zurück,
Man atmet auf, und sozusagen
Genießt man sein Familienglück.

Man stand ja förmlich auf dem Krata!
Die Zukunft sah so drohend aus,
Jetzt drah'n ma wieda hint' im Prata
Und fühl'n uns wieda g'mütlich z'Haus.

Es pumperlt voller Frühlingsfreide
Das ächte guldne Wienerherz,
Das schoafe Schwärt steckt in der Scheide,
Nur Amor schießt im Liebesscherz.

Nach unheilsschwangeren Epochen
Gibt's ein Erwachen des Gefühls
Die Hendeln werden wieder bochen,
Und heiter sprudelt frisches Püls.

(1913)

Vives y Tuto

(Zeichnung von O. Gulbransson)

Wie wir mit großem Bedauern hören, ist der Kapuziner-Kardinal Vives y Tuto vor Gram über den Mangel an Autodafés irrsinnig geworden.
Daß man diese rechtgläubige Institution in Europa nicht mehr einführen kann, hat den eifrigen Kirchenfürsten – wie man zu sagen pflegt – bocknarrisch gemacht. Er sitzt apathisch im Stuhl und antwortet auf jede Frage bloß: »Brenna – brenna – vabrenna!«
Der Arzt, der Beichtvater beugen sich zu ihm nieder und fragen liebevoll: »Was wünschen Euere Eminenz?«
Ein grimmiger Blick aus den starren Augen trifft sie, und die blutleeren Lippen murmeln wieder: »Vabrenna – alles vabrenna!«
Die Spanier im Vatikan erklärten sich außerstande, dieses vermutlich baskische Wort zu verstehen.
Gott fügte es aber, daß der im Collegium Germanicum befindliche *Kastulus Hingerl aus Irzenham* im Zimmer des Kardinals weilte, und er brachte die Lösung des Rätsels. Bei einem kurzen Aufenthalt in Altötting hatte Vives y Tuto das Wort erlernt, welches den sehnlichsten Wunsch seines Herzens ausdrückte.

Da die italienische Regierung sich leider nicht zur Einäscherung einiger lebenden Protestanten oder Modernisten verstand, verfiel der Arzt auf einen sinnreichen Ausweg.

Er ließ die Schenkel eines riesigen Schweinsebers, auch Saubären genannt, an den Spieß stecken und vor den Augen des Kranken über dem Feuer braten. Vorher hatte man dem entzückten Kardinal gesagt, es seien die Schenkel eines gevierteilten Modernisten.

Ein seliges Lächeln überflog bei diesem Schauspiele die vergrämten Züge des Kirchenfürsten, seine Augen belebten sich, während seine Lippen murmelten: »Brenna – no mehra brenna!«

Man hofft allgemein, daß es dem klugen Arzte gelungen ist, unseren Vives y Tuto zu retten.

(1914)

An Bayerns Kniehösler

In der kurzen Lederhose,
Wo das Echo hallt darin,
Herrschet nicht der echte, große,
Nicht der fromme Gottessinn.

In ihr wallet die Begierde;
Als ein Zeichen auch dafür
Gilt uns die gestickte Zierde
An der Fall- und Hosentür.

Wie du doch, o frommer Bayer,
In dem einen widerstrebst!
Deine Kniee sind wohl freier
Als der Sinn, in dem du lebst.

Aber sieh, wie's immer bunter
Treibt der Geist der neuen Zeit!
Laß die Hose bald herunter
Für die hohe Geistlichkeit!

(1913)

Der neue Münchner Karneval

Man wünscht an hoher Stelle nicht mehr, Nanni,
Daß Sie den Hintern augenfällig dreh'n,
Man will auch Ihren Busen, Fräulein Fanny,
Von fremder Hand nicht mehr geschmeichelt seh'n.

Die Ausgelassenheiten beim Gepolke,
Sie werden oben unliebsam bemerkt;
Man wünscht energisch, daß im niedern Volke
Die strenge Zucht sich wieder mehr bestärkt.

Man möchte diesbezüglich Gutes stiften;
Der eingeriss'ne Mißbrauch ist zu roh,
Und man veranlaßt Polizeivorschriften
Betreffs Bewegungen für den Popo.

Und wieder durch geeignete Organe
Wird die Beachtung dieser überwacht,
Damit der tanzbefliss'ne Untertane
Legal die ihm erlaubte Drehung macht.

Das Auge des Gesetzes, liebe Fanny,
Wenn es auf Ihrem Hintern strenger ruht,
Es handelt nur zu Ihrem Wohle, Nanni!
Man meint es Ihnen und dem Volke gut.

(1914)

Neue bayrische Nationalhymne
(Zeichnung von K. Arnold)

Heil dir, edler Landesvator!
Deinem Wohl in Triumphator,
Animator und Vivator,
Auf Josefi in Salvator
Bringen wir die volle Maß!

Lebe lang und lang regiere
Und noch viele Jahre ziere
Diesen Thron des Land's der Biere,
X- und Benno-Elixiere –
Beten wir ohn' Unterlaß!

Macte felix imperator!
Triumphator – Animator
Und Vivator und Salvator
Fließen, hoher Landesvator,
Heute aus bekränztem Faß.

(1914)

Gegen Fanatiker, Revolutionäre, Modernisten
1914–1921

Sommerabend

Am 30. Juli. Ich war zur Jagd in dem fruchtbaren Hügellande zwischen Dachau und Aichach. Schon war viel Korn gemäht, und von allen Höhen blinkten die weißen Hemdärmel der arbeitenden Männer, die grellroten Kopftücher der Weiber.
Hochbeladene Wägen schwankten langsam die schmale Straße entlang ins Dorf, leere kamen rasselnd mit trabenden Pferden zurück.
Die Sonne schien prall herunter, und wo sich Leute begegneten, riefen sie sich muntere Worte über das gute Wetter zu.
Überall Arbeit, Fleiß und Frohsinn.
Ich saß am Waldrand und sah versteckte Häuser über die Hügel lugen, sah Dächer sich behaglich in die Breite dehnen und Kirchtürme da und dort in die Höhe ragen. Ich hörte die Schläge ihrer Uhren: sie klangen nicht hastiger als sonst und verkündeten Ton um Ton das Nahen des Feierabends.
So lag sie vor mir, die liebste Heimat, mir so vertraut und so ans Herz gewachsen; friedlich lag sie, still und so weit weg vom Lärm der Stadt, von dem scheuen Flüstern, der brennenden Begierde, mit der jede Nachricht erwartet und jedes törichte Gerücht entgegengenommen wurde. Hier war es gesegneter Werktag, und die braven Menschen hatten alle Gedanken auf das Nächste, auf ihre Arbeit gerichtet.
Die meinen aber kamen nicht los von dem Furchtbaren, das aus der Ferne drohend herannahte, das gestern gebannt schien und heute wieder dicht vor unsern Augen emporwuchs.
Weltkrieg.
Wie konnte dieser Frieden hier, und dieses kleine Glück, das täglich neu mit harten Händen errungen wird, zertrümmert werden von irgendeinem aus unbekannter Ferne hergeholten Schrecknis?
Und doch – ein Wort, und die kleinste Hütte hier war mit einem Schlage in den Bannkreis gezogen, und das böse Wirken von fremden Menschen mit hier nie gehörten Namen griff jedem Bauernweib ins Herz.
Mir war trübselig zumute, als ich aufstand und weiter ging.
Der Weg führte mich durch den Wald und an abgeräumten Feldern vorbei.
Da stand noch ein Wagen mit Korn beladen; ein kräftiger Bursche reichte mit der Gabel die letzte Garbe hinauf, die ein blondes Mädel unter die anderen ordnete.
Die Ochsen, die vorgespannt waren, suchten am Boden nach Halmen und wollten anziehen. Ein Alter mit der Peitsche in der Hand hielt sie zurück und verwies ihnen mit Worten die Ungeduld.
Ich kannte ihn und redete ihn an.
»Wie geht's, Hans?«
»Guat geht's. Morg'n is wieder der allerschönst' Tag.«
»Morgen – ja – was sagst d' zum Krieg, Hans?«
»Ah was! De Franzos'n hamm koa Schneid. De kennan ins no...«
»Und wenn s' do o'fanga?«

»Na wern s' wieda g'flaxt... öh... hob staad! Gel, Jackl?« wandte er sich an den Jungen.

»Da hast d'recht«, sagte der Bursch und lachte, daß man die weißen Zähne sah.

Dann rief er ein Scherzwort zu dem Mädel hinauf, schulterte die Gabel, und die Ochsen zogen an. Als ich ihnen nachsah, hörte ich hinter mir Schritte. Ein Mann kam eilends auf mich zu, aufgeregt, die Stirne in ernste Falten legend. Ein Automobilbesitzer aus Dachau, der herausgefahren war, um mir die Nachricht zu bringen.

»In München sind Telegramme angeschlagen. Die Mobilmachung ist befohlen.«
Also wirklich!

Es war übrigens die falsche Nachricht, die aus Berlin gekommen war. Ich kam aber nicht dazu, über ihre Echtheit nachzudenken, denn anderes lag mir schwer auf.

Ich hörte nicht einmal mehr auf den gesprächigen Mann, der neben mir herschritt und mir und sich die nächste Zukunft ausmalte.

Es war Abend geworden. Durch die Weizenfelder ging eine leise Bewegung; die Halme erschauerten, als hätte die Erde tief aufgeatmet vor dem Schlafe. Es dämmerte schon, als ich vor dem Dorfe einen Mann Klee mähen sah.

»Weberpauli, hast d' g'hört, daß 's mobil g'macht wird?«

Er stellte die Sense nieder und fragte gleichmütig: »So? Hat's der Burgermoasta verkünd't?«

»Na, aba in der Stadt is 's ang'schlag'n.«

»Vo mir aus. Solang mi der Burgermoasta net holt, werd' g'maht.«

Und er holte mit der Sense wieder kräftig aus.

Da sind auch mir fast alle Kümmernisse vergangen. Ein solches Volk kann jeder Gefahr ruhig trotzen.

(1914)

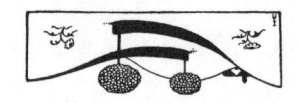

Abschied
(Zeichnung von O. Gulbransson)

Der Sepp ist fort, der Hans geht heut,
Der Hof is leer von Mannerleut.
Jetzt muß der Bräunl auch in d' Stadt.
Da kriegt ihn wohl ein Herr Soldat
Und reit't auf ihm bis nach Paris.
Wer weiß, ob's dort viel schöner is,
Als wie daheim im alten Stall?
An Habern kriegt ma überall,
Vielleicht kriegst d' auch an guten Herrn –
Wer aber, Bräunl, hat di gern?
Wo spielt mit dir a Kinderschar
Und zaust di bei de grob'n Haar'
Und streichelt di und patscht dir nauf
Und setzt si voller Jubel auf?
Ich glaub, daß dir oft Zeit lang werd,
Wennst jetzt auch als Soldatenpferd
So voller Stolz bist – und amal
Kommst wieder gern zum alten Stall.

(1914)

Das ästhetische Ausland
(Zeichnungen von Th. Th. Heine)

Die mitleidige Mutter Germania wies keinen von sich, der mühselig und beladen an ihre Türe kam, mochte er nun Gorki heißen oder Leoncavallo, Hodlère oder Maeterlinck.

War er in Ketten, befreite sie ihn, war er hungrig, so machte sie ihn satt, war er unsauber, gab sie ihm ein reines Hemd, war er zerlumpt, so kleidete sie ihn wie einen Fürsten.

Üppig und wohlgenährt verließen die Gäste Germanias Haus.

Und ein jeder war bedacht, ihr den Zoll der Dankbarkeit auf seine Weise zu entrichten.

(1914)

Der vergiftete Museumsleiter oder der Schlag auf den Hinterkopf
Eine Verbrechergeschichte aus der Künstlerwelt
(Zeichnungen von O. Gulbransson)

Sherlock Holmes stand mit seinem Freunde Bob in der Galerie zu X. Kopfschüttelnd betrachteten sie die Bilder, die als großartigste Kunstwerke in Paris angekauft worden waren. Niemand konnte erkennen, was oder wen sie vorstellten, und Bob sagte, es sei einfach ein Farbtopf auf die Leinwand umgeleert und die Farben seien mit den Fingern auseinander geschmiert worden.

»Ganz richtig!« sagte ein älterer vornehmer Herr, der hinter ihnen stand, »ganz richtig! Und ich will Ihnen was wagen. Sehen Sie, seit unser Direktor in Paris war, hält er das da für die allein echte Kunst. Er hat'n Frost im Kopp, n' Keber. Verstehen Sie? Unsere Galerie ist in furchtbarer Gefahr. Die alten Meister werden verkauft, verschenkt, verschleudert, und das da kommt dafür herein. Das Komitee will den Direktor nicht absetzen; wir stehen machtlos der Vernichtung unserer berühmten Galerie gegenüber.«
Ein Schluchzen erschütterte seine hohe Gestalt.
Da blitzte es in Sherlock Holmes Gesicht auf, seine Züge nahmen den Ausdruck jener rücksichtslosen Energie an, die man an ihm kennt.
»Mein Herr«, sagte er, »verschaffen Sie mir Vollmacht, dem Verbrechen auf die Spur zu kommen? Jawohl, es liegt hier ein Verbrechen vor... ermächtigen Sie mich, und in einem Monat erfahren Sie, warum diese Scheußlichkeiten in Ihrer Galerie hängen.«
Ein frohes Lächeln glitt über das Antlitz des vornehmen Herrn. Er streckte seine Hand Sherlock Holmes entgegen und sagte: »Gut. Ich ermächtige Sie. Ich bin der Fürst Woldemar von J. und kann Ihnen das Recht zu der Recherche verleihen.«
»Topp!« sagte Holmes und schlug ein.

Es war zwölf Uhr mittags am anderen Tage. Der Galeriedirektor Quesenkopp saß in seinem Lehnstuhle und blickte mit seinen wasserblauen Augen träumend vor sich hin... Es klopfte.
»Herein!« sagte Quesenkopp, und sah nach der Türe, zu der eben ein echt französisch aussehender Herr eintrat. Sein schwarzes gekraustes Haar, sein gekräuselter, schwarzblauer Bart ließen auf einen aus dem fernen Südosten stammenden Pariser schließen. »Bon jour, monsieur!« sagte er, und sogleich überflog ein seliges Lächeln die Züge des Direktors. »Parisien?« fragte er.
»Oui.«
»Mein Err«, sagte der Fremde, »ier ist mein Karte.« Er überreichte ein zierliches Blättchen, auf dem in schöner Schrift stand: »Aristide Moyère.«
Der Direktor verbeugte sich und lud den Gast mit einer eleganten Handbewegung zum Sitzen ein. »Sie wünschen... qu'est-ce que vous voulez?«

»Ick aben die Photos von Bilderr, die ick Inen verkauf, quand vous voudrez.«
»Bitte.«
Aristide Moyère zog einige Photos aus der Brusttasche und überreichte sie dem Direktor.
Dieser hatte sie kaum angesehen, so legte sich ein finsterer Schatten auf das liebenswürdige Antlitz des Direktors – – – eine eisige Kälte strahlten seine Augen aus, alles an ihm war abweisend, verächtlich und befremdet.
»Das ist keine Kunst«, sagte er und drehte die Photos mißmutig hin und her.
Es waren Reproduktionen von Adrea del Sartos »Lucrezia« und von Tiepolos »Christus am Ölberg«.
»Darin ist kein metaphysisches Weltgefühl«, sagte er, »kein metaphysischer Ausdruckswille... das sind grobsinnliche Banalitäten.«
»Banalités«, wiederholte er... »diese Bilder sind Böcklin und noch Schlimmeren nachempfunden... Bedaure, monsieur, aber in meiner Galerie ist dafür kein Platz.«
Er wollte sich erheben, aber Aristide Moyère, der ihn die ganze Zeit über scharf beobachtet hatte, griff in seine Tasche und sagte: »Ick aben noch eines... encore un.«

Er hielt dem Direktor ein Bild hin, das dieser hastig ergriff, und mit weitaufgerissenen Augen anstarrte, indes sich seine Brust stürmisch hob und senkte und ein namenloses Entzücken, ein Rausch von Begeisterung sein Antlitz verschönte.
»Wo haben Sie das her?« fragte er stockend.
»Es ist von mir selbsten... moi même.«
Quesenkopp starrte immer noch fasziniert die Photographie des Gemäldes an. Es stellte eine Komposition dar, gerade, krumme Striche, Kleckse, Flecken, Patzen, auseinander geronnenes Schmieröl, mit Benzinflecken vermischt...
»Sie selbst?« fragte atemlos der Direktor.
»Oui«, sagte Moyère ganz schlicht.
»Das ist seelischer Rhythmus, das ist Form, Farbe, Ton, Linie, das ist malerische Snythese, hier ist das geheimnisvolle »es«, das aus dem bloßen unbewußten Sein zum lebendigen Faktor im Geschick der Seele erweckt wurde, hier ist menschliche Gefühlsexistenz, isoliert von der Umwelt, und abgelöst von allen Beziehungen zur Natur...«

Diese begeisterten Sätze stieß Direktor Quesenkopp atemlos hervor, bis er ganz erschöpft mit den Worten schloß: »Kurz, es ist eine Offenbarung. Was wollen Sie dafür?«

»Was geben Sie?« fragte Moyère.

»Ich werde Ihnen einen Dürer geben«, drängte Quesenkopp.

»Wie heißt Dürer?« machte Moyère achselzuckend.

»Ich werde den Dürer verkaufen... Mir sind schon achtzigtausend geboten, die werde ich Ihnen geben.«

»Hm«, sagte Moyère, »es läßt sich darüber reden. Ich weiß zwar, Sie aben ebensoviel gegeb für eine albfertige Manet... aber weil Sie sind... tu ick es vielleicht. Ich kommen übermorge wiederr...«

»Ich bitte darum«, flehte Quesenkopp und verbeugte sich vor dem Besucher.

Mit einem blitzschnellen Blicke hatte dieser eine eigroße Beule am Hinterkopf Quesenkopps bemerkt, und ein rasches Lächeln der Befriedigung huschte über sein Gesicht.

Er entfernte sich... ging in das Hotel zum Schwan... und dort in einem Zimmer entfernte er Bart und Perücke.

Es war Sherlock Holmes.

Als er im Lehnstuhle saß, brütete er vor sich hin. Plötzlich sagte er: »Kein Zweifel, der Mensch hat einen Schlag auf das Kleingehirn erhalten. Die Beule beweist es... Na, ich sehe schon klarer...«

In Paris. Einer jener herrlichen Abende, an denen die Türme von Notre Dame wie in flüssiges Gold hineinragen et cetera.

In einem Kunstladen der Rue Caumartin steht der Besitzer, der reiche Jules Simon, vor einem höchst elegant gekleideten Amerikaner und ist im angeregtesten Gespräche mit ihm begriffen.

»Haben Sie mir nun alles gezeigt?« fragte Mister Thawler.

»Alles«, erwiderte Simon, »das heißt...« und er lächelte ironisch.

»Das heißt – – –?«

»Unsere deutsche Abteilung habe ich Ihnen natürlich nicht vorgewiesen.«

»Aber, bitte, warum nicht?«

»Sehen Sie selbst!« sagte Simon und führte den distinguierten Besucher in eine finstere Ecke des großen Ladens. Dort lagen unordentlich übereinandergeworfen viele Dutzend Bilder. »Sie brauchen nur eines oder zwei zu sehen«, sagte Simon

höhnisch lächelnd, »sie sind alle gleich... Pierre! ziehen Sie von der deutschen Ware ein paar heraus und bringen Sie sie ans Licht!«
Ein Diener brachte zwei ziemlich große bemalte Leinwandflächen zum Fenster und stellte sie auf.
Das eine sollte vermutlich zwei Menschen vorstellen. Sie gingen auf bratwurstähnlichen Puppengliedern und waren wieder umgeben von Schmieröl- und Benzinflecken.
»Adam und Eva«, erklärte Simon mit einem unaussprechlich höhnischen Lächeln um die Lippen.
Auf der anderen Leinwand waren sichtlich mit einem ausgezahnten Kamme und einer Haarbürste rote, grüne und gelbe Farben durcheinandergestrichen worden, vertikal und horizontal.
»Eine Komposition«, sagte Simon.
»Und das heißen Sie Gemälde?« fragte Mister Thawler.
»Ich nicht«, erwiderte Simon, »aber wir haben in Deutschland einige Galeriedirektoren, die das für sublime Kunst halten und mit enormen Preisen bezahlen.«
»Das glaube ich nicht«, sagte Thawler nachdrücklich.
Simon lächelte und rief »Pierre!«
Der Diener kam.
»Für wen gehören diese Bilder?« fragte der Kunsthändler.
»Für Monsieur Quesenkopp in X...«, antwortete Pierre, ohne sich zu besinnen.
Der Amerikaner streifte den Diener mit einem blitzartigen Blicke und schwieg. Pierre entfernte sich, und Monsieur Simon bot dem illustren Besucher seine Zigarrendose an.
Die beiden rauchten in tiefen, nachdenklichen Zügen das köstliche Kraut.
»Merkwürdige Menschen!« sagte Thawler. – »Und haben Sie viele deutsche Museumsleiter unter Ihren Kunden?«
»Einige. Aber die anderen werden kommen.«
Und wieder spielte das unsagbar höhnische Lächeln um seinen Mund.
Der Amerikaner verabschiedete sich.
An der Ecke der Rue Caumartin verschwand er in einem Hause, und bald darauf kam er wieder als echter Pariser Blusenmann heraus.
Es war Sherlock Holmes.

Pierre, der Diener des Herrn Jules Simon, ging nach Ladenschluß in eine verrufene Kneipe auf dem Montmartre. Hinter ihm betrat ein Blusenmann – anscheinend ein Arbeiter – den raucherfüllten Raum.
Er setzte sich zu Pierre, und bald entwickelte sich zwischen beiden ein Gespräch. Der Blusenmann ließ guten Wein, Absinth und andere Getränke für Pierre kommen und erwies sich als bon camarade im besten Sinne des Wortes.
Pierre trank mit gierigen Zügen das kostbare und doch kostenlose Naß, bis er seiner Sinne nicht mehr mächtig war und vom Kunsthandel zu sprechen begann.
»Das is alles nischt«, sagte der Blusenmann (wir müssen uns darauf beschränken, das Gepräch deutsch wiederzugeben), da wird nischt verdient.«

»Wat? Du Bouillonkopp! Du bist wohl von jestern? Hast du 'ne Ahnung von 'ner Idee?«

»Na, hör' mir uff mit eurem kletrigen Kunsthandel!« höhnte der Blusenmann.

»Wenn ick erzählen wollte!« höhnte Pierre, »wenn ick sagen wollte, wie wir die Allemands jeblaßmeiert haben – Junge! Junge!«

»Nischt kannste erzählen«, sagte der Blusenmann.

»So? Nischt?«

Und nun, angefeuert durch die Zweifel des Kameraden und durch den reichlich genossenen Alkohol erzählte er das *Geheimnis des Kunsthändlers*.

Ein furchtbares Verbrechen entrollte sich vor den gierig aufhorchenden Ohren des Blusenmannes.

Vor einigen Jahren hatte jener unglückliche Galeriedirektor Quesenkopp den Laden von Jules Simon besucht. Der ebenso verschmitzte als schurkische Händler bemerkte nur zu bald die geistigen Defekte des etwas eitlen Kunstrichters und baute darauf seinen entsetzlichen Plan auf.

Auf dem Heimwege in das Hotel wurde das Opfer überfallen. Man schlug ihn mit einem Bleiknüttel auf den Hinterkopf und schaffte den Bewußtlosen in einen finstern Keller. Dort lag der Ärmste vier Monate lang an Händen und Füßen gefesselt bei kärglicher Nahrung und in völliger Finsternis.

Jeden Tag kam ein vermummter Mensch an sein Lager und las ihm fünf Stunden lang die Werke von Meier-Gräfe vor, mit einer Stimme, deren entsetzliche Monotonie noch quälender wirkte als der Inhalt der Schriften.

Man zwang sodann dieses bejammernswerte Opfer der menschlichen Scheußlichkeit und des Kunsthandels, die Schriften Meier-Gräfes *auswendig* zu lernen! Erst als er sie Wort für Wort von vorne nach hinten und von hinten nach vorne hersagen konnte, wurde der Unglückliche in Freiheit gesetzt.
Er war vernichtet, geistig umnachtet, *vergiftet*!!
Er wankte durch die Straßen von Paris, und dem ersten Menschen, der ihn ansprach, dem Portier seines Hotels, hielt er einen Vortrag über die Fortbildungsmöglichkeit des malerischen Selbstausdrucks in ihren letzten Konsequenzen mit Beziehung auf das eigentlich Sinnvolle des Schaffens in der möglichst ausdrucksstarken Entwicklung der Vorstellung als Gefühlsträger.

———————————————————————————————

Zwei Tage später schlich der Unselige in den Laden von Jules Simon und kaufte zum erstenmal die Bilder der in Paris lebenden Schlawiner.
Seine fürchterliche Krankheit zwingt ihn, alljährlich nach der Seinestadt zurückzukehren und den traurigen Abhub menschlichen Blödsinns zusammenzuraffen.
Er hält mit der Energie der Kranken an dieser Sehnsucht fest.
So lebt er sein jammervolles Leben als klassischer Fall der kunstgeschichtlichen Dementia paralytica pingens.

Schreckensbleich wankte der Blusenmann – es war Sherlock Holmes – aus der Kneipe am Montmartre.
Das Geheimnis war enthüllt!!
Aber was war damit erreicht?!?
– Nichts. – – –
Als Sherlock Holmes wieder in X. eintraf und dem Fürsten Woldemar die furchtbare Tragödie enthüllte, konnte auch dieser sich nicht entschließen, dem Unglücklichen den letzten Halt, den Direktorposten zu nehmen.
Und so wirkt Quesenkopp weiter.
Die Galerie wird dereinst ein Denkmal des edlen Mitleids und des Duldermutes deutscher Bürger sein.

(1916)

Aus dem Berliner Dichterkreise »Die Kosmischen«

1.
Ich und der Krieg

Der Abend stand hinter den Hügeln, wie ein nackter Mann. Nämlich.
Er wollte sich über die Stadt herstürzen. Nämlich.
Der Asphalt qualmte und blies seinen heißen Atem gegen den Himmel.
Ich hüpfte aus dem Proviantamt. Nämlich.
Und sah hin gegen Abend, wo der Blutkrater dampft. Nämlich.
Wo der Tod aus schwarzen Rohren brüllt.
Ich wehe durch die Dämmerung.
Ich wehe über den Asphalt. Nämlich.
Ich komme aus dem Proviant. Nämlich.
Der Abend steht noch immer hinter den Hügeln.
Wie ein nackter Mann. Nämlich.

Lulu Ossip

2.

Jankel Püsch, über attischen Hügeln leuchtender, Allmensch, hat Worte dem Raum einlegend als silbergrau flackernder Führer den charmanten Philister Goethe veräpfelnd Jenes Braut von Korinth vom Sudorismus der schweißtriefenden Länge befreit.

(Anmerkung des Setzers: Jankel Püsch hat die Braut von Korinth umgedichtet.)

Die Braut von Korinth

Von der Eulenstadt
Zieht tastender Schritt
Des Jünglings,
Bis er müdete
In Korinth.

Mit wunschvollen Lippen
Kam die Tote, um sich
Mit ihm zu verstricken,
Und ließ die Spangen
Ihrer Glieder zerspringen.

Es mußte ihr stattgegeben
Werden,
Da sie blindlings wurde
Und alles Unbeglichene
Von ihm belangte.

Er zerging
Wie ein Pfirsich
Unter den Zähnen ihrer,
Und beglich
Das Belangte.

Jankel Püsch

An das Genie Jankel Püsch

Jankel Püsch, gen das zwanzigste
Jahr, schwärzlich visionären Haars,
oft zackigen Blicks, der Seife widrig.
Jankel, Du thronst, Neo-Europäer
als großzügig Zerrütteter über den
Unzerfetzten!
Inbrünstig liebe ich Deine Seele.
Ich liebe Deine inbrünstige Seele.
Jankel, der Du bagatellisch Goethe veräpfelst,
heimlicher Bundesgenosse meiner inbrünstigen
Seele!
Still! Du bist da!
Dein Schaubares geht wundervoll mir ein.

Martha, mit den hellen Nägeln

(1916)

Philister über dir!

So waren unsre Nächte!
Da unsre Seelen ausströmten
Und riesengroß, wie Gebirge
Über die Wälder aufstiegen.
Die Augen unsrer Seelen glitten
Über bunte Pfade hinweg
Und hafteten auf Kellnerfräcken.
So waren unsre Nächte,
Bis der gierige Morgen
Die Nacht fraß
Und über schleimige Straßen
In die Stadt kroch.
Bis die Sonne die Spitzen
Der Schornsteine leckte
Und Fabrikpfeifen gellten
Durch die schweißtriefende Welt.
Mit überschlagenden Beinen
Saßen wir, wollüstigen Rauch
Stöhnend ins Innere ziehend,
Und lauschten den Stimmen,
Die brünstig schrieen
Von fernen Welten her
Und das Unfaßbare sagten.
Wir glotzten tote Wände an
Und erkannten uns immer mehr.
Wir sahen die weißen Flammen,
Die an den Rändern der Erde tanzen.
Lange waren unsre Nächte.

In geröteten Augenäpfeln
Wachte der Geist,
Bis ausgeschlürfte Tassen klirrten
Und von Bürgerhintern entleerte
Stühle auf Tische gestellt wurden.
Jetzt aber dröhnen
Grob tappende Schritte
Über geheiligte Schwellen,
Und gefräßige Augen der Polizei
Dringen durch aufbäumende Nebel
Der wollüstigen Zigaretten
Und tiefer Gedanken.
Heisere Stimmen von Angestellten
Gellen in unsere Welt
Und schicken uns heim.
Und an die Spiegelscheiben,
Durch die noch die Nacht hereinglotzt,
Klopfen die schmierigen Knöchel
Des Polizeibefehles.
Mit klebrigen Fingern tasten
Die Gesetze der Masse
Nach unseren Träumen,
Und wachtmeisterlich grinsend
Schickt irgend einer
Uns urweltlich Sinnende
In schmutzige Betten.

Es ist erst halb zwölf!!!

Siegfried Rubiner

(1916)

Zeit-Echo I

Im Café Größenwahn
(Zeichnungen von K. Arnold)

DER KELLNER *(erregt):* Meine Herren ... das Neueste! Constantza ist gefallen ...
HARRY *(ihn ohne Pupillenreflex betrachtend, über ihn als etwas nicht Visuelles hinweg mit Magie durch die Dinge sehend):* Habt ihr die letzten Verse von Camille gelesen?
DER KELLNER: Meine Herren – Constantza –
CAMILLE: Still! Man spricht von meinen Versen.
HARRY *(deklamiert):*

> Was ist der Mensch? Ein Tier mit Hänge-Augen,
> Mit Blutgeruch und Geifer um die Zähne,
> Den Duft verbrannter Dörfer atmend,
> Wenn nun Europa ganz entzwei gebrochen
> Mit Zittersausen in das Meer gestürzt – – –

CAMILLE: Wie?
WALTHER: Es ist entgleitend dem Begriff, es ist die Schönheit selbst.
HARRY: Es ist unendliche Natur. Es ist der vollkommene Sinn der vollkommenen Schönheit.
WALTHER: Ich sehe weiße Wolken. Camilles Worte kommen auf weißen Wolken.
HARRY: Die Zeit hat sich gebrandmarkt. Als ich die ewigen Worte Camilles zitieren wollte, sprach ... einer ... von Constantza.
WALTHER: Als man das Grenzenlose zitierte ...
HARRY: Die Zeit hat sich gebrandmarkt. Als ein solcher zitiert wurde.
CAMILLE: Die Zeit hat sich gebrandmarkt.
KELLNER *(im Hintergrund):* Heiliger Hindenburg hilf! Mache, daß sie Schipper werden! Laß sie dreihunderttausend Kubikmeter Dreck schaufeln! Laß sie drei Millionen dreimalhunderttausend Kubikmeter Dreck schaufeln, daß sie einmal im Leben schwitzen. – – –

Beim Stanglbräu

OBERZOLLNER: Habt's as scho g'hört... Konschtanza?...
HINTERMAIER: D' Erdäpfi hamm ausg'schlag'n...
OBERZOLLNER: Konschtanza...
HUBER: Beim Ding hint'n, beim Kronberga Beni hab i gestern a halbate Schweinshax'n...
OBERZOLLNER: Konschtanza hamm ma jetzt aa scho. Ja, was sagt's da...?
HUBER: A halbate Schweinshax'n für drei Mark fufzeh' Pfenning! Kronberga, sag i... Beni, sag' i...
HINTERMAIER: D'Erdäpfi hamm ausg'schlag'n.
WALLNER: Geh, hört's amal auf mit enkern Politisier'n! Tean ma'r an Tarock!
HUBER: Beni, sag i, all's was recht is, aba ös treibt's as Volk zu da Vazweiflung...
WALLNER: An grüabig'n Tarock...
OBERZOLLNER: Der Mackensen muaß scho a sehr a tüchtiga Schtratäg sei... Wia 'r a si da rechts ummi reibt auf Konschtanza zuawi...
HUBER: Zu da Vazweiflung sag i. A Schweinshaxn, a halbate... so was Kloa's... als a Firmling hätt i vier solchane unta da Zeit g'ess'n... unta da Zeit...
WALLNER: Aufhört's, sag i, mit enkern Politisiern... jetzt tean ma'r an Tarock!
HINTERMAIER: Recht hat a! Tean ma'r an Tarock!
HUBER: Also! Tean ma'r oan!
OBERZOLLNER: An Block um a Markl... Aba dös sag i, wia si der Mackensen rechts ummi reibt auf Konschtanza und links auf Tschernawoda zuawi und ob'n druckt a eina... Dös san Schtratäg'n... sag i... Hebt's o! De erscht Sau gibt... da Wallner...

(1916)

Zeit-Echo II

Im Café Größenwahn

CAMILLE: Ich bestreite in gewissem Sinne nicht, daß der Krieg vorhanden ist. Als Seiendes mögen ihn andere beachten, aber eben als Seiendes hat er zu mir als einem futuren Geiste keinerlei Beziehungen. Der Krieg wirkt nicht in mir, und ich kann ihn nicht als daseinsberechtigt anerkennen, bloß deshalb, weil er in anderen wirkt. Für den bürgerlichen Pöbel ist das Seiende die Wand, an die er sich stößt; wir als Besondere werden durch unsere Wollungen und durch die ethische Bewertung des Seinsollenden so hoch über das Seiende hinweggetragen, daß wir es nicht sehen. In diesem höheren Sinne proklamiere ich den Krieg als nicht vorhanden.
WALTHER: Das sind Nackenschläge für den Begeisterungspöbel!
HARRY: Camille bauchboxt den Tapircitoyen!
WALTHER: Er löscht den Tagesbericht auf der Tafel der Menschheit aus und schreibt die Sprache der Kultur darauf.
CAMILLE: Nichtsdestotrotz bleibt es eine Ironie des Weltgeistes, daß man zu solcher Erkenntnis nicht nur einer stärkeren Phosphoreszierung des Gehirnes, sondern auch stark entwickelter Plattfüße bedarf, denn ohne Plattfüße wäre man in den Reihen der anderen...
HARRY: Der Plattfuß – c'est la liberté.

Beim Stanglbräu

OBERZOLLNER: Da Huges oda da Wuisohn oda da Wuisohn oda da Huges... Dösmal is fei de amerikanische Wahl sehr spannend.
WALLNER: Da geht's als wia an Huaba...
HUBER: Was geht? Wia geht's?
WALLNER: No ja, wia s' da selbigsmal gratuliert hamm zu da Wahl ins Kollegium, dawei bist ausg'rutscht, in letzt'n Moment...
HUBER: Also gel, derartige Gemeinheit'n laß i mir am Stammtisch überhaupts net biat'n...
WALLNER: Wenn i sag, daß dir geht als wia an Huges...
HUBER: An Huges ko's geh', wia 's mag, aba i bin net da Huges, vastehst, und wann mi oana dumm o'redt...
WALLNER: Weil 's halt oft in letzt'n Moment anderst kimmt...
OBERZOLLNER: Jessas na, werds enk ös aa no z'kriag'n weg'n dena damisch'n Wahl'n! Was geht denn ins da Huges o' oda da Wuisohn oder da Wuisohn oda da Huges?
HINTERMAIER: Denkts liaba üba dös nach, daß weniga Bier eig'sott'n werd.
OBERZOLLNER: Weniga net, aba dünna.
WALLNER: No dünna?...

HINTERMAIER: Leut, was der Kriag übahaupts für Entbehrunga, für krasse Erscheinunga, für Untergrabunga des menschlichen Glücks bringt, für ...
HUBER: Geh, hörts auf mit'n Politisiern! Tean ma'r an Tarock ...
OBERZOLLNER: Wahr is! Tean ma'r an Tarock ...

(1916)

Zeit-Echo III

Im Café Größenwahn

KURT: Also der ... ha ... ha! ... Zivildienst ...
CAMILLE *(erregt):* Darf der höchste Zerebralismus der Intellektuellen, dürfen die abürgerlichen Größendenkler, uranischen Pfadweisler, die neumächtigen Behauptler des Neo-Neo mit dem Schrumpfzerebralismus eines tragischen Pöbels in Fabriken zusammengepfercht werden?!??!
WALTHER: Laß mich noch deutlicher sein, Camille! Darf ein in Wahrheit Erlauchter, ein orphischer Weltfühler in Zweckscharniere eingezwängt werden?!? Darf ein zerebraler Gourmand in die Konventionalnorm eines sogenannten Vaterlandsdienstes prokrustisch eingepfercht werden?!?!!
HARRY: Es kann die Tragik des Jahrhunderts werden, wenn wir aufbrechenden Menschheitsblüten vom Wurmkäfer der militärischen Quantitätlichkeit zernagt ...
CAMILLE: Es ist die Orgie der staatlichen Oberwollung ...
KURT: Das Wort »Arbeit« riecht nach schweißtreibenden Schweißtriefern ...
WALTHER: Oskar Wilde hat es verkündet: Muße, nicht Arbeit ist das Ziel der Menschen –
CAMILLE: Es wird die Katastrophe des Jahrhunderts!!!

Beim Stanglbräu

WALLNER: Auweh, Beni!
HUBER: Was nacha?
WALLNER: Da werd's was hamm, wennst du mit deine gschwollna Finga, vastehst, Granatn drahn muaßt ... wwsss ... wwssss! ...
HUBER: Mach koani Mäus ... de Witz mag i net ...
OBERZOLLNER: Dös ist bluatiga Ernst, mei Liaba. Dösmal dawischt's di ...
HUBER: Mi??
HINTERMAYER: Was denn? Hast as net g'les'n ... alle ...

HUBER: Mi... als Gemeindebevollmächtigt'n von da Stadt Minka... mi??
HINTERMAYER: No also! Alle Unbeschäftigten... hoaßt's.
HUBER: I laß mi von enk hiaseln... moant's? Zenzi... zahln!
WALLNER: Geh was! Werst scho no an Gspaß vasteh!
HUBER: D' Arwat is koa Gspaß... und übahaupts kon i vielleicht a bissel an Respekt beanspruch'n...
OBERZOLLNER: Jetzt laß wieda guat sei!
HINTERMAYER: Aba neugieri bin i, wia dös Gsetz wirkt!
WALLNER: De Hausbesitza soll'n si bereits scharenweis meld'n...
OBERZOLLNER *(sehr zweifelnd)*: Zua da Arwat??
WALLNER: Na! Im Fundbüro... Ob neamd dös öffentliche Interesse g'fund'n hat, in dem wo die Hausbesitza tätig san...
HINTERMAYER: Als Aufsichtsorgane, daß d' Hauszins net z' lang lagern und stinkat wern...
HUBER: Du... laß da was sagn... übern Mittelstand hast du heut Redensart'n... de wo... also... schon an die Grenze des Erlaubten...
OBERZOLLNER: Hörts amal auf mit'n Streit'n! Spiel ma liaba an Tarock, so langs ins d' Finga net weggriss'n hot beim Granatndrahn...
WALLNER: Wahr is! An Tarock tean ma!
HUBER: Zenzi... a Kart'n!

(1916)

Dahoam

So freut's mi erscht, wenn's drauß'n schneibt
Und wenn's da Sturm recht grimmi treibt,
Daß i beim Ofa hock. Es hört si guat
Und g'müatli o, wia's drauß'n tuat,
Ja, pfeif no schiach und schüttel 's Haus,
Mei liaba Wind! I geh net naus,
Und host as no so schlecht an Sinn,
Mir kost nix toa. I bleib herin.
Gel, freili, waar i drob'n am Berg,
Da kamst mir jetzt so übazwerg
Und fahrast ma in Bart und Haar
Und tatst mi beuteln ganz und gar
Und schmeißast ma an Schnee ins G'sicht,
Recht grob halt, gel? So waarst du g'richt.

Mi freut dei Wuat. I loos da zua
Und raach mei Pfeif und hab mein Ruah.
Siehgst, da beim Ofa, da is fei,
Da fall'n ma jetzt de Gamsböck ei,
De wo i g'schoss'n hab und g'feit.
I steig durch Graab'n und üba d'Schneid
Und siech's no mal lebendi wern,
Und alle schiaß i wieda gern,
De G'feit'n aa. Da sell'n erst recht,
I denk ma, bal's mi nomal möcht,
I wissat's guat jetzt, wia ma's macht,
So kam i ab und so hätt's kracht.
Da bin i gmüatli unter'm lieg'n
Weit über alle Berg ausg'stieg'n.
Und g'spür koan Wind und loos eahm zua
Und raach mei Pfeif und hab mein Ruah.

(1916)

Das Lichtsignal

Von einem Jägerkorporal

Der Kriegsfreiwillige Bremberger ist von Beruf Altphilologe. Trotzdem hätte er in diesem Kriege einmal beinahe eine wichtige Entdeckung gemacht. Er war nämlich gerade wegen schlechter Ehrenbezeugung auf Bagagewache und langweilte sich fürchterlich. Auf einmal bemerkte er das verdächtige Lichtsignal. Gleich ist er zu dem Wachhabenden, den Gefreiten Obermeier, gelaufen und hat Meldung gemacht. Der Obermeier aber legte der Sache anfangs keine besondere Bedeutung bei. Er äußerte sich vielmehr in bezug auf die Lichtsignale im allgemeinen und den Bremberger im besonderen sehr wegwerfend, indem er meinte, sie sollten ihn miteinander... usw. Dann legte er sich auf die andere Seite und versuchte weiterzuschlafen.
Aber der Bremberger ließ nicht los. Er rüttelte den Obermeier so lange, bis sich dieser scheltend entschloß aufzustehen und seinem Peiniger zu folgen. Im Hinausgehen belehrte er den Bremberger über die Unwahrscheinlichkeit seiner Meldung.
»Geh«, sagte er, »mir liegen jetzt hundert Kilometer hinter der Front, was soll denn da ein Lichtsignal für einen Sinn haben? Du hast ja seinerzeit auch das Ewige Licht in der Kirche von Campitello und den Vollmond an der Tofana für Lichtsignale gehalten. Überhaupt, wenn wirklich was dahinter wär, dann hätt's a so a Lattedl, wia du, sicher net entdeckt.«

Doch hätte Obermeier gleich darauf Anlaß gehabt, seine Äußerungen mit dem Ausdruck des Bedauerns zurückzunehmen, denn nun sah er es selbst: etwa einen halben Kilometer weg brannte auf freiem Felde ein Licht mitten in der stockfinsteren Nacht.

Aber der Obermeier nahm seine Äußerungen keineswegs zurück, sondern sagte nur: »Ja, sakra, was war denn jetzt des!« und rannte hinein, um sein Gewehr zu holen. Dann schlich er sich wie eine Katze heran an das Licht. Das brennt mitten in einer Dornstaude auf dem Feldrain. Kein Mensch rührt sich in der Nähe. Der Obermeier legt sich auf die Lauer. Das Licht brennt herunter. Es bleibt alles still. Endlich verlöscht es. Der Obermeier geht erst, wie es hell wird. Alles, was er gefunden hat, ist ein kleines Kerzenstümperl, das auf dem Platze gestanden hat, wo das Licht verloschen ist.

Natürlich hat der Kompanieführer dem Obermeier am nächsten Tag noch zwei besonders gewandte Burschen mitgegeben. Lange Stunden sind sie selbdritt umsonst gelegen. Endlich um Mitternacht rührt sich etwas. Man hört leise Schritte auf den Dornbusch zu. Plötzlich flammt ein Zündholz auf: ein Zivilist zündet eine Kerze an und will sie in den Dornbusch stellen. Wie er sich hiezu bücken will, halten ihn schon sechs kräftige Fäuste fest.

»Lump, elendiger, ham mir dich!« triumphieren die einen. »Pardon, pardon, messieurs!« schrie der andere.

»Jetzt gibt's nix pardon mehr«, meinte der Obermeier, »das hättst dir scho z'erst besser überlegen müssen!« Und damit schleppten sie den Kerl auf die Wache.

Natürlich erhielt auch das Kriegsgericht von diesem Vorfalle auf dem schnellsten Wege Kenntnis, und schon am andern Tage nachmittags kam ein Auto, das den Kriegsgerichtsrat und einen Dolmetscher mitbrachte. Es war gerade Marienfeiertag, und wir hatten dienstfrei. Darum wohnten wir Mann für Mann der interessanten Beweiserhebung bei.

Zuerst erfuhren wir, daß der Gefangene Lebrun heißt.

Was er denn eigentlich mit seinem Licht gewollt habe?

Lebrun erzählte, daß er vorgestern ein Bedürfnis auf dem Acker verrichtet habe. Das Licht hab er nur angesteckt, um zu sehen, habe es aber beim Weggehen vergessen. Gestern habe er auch auf den Acker austreten wollen, sei jedoch gleich festgenommen worden.

»Ja«, meinte der Herr Kriegsgerichtsrat, »was tun wir jetzt, um den Burschen zu widerlegen?«

Unser Herr Feldwebel wußte Rat. »Net, Herr Kriegsgerichtsrat«, sagte er, »wenn einer auf einem Felde die Hosen umkehrt, so muß doch gewissermaßen eine sogenannte Spur zurückbleiben, net, Herr Kriegsgerichtsrat?«

Der Herr Kriegsgerichtsrat begriff, und so begab man sich nach einem entsprechenden Vermerk in den Akten auf das Feld. Wir sind alle mitgegangen, teils aus Interesse, teils aus Spaß.

Die Sache begann aber sehr ernst. Denn als wir auf so dreißig Meter an die Hecke herangekommen waren, da nahm der Herr Kriegsgerichtsrat eine feierliche Miene an und sagte, es sei besser, wenn wir jetzt stehen blieben. Denn es liege nunmehr für die Nichtjuristen die Gefahr nahe, daß er unversehens in das Beweismaterial hineinträte und es so nach Lage und Beschaffenheit verändere. Dies sei aber für den weiteren Fortgang der Beweiserhebung keineswegs wünschenswert.

Nachdem wir unsere Schuhe selber putzen müssen, erachteten wir diese Gefahr nicht gerade als sehr naheliegend, aber ein entsprechender Wink unseres Herrn Leutnants veranlaßte uns, zurückzubleiben. Inzwischen machte der Herr Kriegsgerichtsrat dem Lebrun durch Worte und Zeichen begreiflich, daß er ihm die Stelle zu zeigen habe, wo der behauptete Stoffwechselvorgang stattgefunden haben sollte. Lebrun war von diesem Befehle sichtlich unangenehm berührt. Er rannte ratlos die Hecke auf und ab und begann zu schwitzen. Schließlich aber blieb er nach langem Suchen an einem Haufen stehen und winkte den Herrn Rat herbei. Dieser näherte sich mit gemessenem Ernst und setzte über seine scharfe Brille noch einen Zwicker, um die Beobachtungskraft seiner Sinne bis zur äußersten Möglichkeit zu steigern. Dann kniete er nieder und besah sich den Haufen lange und gründlich.

Endlich erhob sich der Herr Rat und rief, das Ergebnis seiner Beobachtungen zusammenfassend, unserem Herrn Leutnant zu: »Also ist es dem Beschuldigten doch gelungen, einen wesentlichen Teil seiner Behauptungen glaubhaft zu machen! – Die Leute können nähertreten.«

Natürlich hat es jetzt allen pressiert. Der erste am Platz war der Obermeier. Der war aber noch nicht ganz dort, da schrie er schon: »Herr Kriegsgerichtsrat, das ist ja ein Haufen *Kuhdreck*!«

Der Herr Rat war durch dieses neue Tatsachenvorbringen einigermaßen verblüfft. Doch benützte er als exakter Jurist die nun folgenden Minuten, welche die anderen mit blödem Gelächter ausfüllten, zur Gewinnung einer Schlußfolgerung von höchst beachtlicher Schärfe. Er enthielt uns das Ergebnis seiner logischen Gedankenarbeit auch keineswegs vor.

»Damit behaupten Sie also«, wandte er sich an den Obermeier, »daß diese Ausscheidungsstoffe nicht von dem Angeschuldigten herrühren können?«

»I moanat fast«, entgegnete der Obermeier.

»Ja, wer sagt Ihnen denn, daß dieser Haufen wirklich Kuhdreck ist?«

»Dös sagt mir neamad, da müßt i scho a Depp sei', wenn i des net selber kennat!«

In seinem Eifer hörte der Herr Kriegsgerichtsrat die leise Kritik seiner Person, welche in diese Antwort hineingeraten war, gar nicht, sondern folgerte weiter:

»Also, Sie behaupten gewissermaßen Sachverständiger zu sein. Worauf gründen Sie diese Behauptung? Sind Sie Landwirt?«

»I bin Stallschweizer.«

»Also sind Sie hier Sachverständiger! – Sind noch Sachverständige unter euch?« wandte sich der Herr Rat jetzt an uns.

Es traten ein halbes Dutzend Bauernsöhne hervor.

Jetzt fühlte sich der Herr Rat wieder in seinem Fahrwasser. Zunächst verhörte er jeden der angeblichen Sachverständigen auf alle Tatsachen, welche einen Schluß auf das Maß ihres Sachverständnisses gewähren können. Dann fragte er sie der Reihe nach, ob ihnen nicht einmal etwa die Eidesfähigkeit aberkannt worden ist. Dann eröffnete er ihnen, daß er sie zu der Frage, ob der vorliegende Haufen wirklich Kuhdreck sei, als Sachverständige zu vernehmen gedenke. Soweit kein

Hindernis bestünde, müßten sie nach dem Gesetze beeidigt werden. Anschließend führte er ihnen anschaulichst die Gewissensbisse vor Augen, von welchen Meineidige gequält zu werden pflegen, und ging danach mit kühnem Sprunge auf die Paragraphen des Reichsstrafgesetzbuches über, um mit dem Hinweis zu schließen, daß noch erhebliche Jenseitsstrafen auf dem Meineide stehen. Übrigens sei auch der fahrlässige Falscheid eine verwerfliche und strenge zu bestrafende Handlung. Sie sollten daher ihr Gewissen bedenken und sich den Haufen nochmals genau ansehen, bevor sie die Hand zum Schwur erhüben.

Schließlich ließ der Herr Rat dem Lebrun den wesentlichen Inhalt der soeben geführten Verhandlungen durch einen Dolmetscher übersetzen mit dem Beifügen, daß es ihm, das heißt dem Lebrun, freistehe, Gegensachverständige zu benennen. Die sieben anwesenden Sachverständigen wolle er in der Kanzlei der Kompanie vereidigen und vernehmen.

Doch war Lebrun der Gescheitere. Er ersparte dem Herrn Rat diese Mühe, indem er sich der Auffassung der sieben Sachverständigen anschloß und erklärte, daß er bisher die »autorité allemande« belogen habe. Die Wahrheit wolle er dem Herrn Rat allein gestehen.

So erklärte denn der Herr Rat den öffentlichen Teil des Beweisverfahrens für geschlossen. Wir gingen nicht unbefriedigt nach Hause.

Lebrun aber machte dem Herrn Rat die folgende Angabe: er sei ein armer Kerl und leide an einer inneren Seelennot. Als Mittel gegen diese letztere habe er beschlossen, der Mutter Gottes ein paar Wachskerzen zu opfern, so schwer es ihn auch ankomme, denn das Stück kostet 1,50 Franken. Als geeignetste Stelle für Darbringung des Lichtopfers sei ihm der gnadenreiche Dornbusch erschienen. Darum habe er die Kerzen dort angezündet.

Diese Erklärung scheint auch die richtige gewesen zu sein. Wenigstens wurde der Beschuldigte nach längerer Beobachtung durch Irrenärzte auf freien Fuß gesetzt, denn er war tatsächlich ein religiöser Schwärmer.

Sonst haben wir über die ganze Sache nichts Besonderes mehr erfahren können, als nur das eine: der Herr Kriegsgerichtsrat hat sich sehr dafür interessiert, was Lebrun für eine innere Seelennot gehabt hat und warum er gerade die Dornstaude als besonders gnadenreichen Ort angesehen hat. Aber der Herr Rat hat dies nicht herausgebracht, denn das sind innere Dinge, die man noch viel schwerer erkennen kann, als einen Haufen Kuhdreck.

(1917)

Briefwechsel ohne Antwort

2. Januar 1916.

Seiner Hochwohlgeboren
        Herrn Walther Hillmer,
          deutscher Dichter

in *München*,
Römerstraße 4.

Hochverehrter Herr und Meister!
Dem großen Dichter, dem *unerreichten Meister* in der Schilderung deutschen Wesens und deutschen Seins, lege ich meine lyrischen Versuche und diesen bürgerlichen Roman vor. Ich weiß es wohl, es ist ein großes Wagnis, die kostbarste Zeit unseres *bedeutendsten Dichters* in Anspruch zu nehmen. Aber gerade die Verehrung, die mich jungen Adepten der Kunst von jeher im Banne hielt, gibt mir den Mut, um Ihr Urteil zu bitten.
In tiefster Verehrung Ihr ehrfurchtsvoll ergebener
                                                          Wilm Weichselberger.

4. März 1916.

Seiner Hochwohlgeboren
        Herrn Walther Hillmer

in *München*,
Römerstraße 4.

Hochverehrter Meister!
Vor einem Monate erlaubte ich mir, Ihnen meine lyrischen Versuche und einen bürgerlichen Roman zu übersenden mit der bescheidenen Bitte, sie einer Prüfung zu unterziehen. Darf ich Sie wiederholt und dringend bitten, Ihr mir so wertvolles Urteil nicht vorzuenthalten? Zwar bin ich nur ein Anfänger, aber ich glaube, mein Bestes gegeben zu haben und auch jener *Aufmunterung wert zu sein*, ohne die es *wohl keinem möglich ist*, auf dem dornenvollen Wege fortzuschreiten.
                                    Verehrungsvollst ergebenst
                                              Wilm Weichselberger.

7. April 1916.

Seiner Hochwohlgeboren
        Herrn Walther Hillmer,
          Schriftsteller

in *München*,
Römerstraße 4.

Hochgeehrter Herr!
Vor zwei Monaten schickte ich Ihnen mein Manuskript (lyrische Versuche und einen bürgerlichen Roman). Leider harre ich noch immer auf Antwort. Es mag

wohl einem Manne, der den Erfolg erreicht hat, schwer fallen, sich in die Lage eines andern, der um diesen Erfolg noch *ehrlich* ringt, zu versetzen. Aber noch hoffe ich, daß Euer Hochwohlgeboren sich bewogen fühlen, meine mit Herzblut geschriebenen Versuche zu prüfen. Ich bin etwas, das weiß ich, und ich werde mich durchsetzen.

Hochachtungsvollst ergebener
Wilm Weichselberger.

3. Mai 1916.

Wohlgeboren
Herrn Walther Hillmer

München,
Römerstraße 4.

Euer Wohlgeboren,
Sie setzen meinen gewiß höflich gehaltenen Bitten ein beharrliches Schweigen entgegen. Natürlich! Es ist leicht, von der Höhe des Publikumserfolges auf Anfänger, die *wahrlich nach einem höheren Ziele*, als dem *billigen Markterfolge* streben, herabzusehen. Ich *verzichte* darauf, von Ihnen beurteilt zu werden! Darf ich nunmehr um Rücksendung meiner Manuskripte ersuchen? Rückporto habe ich seinerzeit beigelegt.

Hochachtungsvoll
Wilm Weichselberger.

30. Mai 1916.

Herrn Walther Hillmer

München,
Römerstraße 4.

Geehrter Herr,
Ich gebe Ihnen bekannt, daß ich bis heute trotz beigelegten Rückportos meine Manuskripte *nicht* erhalten habe! Daß ich von dem Urteile eines von der *Tagesmeinung verwöhnten* Literaten nichts halte, habe ich Ihnen doch wohl klar genug mitgeteilt. Es ist also nicht notwendig, daß Sie etwa *nachträglich* noch Versäumtes einholen wollen.
Ich fordere Sie auf, binnen längstens drei Tagen das Manuskript in meine Hände gelangen zu lassen.

Mit gebührender – Achtung
Wilm Weichselberger.

11. Juni 1916.
Herrn Hillmer

München,
Römerstraße 4.

Sie irren sich, wenn Sie glauben, daß Sie mit *anderen von Ihnen zurückbehaltenen* Briefmarken auch die von mir beigelegten behalten können. Ich habe *meinem Rechtsanwalt* Auftrag gegeben, Sie zu belangen, falls ich nicht bis Mittwoch früh meine Manuskripte habe.

Wilm Weichselberger.

Offene Postkarte. 2. Juli 1916.
An den Schriftsetzer Hillmer

München,
Römerstraße 4.

Ich habe die Sache dem *Staatsanwalt!* übergeben. Wir wollen sehen, ob gewisse *Burschen* das Vertrauen ehrlich strebender Kreise *mißbrauchen* und sich mit eingesandten Briefmarken *bereichern* dürfen. Ich habe Sie einfach wegen *Unterschlagung* angezeigt und lasse keine Nachsicht walten.
Mit der Ihnen zukommenden Verachtung

Wilm Weichselberger.

Postkarte. 15. Juli 1916.
An den Walther Hillmer

München,
Römerstraße 4.

Heute kam das Manuskript, das Ihnen die *Angst vor dem Zuchthaus* entrissen hat. Gott sei Dank hat man Mittel, die Ehrlichkeit gewissenloser eitler *Hanswurste* zu prüfen. Die Blätter waren genau so ungeordnet, wie ich sie absichtlich gelassen hatte. Damit sind Sie *entlarvt als der Hochstapler*, für den ich *Sie immer gehalten habe*.
Das *Verfahren gegen Sie ist eingeleitet*; ich sehe mich nicht veranlaßt, es zurückziehen zu lassen. Sie sind doch ein jämmerlicher Kerl!!

W. Weichselberger.

(1917)

Papiernot

Einmal mußte es ja weniger werden. In Tausenden von Kommunalverbandskanzleien mit assessoralen Gedanken über Geflügelzucht und Schweinemast, über nützliche Verwertung von Brennesseln und Dotterblumen, Löwenzahn und Schierling, bekleckert auf den Kehricht geworfen oder an allen stillen Orten des Landes aufgehängt, will uns nun endlich das Papier ausgehen. Gestehen wir es offen, wir haben in Deutschland mit dem geduldigen Material geast.
Ganze Wälder von Papierholz, Tausende von Hektaren hat die sogenannte Kriegsliteratur gefressen.
Alles wurde in Beziehung zum Weltkriege gebracht. Der Säugling, das Schulkind, der Knabe, das Mädchen, die Frau; alle Stände und Berufsarten, alle Erwerbszweige, alle politischen, religiösen und konfessionellen Ideen, alles, was jemals gedacht, gesprochen und geschrieben worden war, wurde adaptierend noch mal geschrieben und gedruckt.
Die harmlosesten Menschen, die im Frieden niemals davon geträumt hatten, ein Buch oder eine Broschüre drucken zu lassen, wurde tiefsinnig, kamen in die Wochen und ließen etwas erscheinen.
In leichten Fällen wurden es Gedichte, in schweren wurden es Abhandlungen etwa »über die Knollenfrüchte im Weltkriege«.
Die ehrlichsten, arbeitsamsten und bravsten Menschen erinnerten sich an ihre Schulbildung und schrieben Hausaufgaben, anstatt zu schlafen, zu rauchen oder Dünnbier zu trinken.
In den Etappen schwollen wehmütige Kriegsstimmungen zu Hunderttausenden von Druckseiten an, aus der Heimat klang millionenfaches Druckecho wider. Alle Menschen hatten Ideen, und alle Ideen wurden gedruckt. Die Stampfmühlen arbeiteten fieberhaft, um den Papierstoff zu liefern, die Papierfabriken arbeiteten fieberhaft, um das fertige Material zu liefern, die Menschen arbeiteten fieberhaft, um es bedrucken zu lassen, und an den stillen Orten des Landes wußte man nicht mehr, wohin mit dem Überflusse.
Schont unsere Wälder!
Laßt die Fichten wachsen und erlebt an ihnen Stimmungen, statt sie zu fällen und auf dem aus den Gemordeten gewonnenen Papiere Stimmungen zu beschreiben.
Eine Fichtenkultur ist mehr wert, ist anständiger und wirklicher, als jede andere, über die ihr euch die Finger schwarz schreibt.

(1917)

Der Herr Minister

In einem Abteil erster Klasse sitzen sich zwei Herren gegenüber.
Der eine mit neuem Zylinder, langem schwarzem Mantel, gelbem Spazierstock und einer Zigarre im Mund.
Der andere ebenfalls mit einem neuen Zylinder, langem schwarzem Mantel, gelbem Spazierstock und keine Zigarre im Mund.
Der erste Herr holt eine Zeitung aus der Rocktasche, liest und bläst seinem Gegenüber den Rauch ins Gesicht.
Der zweite Herr holt ebenfalls eine Zeitung aus der Rocktasche, liest aber nicht, wird unruhig und räuspert sich wiederholt.
Endlich beginnt er:
»Verzeihung, mein Herr, aber würden Sie die Freundlichkeit haben, das Rauchen zu unterlassen, ich bin stark erkältet.«
Der andere raucht und liest ruhig weiter.
Der erste wiederholt seine Bitte. Ohne Erfolg. Er wird dringender, aufgeregter.
Der andere raucht und liest ruhig weiter.
Da hält der Zug.
Der Nichtraucher reist das Fenster auf.
Ruft den Schaffner.
Er kommt, und, nachdem er den unter großer Aufregung hervorgebrachten Sachverhalt erfahren, sagt er ruhig:
»Also, mein Herr, Sie möchten schon die Zigarre weglegen. Sie müssen nämlich wissen, daß hier nur mit Zustimmung aller Mitreisenden geraucht werden darf.«
Spricht's, wendet sich, die Tür fliegt zu, der Zug setzt sich wieder in Bewegung.

Der erste Herr raucht und liest ruhig weiter.
Dem andern aber wird es nun doch zu bunt. Er erhebt sich, lüftet seinen Zylinder ein wenig, stellt sich vor:
»Eisenbahnminister von X...; bitte um Ausgleich der mich persönlich beleidigenden Angelegenheit. Schicken Sie mir Näheres durch Ihre Herrn Sekundanten zu.«
Er entnimmt der Brieftasche eine seiner Karten und übergibt sie dem anderen.
Der raucht und liest ruhig weiter und steckt die Karte ein. Ohne aufzustehen.
Eisenbahnminister von X... ist wütend.
Als der Zug zum zweiten Male hält, läßt er den ewigen Raucher verhaften.
Man führt diesen zum Stationsvorstand.
Unterdessen fährt der Zug mit dem Erregten weiter.
Der Stationsvorstand bittet den immer noch Rauchenden um seine Legitimation.
Dieser entnimmt seiner Tasche die soeben erhaltene Karte:
»Eisenbahnminister von X...«
Allgemeines Staunen – Bücklinge – Entschuldigungen – krumme Rücken – unbedeckte Kahlköpfe. Ein schnell zusammengestellter Extrazug befördert den »Herrn Eisenbahnminister« an sein Ziel.

Am Abend kommt der andere Herr zurück.
Fragt den Stationsvorsteher, was er mit dem Unverschämten angefangen.
»Pst! Um Gottes willen, mein Herr! Das is e großes Tier, da können mer nichts machen. Das war der Eisenbahnminister.«

(1917)

Lloyd George, der pazifistische Imperialist
(Zeichnungen von O. Gulbransson)

... »Deutschland hatte eine große Stellung in der Welt; es ist nicht unser Wunsch, diese Stellung in Zukunft in Frage zu stellen oder zu zerstören« ...

... »Bis das große Unrecht von 1871 nicht gutgemacht ist, können gesunde Zustände nicht wieder eintreten« ...

...»Wir kämpfen nicht, um die Türkei ihrer reichen Besitzungen in Kleinasien und Thrazien zu berauben...«

...»Arabien, Armenien, Mesopotamien und Palästina müssen eine Anerkennung ihrer nationalen Bedingungen erhalten«...

...»Wir kämpfen nicht, um Österreich-Ungarn zu zerstören«...

...»Triest, Adria, Trentino, Siebenbürgen, Bukowina, Böhmen, Dalmatien müssen abgetrennt werden«...

...»Eine Schlichtung von Gebietsfragen auf Grund des Selbstbestimmungsrechtes der Völker muß gesichert werden«...

...»Natürlich sind Irland, Indien und die englischen Kolonien davon ausgeschlossen«...

(1918)

Isar-Athen
(Zeichnungen von K. Arnold)

MAGISTRATSRAT HINTERHUBER: »Sie, hamm S' dös scho g'les'n, in Berlin gibt's a neue Dichterei oder Dichtkunst, wia ma sagt. Da hat oana vorg'les'n...

»O lo lo... ho... ho...
Miro kabumda –
Olo... lo... jo ho... lololo...«

OBERZOLLNER: »Was is dös?«

HINTERHUBER: »De neue Dichtkunst von de Berlina Jüngling...«

OBERZOLLNER: »Ah! Solchane Saubuabn. Ah... Dös hoaßt ma do frech sei... de Rotzlöffi...«

HINTERHUBER: »Sagen S' as aa? Geln S'? So was gibt's halt in München doch net!«

Einen Monat später

HINTERHUBER: »Sie, de Neuest'n schreib'n fei, daß de Berlina neue Dichtkunst sehr beachtenswert is... als jugendliche Überfülle an Schenie...«

OBERZOLLNER: »Na! sag' i... der Schmarrn, der blödsinnige?...«

HINTERHUBER: »I woaß net... es muaß do was dro sei, weil de Neuest'n schreib'n...«

Zwei Monate später

HINTERHUBER: »Geln S', jetzt sehg'n S' as? In de Kammerspiel werd jetzt aa scho der Dada vortrag'n... de Berlina Dichtkunst?«

OBERZOLLNER: »No ja...«

HINTERHUBER: »Na...net schimpfa, Herr Oberzollner... Eppas is dro... dös hab' i glei g'sagt. De Neuest'n sag'n, daß dös a gewaltige Neukunst ist...«

OBERZOLLNER: »No... ja...«

Vier Monate später

HINTERHUBER: »Wissen S' as no, Herr Oberzollner, wia Sie g'schimpft hamm über de Berlina Neukunst...«
OBERZOLLNER: »G'schimpft? I? Da muaß i do bitt'n...«
HINTERHUBER: »Blödsinnige Affn hamm S' g'sagt... und...«
OBERZOLLNER: »Nix hab' i g'sagt. Daß ma 's net glei vasteht, hab' i g'sagt... no natürli! Ma muaß aa Zeit hamm zum Nachdenk'n... un wenn ma nachdenkt, nacha kimm i scho drauf. Da brauch' i Eahna net... Es is halt a neue Mode, de muaß ma g'wöhna. Mir g'fallt's ausgezeichnet guat...«

(1918)

Waschzettelgrößen

(Zeichnungen von K. Arnold)

Karl Richard Maier las gestern seine Gedichte vor. Es sind übermächtige, heißquellende Impulse darin, die vulkanisch zur Eruption drängen. *Man wird sich diesen Maier merken müssen.*

Eine junge Dichterin stellte sich dem Publikum vor – *Anna Warzenbichler*. Es haftet ihr eine seelische Größe von großen Dimensionen an, die sich in herrlichen Formen äußert. *Merken wir uns diese Anna Warzenbichler!* Wir werden noch Großes von ihr hören.

Willy Berliner heißt der neue Stern am Dichterhimmel, den wir gestern erstmals kennengelernt haben. Er ist dämonisch, eine Vollnatur von herrlichstem Gepräge. Der Gott lebt in ihm und treibt ihn, Tragisches zu gebären. *Man wird sich diesen Berliner merken müssen.*

Man merkt sie sich nicht. Der Kashandler Simon Schäuferl wickelt in sie Backsteiner, Limburger und Alpenkäs ein. Und mit der Käsrinde versinken ihre Schöpfungen im All. *Man wird sich diesen Simon Schäuferl merken müssen.*

(1918)

Der Mord in Wien und die Neue Freie Presse

I.

Leitartikel. Motto: I bitt Sie, wie kann so was vurkummen? I bitt Sie: Siebzehn Joahr! Wann ma schon von an Murd sprechen, denken mir doch an einen älteren Merder. Mit anazwanzig Joahr, dos laß ich mir gfalln. Aber siebzehn Joahr! I bitt Ihnen, wie kann so was vurkummen?

II.

Wann man sich schon so was furstöllt! Zerscht haut er ihr mit aner Keilen aufn Kobf, hernach derdrosselt er sie mit aner Drahtschlingen, hernach schneidt er ihr die Gurgel ab. Mit siebzehn Joahr! Dabei woa der junge Mensch, der Gnabe hätt i beinah gsagt, aba sehr nett, strebsam, hat a Buidung ghabt, glänzende Aussichten zum an Privatbeamtn. Iberhaupts woa er der Sohn eines ächten Weana Hausmasters. Und *doch* ein Merder?

III.

Alstern was sagn Sie zu dem Vurkummnis, Herr Hausmasta? Beschreiben S' uns amol Ihnern Ihren väterlichen Schmerz!

IV.

Was soll i sagn? Er woa ein unschuldsvolles Kind. Alle Parteien im Haus, und mir hamm doch nur feine Parteien, hamm den Buabn gern ghabt.
Aba ja! Wiari gestern das letzte Sperrsechserl einkassiert hab, da hab i wohl net denkt, daß i heit schon in da Zeitung steh als intressanter Vata. So is das Lebn! In da Fruah stehst auf, und auf d' Nacht legst di nieda.
Aba wos dazwischn liegt, dos ist die Frage. Ich mechte zum Schlusse noch bemärken, daß mir einen Lift haben. Neiester Kanstruktiaun. Ja... ja... es is a Kreiz auf dera Wöld!

V.

I bitt Sie, is das net an ächter, biederner Urweana Hausmaster? Er denkt noch pflichtgetreu an seinen Lift! Und der Sohn von einen solchenen...? Man steht vor einem Rätsel. Wann man sich das furstöllt!
Ein Gnabe! Und alls hatn gern ghabt. Und talentvoll und fleißig woa er... Und trotzdem... es is nicht zum glaubn.

VI.

Im Momente der Tat ging der Kaffeesieder Herr kaiserlicher Rat *Meindl* am Hotöll Bristol vorieber. Haben Herr von Meindl nichts bemärkt?

VII.

Ich habe eigentlich nichts bemärkt. Allerdings woar mir einen Aagenblick so sonderboar zumut, so einen Moment, wissen Sie. Es woa ganz plötzlich eine söltsame Stille um mich her. So, als wann die Natua den Atem anhalt'n mechte... Ich hab aber nichts drauf gegeben. Weil mir in diesem Aagenblicke unser vortrefflicher Armeninspektor, der *Herr von Stransky*, begegnete. Ibrigens mechte ich bemärken, daß ich mein Geschäft in die Zelinkagassn Nummera fünf verlegt habe. Ja... ja... wann nua der Kriag amal aufhörn mechte!

VIII.

Haben Herr von Stransky nichts bemärkt?

IX.

Ich? Aba durchaus nicht. Das Hotöll ist doch wohl eines der angesehensten unserer Stadt und dierfte als solches, wann erst dieser unsälige Völkerzwist beseitigt sein wird, eine bedeitende Rolle spüln. Nein, bemärkt habe ich nichts. Allerdings verspierte ich ein söltsames Aagenflimmern, mechte aber nicht behaupten, daß es in einem seelischen Zusammenhange mit diesem fierchterlichen Ereignisse steht. Ich mechte iebrigens der Neien Freien Presse meine besondere Hochachtung ausdricken für die gewissenhafte Darstellung des ganzen Vorfalles. Es ist staunenswert, wie die Redaktiaun in dieser schwären Zeit... ich vermag mir ein Urteil darieber zu bülden ... als Armeninspektor erhält man ja den gewissen Blick in die Tiefen der menschlichen Gesöllschaft ... Särvus! Auf Wiederschaun! Wird mir immer eine Ähre sein, mit den Herrn von der Redaktiaun ... Särvus!

X.

Wir sind in der Lage, den Verfertiger der unseligen Keile namhaft zu machen. Es ist der allgemein geachtete Drechslermeister Herr Josef Popischek, Strozzigassen Nummero sieben. Im Ochten Bezirk. Wir werden murgen eine Unterredung mit diesem ausgezeichneten Handwerker bringen.

XI.

Wir fragen uns wiederholt, woher nimmt ein Gnabe die Energie, die sich zur Vergehung eines solchen Tatbestandes immerhin ansammeln muß?

XII.

Und die Frage steht offen, inwiefern das grause Geschehen des Weltkrieges im Zusammenhange mit der Tat steht und ob in gewisser Beziehung Ausstrahlungen der Kriegspsychose konstatiert werden dierften.
Wir werden darauf eingehend zurückkommen und mehrere Gutachten bringen, darunter eines des Herrn Geheimrates von Zwolik, Aspernplatz Nummero vierzehn.   Furtsetzungen folgen.

(1918)

Bayern, ein Traum
(Zeichnungen von K. Arnold)

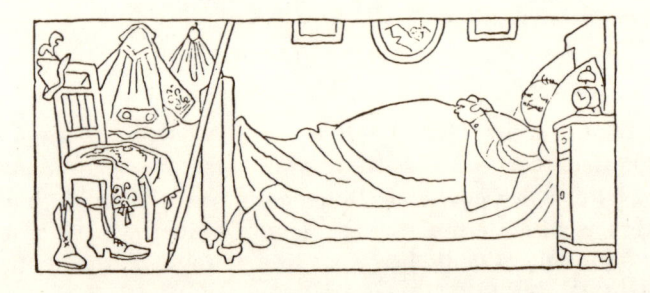

Gotthelf Kulicke, Berlin, legt sein oberbayrisches Kostüm zurecht, stellt seine Weckuhr für den Frühzug nach München, geht glücklich zu Bett und träumt:

Lachend geht die Sonne auf, der Hahn schreit »Kükürükü« und befiehlt der Henne, für Herrn Kulicke einige Frühstückseier zu legen.

Kulicke frühstückt und geht sodann auf die Jagd. Unterwegs grüßt freundlich das Gänselieserl: »Grüaß Ihnen Gott, Herr Kulicke«,

grüßt fröhlich der Saububbe: »'s Gott, Herr Kulicke, 's Gott«,

grüßt herzlich der Fischer: »Jessas, der Herr Kulicke, grüaß Gott, Herr Kulicke!«

Aber schon lange steht beim Jagdsessel der treue Förster. »Ja, wo bleiben S' denn, Herr Kulicke, 's Wild ist ja schon ganz ungeduldig.«

Nach erfolgreicher Jagd wartet im Gasthof das gute Mittagessen.

Nach einem gesunden Verdauungsschläfchen kommen die tapferen Bergführer, um Herrn Kulicke auf die Alm zu tragen.

Hier sammeln die Bergführer Butter, Käse und Eier für Herrn Kulicke, und zum Abschied singen Dirnderl und Bua das schöne Lied vom Edelweiß. Golden geht die Sonne unter.

Silbernes Mondlicht zeigt den Weg zum Haus der Dorfschönen. Beunruhigt steigt diese vom Kammerfensterl herab: »Wo er nur bleibt, der schöne Herr Kulicke?«

Da weckt der Berliner Wecker Herrn Kulicke. Schnell ist er reisefertig, begibt sich in sein Wohnzimmer und wird von der boshaften Haushälterin mit folgender Zeitungsnachricht empfangen: »Wer nach Bayern reisen darf, tut gut, sich seine Verpflegung mitzunehmen, aber immerhin ist es möglich, daß keine Unterkunft zu finden ist; jedoch soll, aller Voraussicht nach, das Regenwetter noch lange anhalten.«

(1918)

An die Adresse Frankreichs

»Meine Väter und Vorfahren haben die Gepflogenheit gehabt, nach einem Sieg ein Denkmal und Trophäum im unterworfenen Lande zu errichten, aber nicht aus Erz und Stein, sondern in den Herzen der Besiegten, festgefügt aus Dank und Versöhnlichkeit. Denn sie hatten erfahren, daß ein lebendiges Andenken in treuer Menschenbrust dauernder und unvergänglicher sei als die tote Inschrift auf Triumphbögen, Säulen, Pyramiden und Reiterbildern, die der Zeit und dem Wetter zum Opfer fallen.«

Gargantua, Kap. 50.

»Merkt also wohl, daß die rechte Art, ein neu erobert Land in guten Stand zu setzen und für sich zu gewinnen, nicht darauf hinausläuft (wie die irrige Meinung gewisser tyrannischer Geister zu eigenem Schaden und Unehre war), die Leute auszuplündern, ihnen Gewalt anzutun, sie zu knechten, übel zu behandeln und mit ehernen Ruten zu streichen... Nein: wie ein neugeboren Kindlein muß man sie auffüttern, in den Armen wiegen und lind behandeln; wie einen frisch gepflanzten Baum sie stützen, festigen, vor allen Gewalttätigkeiten, Ungemach und bösen Zufällen schützen; wie einen Menschen, der nach einer langen, schweren Krankheit wieder zu erstehen anfägt, muß man sie pflegen, schonen und kräftigen. Dergestalt, daß sich in ihnen der Glaube festsetzt, es gebe in der ganzen Welt keinen König noch Fürsten, den sie sich weniger als Feind wünschten und inniger als Freund.«

Pantagruell II, Kap. 1.

– Das, ihr Herren Franzosen von heute, war der Standpunkt eines eurer größten Schriftsteller, des *François Rabelais*.
Und ihr?
Freilich: Rabelais hat im grausamen sechzehnten Jahrhundert gelebt; wir aber erfreuen uns des gebenedeieten zwanzigsten Säkulums, wo aller Mäuler von den Phrasen der Freiheit, Gerechtigkeit und Humanität triefen.

(1918)

Vom Tage

Ein Postulat, von dem wir jetzt viel zu hören bekommen, ist die »Revolutionierung des Geistes«. Zahlreiche düstere Jünglinge haben sich leidenschaftlich dazu bereit erklärt; bloß sind sie sich noch nicht völlig darüber klar geworden, wie man das eigentlich anstellt. Da ist es denn freudig zu begrüßen, daß der große Denker und Freiheitskämpe Erich Mühsam bestem Vernehmen nach entschlossen ist, einen diesbezüglichen Leitfaden in Schüttelreimen zu verfassen. Klarstellungen wie:

> Expropriiert sofort jedwede Rotweinflasche,
> Auf daß sich nimmermehr ein Bürgerfloh drein wasche!

dürften auch dem Minderbegabten die Augen öffnen und den richtigen Weg weisen.

───────

Zum Arbeiter- und Soldatenrat kommt ein Mann und legt ein Stück Leder vor mit der Bitte, die Herren möchten ihm ein Paar Schuhe davon anfertigen. Der Vorstand sagt: »Da müssen Sie zu einem Schuster gehen.« Der Mann wird immer zudringlicher. Der Vorstand belehrt ihn, daß er nicht an der richtigen Stelle sei; sie hätten das Schustern nicht gelernt, folglich könne er auch hier keine Schuhe gemacht bekommen. Darauf der Mann: »Ich dachte, Sie könnten es auch, ohne es gelernt zu haben – *Sie regieren doch auch!*«

Ort: Bremen, Bürozimmer einer Regierungsbehörde.
Zeit: In den ersten Tagen der Revolution.
In das Zimmer, in dem der betreffende Beamte mit seinem Bürofräulein arbeitet, tritt der Soldatenrat in Gestalt zweier Musketiere und erklärt, fortan Oberaufsicht und Verwaltung zu übernehmen. An jeder Seite des Fräuleins wird Platz genommen, beide Räte durchblättern mit gekrauster Stirn die umherliegenden Akten. Nach einer Weile verläßt der eine das Zimmer. Als er wieder zurückkehrt, empfängt ihn sein Mitregent mit den Worten: »Du, Karl, ich habe dies Fräulein mein volles Vertrauen geschenkt, das tu' du auch man.«

(1918)

Die letzten Briefe an Marion Thoma

Rottach 24. Sept. 18

Liebe gute Marion,
Verzeih mir, wenn meine Worte hart waren und Dir weh getan haben. Das war nicht die Absicht. Sie sollten nur ernst sein und meinen Ernst zeigen, an dem Du, wie ich zugebe, manchesmal hast zweifeln dürfen.
Jetzt aber nach Deinem guten und herzlichen Briefe sage ich Dir, daß ich heute so wenig wie je Dein Herz treffen will. Das weiß Gott.
Immer wird Dir meine Hülfe und meine brüderliche, herzliche Freundschaft erhalten bleiben. Und damit ist es ja am Ende dann so, wie es seit acht Jahren war. Alle Vorwürfe schweigen, da wir nun wirklich frei sind und den Versuch aufgeben, einen Schein zu wahren, an den hier niemand glaubte.
Im Gegenteil, gutes Kätzlich, ich wünsche Dir, daß Du ein festes Glück bei einem Manne findest, der innerlich und äußerlich mehr zu Dir paßt, als ich.
Darin hast Du mich ja nie im Unklaren gelassen, und alle Schuld trifft mich.
Aber in langer Einsamkeit bin ich verbittert gewesen und habe mehr gesagt, als notwendig zur vernünftigen Trennung war.
Vergiß das und sage Dir selbst, kleine Marion, daß wir jetzt viel ehrlicher und klüger zu einander stehen, als die ganze Zeit hindurch.
Ich werde immer gut sein zu Dir; darum sollst Du mich gar nicht erst bitten. In so viel Jahren bin ich Dir ein Bruder geworden; eine Ehe, wie man sich das denkt, war ja nicht zwischen uns.

Nun Deine Absicht, hier Lebewohl zu sagen.

Ich muß Dich bitten, in den nächsten Wochen das nicht zu tun, und später auch nur so, daß Dich keine kalte Neugierde verletzen kann.

Jetzt würde es Begegnungen geben, die Dir und mir schmerzlich und peinlich wären, anderen Leuten, auch den Dienstboten, aber Sensation bieten würden.

Das ginge wie ein Feuer in Tegernsee auf und Du würdest gerade das finden, was wir beide ängstlich vermeiden wollen.

Ich komme am Samstag Früh 8 Uhr zu Dir; da sage ich Dir mündlich alles, und Du wirst sehen, daß ich nicht daran denke, hart oder töricht zu sein. Mit Packen hast Du wohl einige Wochen Zeit und Du sollst es nie so einrichten, daß Babett oder Minna den Eindruck von Abschiednehmen haben.

Gewährt mir das Schicksal ein Glück, das ich so sehnlich wünsche und gegen das ich blind war, dann wirst Du, gute Marion, edle Menschlichkeit und ein reiches, von kleinlichen Dingen freies Gemüt finden, das Dir *jede* Kränkung ersparen würde. Nun steht das wohl in weitem Felde, aber ich sage es, weil es der Wahrheit entspricht, und weil es Dir vielleicht auch ein Trost ist.

Zeige den Dienstboten keine Wunde; für die ist das ein begehrter Roman. In etlichen Wochen kommst Du; wenn aber Packen auffällig ist, zeigst Du mir alles und ich schicke es Dir.

Am Samstag sprechen wir ruhig und gut als alte, herzliche Kameraden miteinander. [...] *Immer* werde ich gut zu Dir sein und Dir alles Glück wünschen.

Ludwig

(Datum gemäß Kouvert 25. 9. 18)

Liebes Kätzlich

Nach dem Telefongespräch.

Deine Stimme weint; das mußt nicht tun, Mädel.

Geh, sei tapfer und gescheit. Eheleute haben wir seit so langer Zeit nicht sein wollen und können, gute Kameraden aber waren wir und bleiben wir. Tu's mir zuliebe, und wenn ich wirklich noch ein Familienleben finde, gönn's mir, mein altes Kätzlich, und weine keine Tränen in mein Glück. Die brennen mich und tun mir weh. Und doch können wir alle nicht anders, als unser Schicksal erfüllen.

Gelt, sei ein tapferes Mädel. Ich wette, Dir hat das Leben auch noch manches Schöne aufgespart, und wenn Dich jetzt Schmerzen ernster machen, schält sich erst recht Dein braver Sinn heraus, der unterm Vergnügen ein bissel versteckt geblieben war.

In mir wohnt kein böser Gedanke gegen Dich.

Grüß Dich Gott, und wenn Du an mich denkst, tu es lieb und schwesterlich.

Dein Ludwig

An Conrad Haussmann

Rottach, 1.1.19

Herzlichen Dank für Dein Telegramm, das heute eintraf. Und nun laß Dir einen Roman erzählen, von dem Du etliche, häßliche Kapitel kennst.
Ich gehe auf 15 Jahre zurück. Im Januar 1904 war ich mit Taschner in Nürnberg, wo Ignatz einen Platz ansah. Es handelte sich um eine Brunnenkonkurrenz. Das war bald geschehen; wir gingen dann zu Faber's, und trafen zufällig größere Gesellschaft. Am Abend vorher war Hausball, was wir nicht gewußt hatten. Ich sah damals Fräulein Maidie Feist-Belmont aus Frankfurt a. Main zum erstenmal. Und wußte nicht wie u. warum, fast ohne mit ihr ein paar Worte gewechselt zu haben, blieb mir der tiefste Eindruck zurück.
1½ Jahre war mir der Gedanke an sie der Gedanke an Glück. Aber ich war zu scheu. Man hatte mir gesagt, sie sei reich, die einzige Tochter von Frau Auguste Feist, Inhaberin der Sektfirma.
Frau Dr. Tausch, die recht wohl sah, wie es um mich stand, schwieg, und mir galt dies Schweigen fast als Gewißheit, daß ich keine Hoffnungen hegen könne.
Dann kam der Sommer 1905, in dem ich mein Leben verpfuschte. Kapitel, die Du kennst.
Daß ich Marion auch nach der Scheidung sah, war nicht Abhängigkeit, aber dummes Mitleid. Laß mich darüber rasch weggehen.
Schon im Oktober 1905 sagte mir Frau Ganghofer, daß Fräulein Mädie Feist mich gerne genommen hätte! Hätte sie mir ein Messer ins Herz gestoßen, wär's mir leichter gewesen.
Von dem Tag an war ich unglücklich. Es ist nicht meine Art, über meine Gefühle zu reden u. ich habe nicht bloß gegen Dich, ich habe gegen alle geschwiegen.
Aber innerlich fraß es an mir.
Mein Glück verscherzt, verludert.
Denn das glaubte ich doch, mußte ich glauben. Wie sollte das feine, liebe Ding noch anders als mit Verachtung an mich denken?
Und doch!
1907, 1908, 1909 – jetzt weiß ich es – hätte sie mich an jedem Tag genommen, an dem ich mich befreit hätte.
1910 heiratete sie einen Herrn Willy von Liebermann aus Berlin und wurde unglücklich. Das ausführlich zu schildern, geht heute nicht. Einmal mündlich.
Er brachte diese reizende, aus bestem Hause stammende Frau, deren Eigenschaften sie zum Liebling der Frankfurter Gesellschaft gemacht hatten, in unglaubliche Situationen.
Vier Sommer 1911–1914 war Mädie hier in Egern. Ich sah sie und ihr Kind, wußte nicht, wie unglücklich sie war und scheute mich, sie öfter zu besuchen, um nicht das bißchen Ruhe ganz zu verlieren.
Dann hörte ich 1916, daß sie in schlechten Verhältnissen in Berlin lebte. Ich schickte ihr damals meine Hlg. Nacht. Sie ließ mir mündlich danken.
Heuer – im August – sah ich sie wieder, hier in Egern. Sie war zu Besuch bei einer Freundin.

Und da nahm mich doch das Schicksal endlich beim Kragen u. ließ mich sie endlich bitten, mich zu besuchen.

Sie kam mit ihrer Freundin, kam wieder u. beim drittenmal, als wir allein am Brunnen saßen, machte ich ein paar Bemerkungen über mein verfehltes Leben. Am nächsten Morgen, als ich sie abholte, fragte sie in ihrer schlichten, geraden Art, ob sie das sei, auf die ich angespielt habe.

Ein Wort gab das andere. Wir mußten beide weinen, um ein versäumtes Glück. Aber, laß mich nun kurz sein, von da ab wußten wir, daß wir einander liebten. Wir schrieben uns, im September kam sie wieder; im November ging ich nach Frankfurt zu ihrer Mama – die glücklich ist über die Wendung – u. schon im Oktober hatten wir uns fest versprochen, daß wir nicht mehr von einander lassen.

Im November eröffnete sie das klipp und klar dem Herrn v. Liebermann. Der Ehemann sieht durch Verlust Maidies sich jeder Möglichkeit, weitere Geschäfte auf den Kredit von Feist jun. zu machen, beraubt. Vielleicht ist das Unglück, das er zu empfinden vorgibt, nicht ganz gespielt. Jedenfalls stellt er sich auf den formellen Standpunkt; will nicht einwilligen, verlangt eine Probezeit usw. Indes gibt es hier Auswege. Er hat nichts, seine reichen Brüder werden ihm kaum was geben, u. so wird er am Ende doch die Rente annehmen müssen, die ihm die Familie Feist bietet, wenn er klein beigibt.

Kämpfe wird es noch kosten, doch sie schrecken mich nicht, u. Mädie ist fest entschlossen trotz des Mitleides, das sie mit dem haltlosen Kerl immer noch hat.

Ich werde Dir vielleicht bald mündlich mehr u. näheres sagen, denn Maidie geht nach Stuttgart, um Gesangsstunden zu nehmen, Ruhe zu haben u. sie braucht sie nach den Aufregungen der letzten Monate. Ich hoffe, Du erlaubst mir, sie Dir vorzustellen. Ihre Mama begleitet sie, u. wird die ersten Wochen bei ihr bleiben.

Sie wird Dir gefallen u. Du mußt verstehen, daß mein Leben noch Inhalt haben kann u. einen Zweck, wenn ich sie erringen darf. Um Deinen Rat werde ich Dich mehr wie einmal bitten müssen.

Ich brauche Dir nicht wohl erst zu sagen, daß ich im August an Frau Marion schrieb und ihr eröffnete, daß ich kein Recht mehr hätte, gegen die Meinung der Welt mich gleichgültig zu zeigen.

Das ist restlos vorbei, und ging glatt und ohne Lärm.

Da hast Du meinen Roman. Mögen seine Schlußkapitel versöhnend werden!

Kein Mensch hat je ein schöneres Glück törichter verscherzt, als ich.

Ich habe manches gehört, was Du nicht gesagst hast; ungesprochene Worte können laut klingen u. tief treffen. Aber ich *war* tief unglücklich, Konrad, und trotzig, weil ich es war.

Vom Tage

Es herrschte bis jetzt die üble Gewohnheit, daß den Dienstmädchen, will sagen den Hausbeamtinnen, von der »Herrschaft« bei Auflösung des sogenannten Dienstverhältnisses ein Zeugnis ausgestellt wurde. Mit diesem Unfug muß aufgeräumt werden. Wer rackert sich denn ab, wer sorgt für Reinlichkeit und Essen? Die Hausbeamtin. Wer hat den Vorteil davon und legt die Hände in den Schoß? Die »Herrschaft«. Wir müssen den Stiel umdrehen und gesetzlich festlegen, daß sich von nun ab der faule bürgerliche Genußling von der werktätigen Jungfrau aus dem Volk ein Attest über Wohlverhalten usw. erstatten lassen muß. Ich habe mich diesbezüglich an unsre Mina – wenn ich mich so ausdrücken darf – gewandt, die uns nach zweimonatiger Tätigkeit wieder verlassen will, und folgende Note erhalten:
»Die Frau ist eine indressierde un sizt auf dem schmalshaffen wo mann doch stiffel buzen mus un die beeden sind bargett der Her wahr im Gansen freindlig haber seine Ziehgarn sholten böser sein.«
Ob ich auf Grund dieses Zeugnisses Aussicht habe, im Laufe des nächsten halben Jahres eine Nachfolgerin für Mina zu bekommen, steht allerdings dahin. Aber soziale Gerechtigkeit muß sein – und wir wollen versuchen, uns zu bessern.

Auch bei Mayer & Co. in München hatte sich, der Vorschrift entsprechend in ziemlicher Hast ein Betriebsausschuß gebildet, dessen Wortführer mit dem Getöse freudiger Aufregung in das Privatkontor des Chefs stürmten.
Also, Herr Mayer, jetzt heißt's auf den Boden der Tatsachen...«, rief der Sprecher, hielt aber inne, als er niemand im Zimmer bemerkte. Plötzlich kam es wehmütig unter dem Sofa hervor: »Was wolln Se – ich lieg ja schon seit 'ner Viertelstunde drauf...«

(1919)

Die neue Zeit

Infolge der Unruhen war der alte Bürgermeister der Landgemeinde M. abgegangen und ein neuer erwählt worden, von dem man erwartete, daß er auf völlig modernem Standpunkt stehe. Bald nach dessen Dienstantritt hatte ich Gelegenheit, mit dem Bürgermeister amtlich zu verkehren. »Die moderne Zeit«, so erklärte er, »fordert Selbsthilfe in allen Dingen, der Bürger muß reif werden, das ewige Diktieren und Befehlen muß aufhören.« – »Aber wenn die Allgemeinheit Schaden leidet«, warf ich ein, »muß man doch befehlen und die Anordung durchführen, zum Beispiel bei Verhütung der ansteckenden Krankheiten oder bei dem Kampf gegen den Schmutz.« – Auch da ist Selbsthilfe das beste«, belehrte er mich... Wir durchwanderten die weitausgedehnte Gemeinde und kehrten in einem entlegenen Dorfwirtshaus ein. Der Wirt und seine Kleidung versprachen nichts Besonderes. Ich wollte wieder gehen, aber der Bürgermeister warnte mich, das Selbstbewußtsein des Wirtes zu verletzen. Da ließen wir uns je ein Glas Dünnbier geben, die der Wirt nicht gerade übermäßig freundlich uns hinstieß. Als ich trinken wollte, bemerkte ich am Boden des Getränkes ein Ding, das ich als eine tote Spinne erkannte. »Aber, Herr Bürgermeister«, begann ich, »hier muß man doch etwas anordnen.« Da faltete der Bürgermeister seine Finger, mit denen er eben die brennende Pfeife niedergedrückt hatte, zu einer Zange, fuhr durch das Bier durch, erfaßte die Spinne und schleuderte sie in weitem Bogen weg. »Sagte ich nicht, Herr Bezirksamtmann, Selbsthilfe ist das beste? Prost«, belehrte mich der Gemeindeöberste. – Ich war überzeugt und schwieg.

(1919)

Münchnerinnen

(Die – bisher unveröffentlichte – *Fortsetzung* von Ludwig Thomas Roman »Münchnerinnen«, nach der Handschrift wiedergegeben)

Dem unermüdlichen Rabl war es gelungen, für Schegerer eine spottbillige Jagd ausfindig zu machen und er gab sich nun alle Mühe, ihn zum Pachten zu überreden. Architekt Frühbeis, der sie losbringen wollte, war bei seinen dringenden Geschäften nicht mehr in der Lage, sich dem gesunden, erfrischenden Waidwerke hinzugeben und nur deshalb gab er sie her.
Ein paar Tage war der wackere Eisenhändler unschlüssig, ob er die Gelegenheit ausnützen sollte. Er war nicht ängstlich und berechnend, aber ein Streit mit einer Bochumer Firma, der kurz vorher von einem Gerichtsvollzieher geschlichtet worden war, hatte ihn doch etwas nachdenklich gestimmt.
Zuletzt siegte der unverwüstliche Münchner Lebensmut und Schegerer übernahm zu seinen vielen Ämtern als Kegelwart, Schützenmeister und Vereinsvorstand auch noch die Pflichten eines Jagdpächters von Irnsing.
Was gab es denn Gesünderes für einen viel beschäftigten Bürger, als sich Tage lang im Freien zu ergehen?
Und darum war es unrecht von Frau Resi, ihm diese Erholung zu mißgönnen.
Schegerer war kein Weiberknecht und ließ sich nicht von einmal gefaßten Entschlüssen abbringen.
»A Frau hat da nix mit z'reden«, sagte er. »Überhaupts was verstehst denn du davo? Nix...«
»I versteh so viel, daß du noch mehr Zeit und Geld verlierst und daß dei Gschäft ganz zruck geht...«

»Magst scho o'schneid'n, sag i. Mei G'schäft werst du net verwalt'n müass'n...«
»Dös verwalt'n bald de Leut vom G'richt...«
»Geh? Was du net all's woaßt! I sollt halt den ganzen Tag im Lad'n hocken und mi bucklat arwat'n, daß si die gnä Frau no mehra Kleider und Flinserl kaff'n kunnt. So waars recht. Na kriagat i von dir a Fleißbillet und a Bussi... Net?«
»Dir tuat's not, spott'n. Hast d'scho wieder vergess'n?«
»Vergiß no du net, daß i da Herr bin. Verstand'n? Gschehg'n tuat dös, was i will. I hab de Jagd und mi gfreut de Jagd, und heut auf Mittag rutsch i außi...«
»M...hm...ja... Und 's Nunterrutschen werd net ausbleib'n...«
»Ah was! Red du an den Of'n hi, dös is grad a so!«
»Leider! Vom ersten Tag an war's so, und du hast nie auf mi g'hört.«
»Lern i aa nimmer. Oder sollt i vielleicht d'Mama um Erlaubnis frag'n, ob i Gassi geh derf? Mir waar's genügend... Von dem steht nix in unserm Heiratskontrakt.«
»Aber von dem auch net, daß der Gerichtsvollzieher meine Möbel waggerlt...«
»I dank halt schö. Dös is wieder amal die weibliche Zartheit, daß oan so was unter d' Nas'n grieb'n werd. Beim Aufsteh, beim Niederleg'n, beim Ess'n und bei jeder Gelegenheit...«
»Weils notwendi is, weil du alles verschlampst, alles runterkomma laßt, weil...«
»O'schneid'n hab i gsagt. Jetzt is ausg'redt. Und koa Wort hör i mehr... Himmi kreiz deifi...«
Ein paar Stunden später ging ein vierschrötiger Jägersmann durch die Kaufingerstraße; sein Schritt war schwer und die groben Nägel seiner Schuhe kratzten auf dem Bürgersteige und alles war ächt an ihm, von unten bis oben zur grünen Hubertusmütze, die mit einer langen Fasanenfeder geschmückt war.
Am ächtesten war die Sprache des Herrn Schegerer, der dem ältesten Förster nichts nachgab an derben, waidmännischen Aussprüchen und am Schimpfen über die gescheerten Bauernspitzbuben.
Frau Resi fand Trost in der Überzeugung, daß die neue Passion ihres Mannes das unvermeidliche bloß beschleunige und daß am Ende ein rasches Fallen besser sei, als das langsame und doch unaufhaltsame Hinabgleiten. Sie dachte übrigens nicht viel darüber nach, denn sie nützte die Freiheit, die ihr die Jagdausflüge ihres Mannes verschafften, gründlich aus.
Es gab heitere Abende im Atelier des Malers Nottebohm, an den sich Otto immer mehr angeschlossen hatte, und man traf dort angenehme Gesellschaft, lauter Künstler mit freien Ansichten und freien Damen.
Resi fand Gefallen an Merry und übersah das Vorstädtisch-Stingelwagnersche an ihr.
Es kam zur offenen Aussprache.
»Du bist mir zuerst ein bissel bürgerlich vorkommen, beinah kitschig, weißt d'«, sagte Merry. »Das vertrag ich net und da war ich vielleicht absprechend... gelt?«
Resi bestätigte es lachend.
Das künstlerische Element in Merry hatte sich schon ein bissel ablehnend verhalten.
»Du darfst mir das net nachtragen«, bat Fräulein Stingelwagner. »Solang man sich net kennt, schließt ma sich net an. Und alles, was bürgerlich is, geht userein'

natürlich auf d' Nerven. Aber ich habs ja bald g'merkt, daß ich mich täuscht hab und daß mir verwandte Naturen sein...«

Nach diesem offenen Bekenntnisse kam es gleich zur überströmenden Herzlichkeit und zur innigen Freundschaft.

Mit Paula hatte Resi nicht gebrochen, oder nicht eigentlich.

Aber sie ging nicht mehr zu ihr.

»Mein Gott«, sagte sie, »die Paula is ein gutes Ding, ein Patschi. Ich hab sie gern g'habt und sie is mir noch sympathisch, aber sie hat mich förmlich verantwortlich gmacht für ihr Unglück...«

»Was für a Unglück?« fragte Merry.

»No ja, du hast ja den jungen Menschen g'sehen, den Studenten, der damals neben ihr g'sessen is. Die gute Paula hat die G'schicht viel zu ernst g'nommen und wie 's jetzt kommen is, wie's allaweil kommt, und wie i 's ihr scho lang prophezeit hab, is sie ganz z'samm g'fallen und macht sich hinterdrein G'wissensbiß...«

»So was Kitschiges!« rief Merry.

»Ja, und mir macht sie Vorwürf, weil ich eigentlich schuld wär, daß sie den Menschen kennen g'lernt hat. Ich hab ihr doch net angschafft, daß sie sich verlieben soll! Im Gegenteil, ich hab sie g'warnt, daß sie de Gschicht net übertreib'n soll...«

»So was hat doch überhaupt kein moralischen Wert. —«

»Was meinst d'?«

»Sich mit an Studenten einlassen«, sagte Merry. »Ich wär nie mit so ei'm intim worn. Und wenn einer glaubt hat, er könnt' anbandeln, hab ich ihm sofort abg'wunken. Was bild't sich denn so einer ein?«

Resi nickte zustimmend.

Sie sah im Geiste das Wasermädel Centa mit Studenten schäckern und zweifelte an der Festigkeit allgemeiner Grundsätze.

Aber sie nickte beifällig.

»Es ist so stillos, mit Studenten rumziehen«, sagte Merry. »Mir hat einmal einer, ein sehr netter, eleganter Mensch einen Antrag g'macht. Er war ein Baron aus Preußen und seine Familie is steinreich, aber ich hab einfach net können. Ich hab ihm g'sagt, lieber Baron, die G'schichte hat kein moralischen Wert. Da hat er sich ganz wahnsinnig aufgeführt, und ich hätt nach England nüber sollen, unter allen Umständen und ihn heiraten. »Was is nacha? hab ich ihn g'fragt. Glauben Sie, ich will Zerwürfnisse? Oder glauben Sie, ich dräng mich ein? Das is mir viel zu blöd, hab ich g'sagt...«

Es war gefährlich, auf die Erzählungen Merrys einzugehen, denn ihr Leben war angefüllt mit romantischen Geschehnissen.

»Mich dauert die Paula«, sagte deswegen Resi ablenkend. »Sie war noch ganz unerfahren und hat jedes Wort ernst g'nommen, aber wie g'sagt, ich hab sie g'warnt...«

»Das hilft nix und ma hat kein Dank davon«, erwiderte Merry.

»Ich hab eine Freundin g'habt, eine ungarische Gräfin, die zu ihr'n Vergnügen malen glernt hat. Die hat sich... ich sollts eigentlich net erzählen, aber dir kann ichs ja sag'n... no ja, sie hat sich in ein Modell verliebt. Kannst dir denken, in an ganz gewöhnlichen Menschen. Was hab ich das Mädel bitt' und gwarnt und was hab ich ihr alles vorgstellt! Wilma, hab ich g'sagt, so was gibts doch einfach nicht! Aber das war ja alles umsonst g'redt... eines Tags hat man s' tot aus der Isar zog'n...«

Resi schlürfte schmerzhaft die Luft ein.

»Ah geh... tot?«

Merry nickte ernsthaft und nachtrauernd. Sie blieb doch Siegerin mit der Romantik ihrer Erlebnisse.

Wie konnte noch die Rede sein von Frau Globerger und ihren kleinen Schmerzen, wenn preußische Barone sich in unerwiderter Liebe verzehrten und ungarische Gräfinnen den Tod in den Wellen suchten? Merry weihte ihre Freundin Resi auch in ihre Ansichten über die Leute ein, mit denen man in Nottebohms Atelier zusammentraf.

Da war der Toni Gstür, ein Oberösterreicher, der als Naturbursche mehr Anerkennung fand, wie als Maler. Er wollte der Porträtist der mondänen Frau werden und hatte schon eine ganze Galerie von Theaterdamen und Tänzerinnen gemalt, aber er war, wie Nottebohm sagte, noch nicht kitschig genug, um sich durchzusetzen.

In Gesellschaft gab er sich ungeglättet und brachte immer die Entschuldigung vor, daß er hinterm Kobernauser Wald aufgewachsen sei. Aber er war stets liebenswürdig und wenn er mit neckischem Augenaufschlag fragte, ob er nicht schon wieder einen faux pas gemacht habe, so war es gewiß eine faustdicke und gut berechnete Schmeichelei, die er angebracht hatte.

Merry protegierte ihn und es sagte ihr sehr zu, von ihm um Lehren im guten Ton gebeten zu werden; das führte zu einer Vertraulichkeit, die nicht ganz so unverfänglich war, wie sie sich gab. Vielleicht [lag] darin der Grund, daß sie der stattlichen Hetschipetsch, wie Gstür seine Dame in Erinnerung an eine Süßigkeit nannte, nicht sehr freundlich gesinnt war.

Sie sprach von ihr als von einer ordinären Ladnerin, weil die Hetschipetsch Direktrice in einem angesehenen Konfektionsgeschäfte für Damenhüte war.

Die beiden Damen widersprachen sich immer, wenn sie dazu kamen, ihre Ansichten zu äußern, und Nottebohm mußte sich redliche Mühe geben, um Merry bei dem guten Tone zu halten, dessen anerkannte Lehrerin sie war. Daß er Gefallen an der pikanten, heiteren Hetschipetsch fand, gab noch mehr Grund zur vertrackten Feindseligkeit.

Das Kraftgenie in dem kleinen Kreise war ein Mittenwalder, der seine Aufsehen erregenden Bilder als Baderloisl zeichnete, und bei Vorstellungen immer betonte, er sei hinten vom Isarwinkel her.

Seine Begabung wurde neidlos anerkannt und wer mit ihm zusammen traf, mußte finden, daß die unverwüstliche Frische seines Wesens, seine Stärke, seine Derbheit im Einklange mit seiner Kunst standen.

Wer es nicht fand, wurde von Loisl sogleich darauf hingewiesen. Auch im Verkehr mit Einheimischen betonte er seine Rassenächtheit mit Dialekt und unverfälschter Herzlichkeit. Wenn er aber mit zartbesaiteten Hamburgern oder Bremensern zu tun hatte, die vor einer wilden Naturkraft zurück schaudern, dann geberdete sich Loisl so, als wenn er einem wilden Indianerstamme angehörte.

Nottebohm riet ihm oft, er solle nach Berlin gehen; er würde eine Saison hindurch die Sehenswürdigkeit bilden, der ganze Westen würde sich von ihm malen lassen.

Das Gegenstück zu ihm bildete ein sehr schmiegsamer, von aller Eigenart freier Herr, der den berühmten Namen Puschkin führte. Er behauptete nicht, von dem großen Dichter abzustammen, er hatte nur Anhaltspunkte für die Vermutung seiner Verwandtschaft mit ihm. Sein Wesen war ungemein duldsam und nachsichtig und selbst eine derbe Zurückweisung hinderte ihn nicht am Wiederkommen.

Gstür, der ihn schlecht behandelte, versicherte hoch und heilig, daß er eigentlich Pinkusch heiße und von der unteren Donau herauf gekommen sei.

Puschkins Braut hieß Mathilde Schnurbusch, war die Tochter eines wohlhabenden Papierfabrikanten aus der Umgegend von Leipzig und wollte sich zur Kunstgewerblerin ausbilden.

Dabei war sie an den hingebenden Fedor geraten und hatte an manchen in Leipzig ganz unmöglichen Dingen Gefallen gefunden. Sie war eine blonde, kleine, blutleere Person, anscheinend sanft, aber schmale Lippen, spitze Nase und ein zuweilen aufleuchtender Ausdruck in ihren Augen verrieten dem Menschenkenner ihre Anlage zur Bissigkeit.

Ingenieur Firnkäs war durch Jüngst, der ihn vor kurzem kennengelernt hatte, bei Nottebohm eingeführt worden.

Die Künstler fanden seine Art interessant, ächt amerikanisch, aus dem Vollen schöpfend und ins Große gehend. Da er über seine Münchner Pläne in seiner bestimmten, trockenen Manier Andeutungen machte, hingen sich manche Hoffnungen an ihn. Auch die Damen zeigten ihm die Hochachtung, die man großer Tatkraft und märchenhaftem Reichtum nicht versagen kann.

Resi ging darin, wie sogar ihre Herzensfreundin Merry fand, etwas sehr weit, allein man konnte zu der wohlwollenden Erklärung kommen, daß die Protektion des Amerikaners für Ottibubi ungemein wichtig werden konnte.

Fräulein Schnurbusch wurde, wie man vermuten durfte, von ihrem Bräutigam zur Entfaltung der größten Liebenswürdigkeit überredet.

Ihre Augen leuchteten auf, wenn Firnkäs sprach, sie wiederholte Worte von ihm und sann auffällig darüber nach, sie war ganz Bewunderung, Hingebung und Verständnis.

Nur die Hetschipetsch blieb kühl und ablehnend; sie mochte den Amerikaner nicht und sie warnte Gstür vor ihm.

»Was heißt warnen?« fragte Toni. »Wann du damit sag'n willst, ich soll meine Gölder net bei ihm anlegen, so will ich dir das feierlichst versprechen. Ich hab eh nur mehr dreißig Mark im Besitz und damit wer i kaum spekulirn…«

»Wer weiß, ob ers net nehmet?«

»Dreißig Mark? Aber Hetschipetscherl!«

»Wer weiß, sag i, ob er's net brauch'n könnt?«

»Du, das is ja a Witz! Mir hamm gestern darüber debattiert, wie viele Millionen der Mann hat, und du behauptest, er möchte allenfalls etliche Mark annehmen…«

»I behaupt 's net, i glaub 's bloß.«

Aber dafür muß ma doch Anhaltspunkte hamm. Ich bidd dich. Ein anerkannter amerikanischer Millionär...«
»Von wem is er anerkannt?«
»Allgemein. Der Nottebohm hat gestern wieder im Kaffeehaus die Summen gehört...«
»An dem ist alles fabelhaft; ich glaub ihm net amal sei Amerikanerei...«
Gstür lachte.
»No weißt, Hetschipetscherl, die mußt ihm doch noch lassen...«
»Warum?«
»Das sieht ma doch wirklich... erlaub du mir!«
»So? Natürlich mit die scharfen Künstleraugen... i hab aber auch was g'sehn...«
»Und das wäre?«
»Und das wäre... nur net so von oben runter, lieber Toni... und das wäre, daß der Herr gar nix Amerikanisches anhat. Der Hut, der Anzug, d' Schuh... nix is von drüben...«
»Vermutlich tragt er seine Sachen net lang, und wann er schon zwei Jahr herüben is...«
»Sein Mantel tragt er scho fünf Jahr und der is von an Augsburger Schneider...«
»Wie willst du des wissen?«
»Weil d' Firma in der innern Tasch'n steht, und das weiß i, weil i den Mantel neulich visitiert hab. Im Gang heraußen, weißt...«
»Ich staune. Du bist ja der reine Sherlock Holmes...«
»Gar net, aber i hab so meine Ahnungen. Und mach'n laß i mi net gern...«
Gstür blieb stehen.
»Hetschipetsch, ich fasse die Sache aber doch sehr ernst auf. Man müßte unsere Bekannten warnen...«
»Sei so gut und rühr da was auf! Du weißt doch nix...«
»Aber...«
»Red nix und wart's ruhig ab. Mir wern scho wieder was erleb'n...«
»Wieder...«, sagte Gstür und nickte zustimmend. »Es ist merkwürdig, daß man in München allaweil auf solche Existenzen mit dem g'wissen Hautgout stoßt...«
»Und no merkwürdiger, daß ihr jedsmal drauf rei fallts.«
»Wie?«
»Ja ihr. So oft ihr den fremden Hautgout in d' Nas'n kriegts. Ich erinner mich an allerhand, weißt Tonerl...«
»No... die Kunst ist amal eine gewisse Freimaurerei...«
»Die Sprüch kenna ma... Die Freimaurerei hat noch kein arma Teufel g'holfen, wie er a anständiger Deutscher war...«
»Den Vorwurf kannst du noch viel mehr deinen geliebten Mitbürgern machen. So schwerfällig die Herrschaften sind, für's G'sindel hamm sie doch ein merkwürdiges Faible...«
»Das Faible ist net so groß; die Leut meinen nur, sie dürfen kei eigens Urteil hab'n und müssen alles annehmen, was ihr ihnen serviets...«
»Scho wieder mir...«
»'s geistige München... weißt. Vielleicht g'hörst du net dazu... und gut Nacht...«

»Hetschipetscherl?«

»Nix... i muß morgn sehr früh ins Gschäft...«

»Aber bei einer Tasse Tee könnt'n wir dieses interessante Thema noch erschöpfender behandeln...«

»I dank dir schö... i mag's heut nimmer so interessant haben... gut Nacht!«

Die Tür schnappte zu.

*

Wohin hatte Paula den Brief gelegt? Doch in die oberste Schublade der Kommode unter eine Schachtel? Oder hatte sie ihn unter die Lampe gesteckt? Sie suchte. Aber sie war viel zu abgespannt, viel zu müde, um sich aufzuregen.

Es war möglich, daß sie ihn in ihrer Ledertasche verwahrt hatte. Aber da war er auch nicht.

War jemand im Zimmer gewesen? Hatte man den Brief gefunden? Sie konnte sich nicht ängstigen, obwohl der Inhalt gefährlich war. Der häßliche Abschied des Herrn Franz von Riggauer, der bedauerte, daß seine gut gemeinte Vorsicht so gänzlich mißverstanden worden war, dem aber dieses Mißverstehen zeigte, daß es für beide Teile das beste wäre, zur herzlichen Seelenfreundschaft zurückzukehren. Er war gekränkt worden, er verzieh und er wollte Zeit seines Lebens eine dankbare Erinnerung an schöne Stunden bewahren.

Die Versicherung, daß der Abschied für beide Teile notwendig und nützlich geworden sei, wiederholte sich und Paula verstand, daß er damit jeden Versuch einer Annäherung zurückweisen wollte. Es war überflüssig.

Sie hatte gleich gewußt, daß alles aus war, obwohl kein hartes Wort gesprochen worden war. Was bedeuten Worte?

Die freundlichen schmerzen erst recht tief, wenn sie falsch klingen und mitleidlosen Eigennutz nicht mehr verstecken können.

Sie war eine arglose Natur, gläubig und vertrauend; sie hatte jede Ängstlichkeit abgelegt und hätte sich offen und rückhaltlos zu ihrer Liebe bekannt.

Koketterie war ihr fremd und sie zeigte ihre wachsende Ängstlichkeit, ohne zu ahnen, daß ihre Hingebung Bedenken in Franz erregen konnte.

Gerade darum empfand sie seine Abweisung wie eine rohe Mißhandlung, für die sie kein Verständnis hatte, aber sie begriff auch, daß darin völlige Entfremdung lag.

Sie wußte, daß es zu Ende war, aber sie wußte nicht, wie sie es ertragen sollte.

Eine quälende Ruhelosigkeit trieb sie aus dem Hause [,] und in den Straßen rief ihr alles glückliche Stunden ins Gedächtnis.

War das alles wirklich noch das gleiche, wie damals? Die Häuser, die Läden mit ihren Auslagen, die Menschen? Ging dieses Leben unverändert weiter und nur das ihrige war mit einem Male so leer und zwecklos geworden?

Vor dem Schaukasten eines Fotografen, den sie mit ihm betrachtet hatte, blieb sie wie besinnungslos stehen.

Es waren dieselben Bilder; ein paar lächelnde Damen, ein bedeutend blickender

Mann, einige Kinder. Ob es auch andere schon so grausam empfunden hatten, daß diese Dinge blieben, wenn um sie her alles versank?

Sie lief weg, irgend wohin und dann überkam sie ein Gefühl von Müdigkeit, daß sie nur das eine Verlangen hatte, auszuruhen und nichts mehr zu denken.

Aus der Frauenkirche kamen Leute heraus; die Türen des hölzernen Vorbaues öffneten sich, fielen zu, öffneten sich wieder.

Da trat sie ein und setzte sich auf eine Bank.

Die Dämmerung in dem hohen Raume tat ihr wohl, und es war so feierlich still; ihre ruhelosen, durcheinanderjagenden Gedanken lenkten sich auf etwas Bestimmtes, von der Gegenwart hinweg auf Vergangenes. In dieser Kirche war sie gefirmt worden; sie sah die Stelle, wo sie in weißem Kleide gestanden hatte neben der Frau Göd, der braven, dicken Frau Uhrmacherin Antretter. »Wennst wieder im weißen Kleidl in der Kirchen stehst, is zum Heirat'n«, hatte sie gesagt. »O mei, wie lang werd's dauern, und die Zeit is da, und nacha kummt dös und dös. 's Leb'n is was G'spaßig's, und am gspaßigsten is, wie schnell 's vergeht...«

Ja – und was es einem alles bringt. Sie merkte jetzt erst, daß Leute vor den Beichtstühlen standen.

In den, der ihr zu nächst war, trat gerade ein alter Mann ein, kniete nieder und hielt den Hut vors Gesicht.

Ob den was drückte? Oder ob er nur beichtete, um seiner Pflicht nachzukommen? Es fiel ihr ein, daß sie etliche Jahre nicht mehr gebeichtet hatte. Nicht, weil sie dagegen war; aus Gleichgültigkeit. Es ist eine Zeit, da denkt man an all das nicht mehr. Kirchenbesuch, Kommunion, alle die Dinge, die einem so ans Herz gelegt worden waren, vergißt man.

Und eigentlich, was tritt an die Stelle dieser Pflichten? Nichts.

Sie dachte darüber nach, wie sie interesselos, gedankenlos von einem Tag zum andern gelebt hatte, wie sich das alles verwischt hatte, Wochentage und Feiertage, Feste und Bräuche. Und wie es doch schöner gewesen war, als so vieles noch Sinn und Bedeutung gehabt hatte.

Ob sie in dem Beichtstuhle Hülfe gegen ihre Schmerzen finden würde?

Der Gedanke hatte sich kaum in ihr festgesetzt, so wurde er zum Verlangen. Gerade trat der alte Mann heraus, schlug das Kreuz und ging langsam weg.

Paula erhob sich zögernd, und dann schritt sie rasch zum Beichtstuhle.

Als sie sich auf die schmale Bank niederkniete, erinnerte sie die unbequeme Stellung und das harte Holz an die Kinderzeit.

Sie sagte stockend die Formel her; der Anfang fiel ihr nicht gleich ein, aber sie kam darüber weg. Als sie an die Stelle kam: daß ich seit meiner letzten Beichte, die... die...

Sie stockte wieder, weil sie sich schämte, daß es so lange Zeit her war, und weil sie auch nicht mehr wußte, wann sie zuletzt gebeichtet hatte.

Der Geistliche, ein alter Herr mit weißen Haaren, half ihr darüber weg; er schien gütig zu sein, aber als sie bekannt hatte, fand er nur harte Worte für das, was sie kaum als Schuld erkannte.

Ihr Herz verschloß sich gegen diese Strenge, die keine Entschuldigung gelten ließ, die von ihrem Rechte nichts wissen wollte, und als er verlangte, daß sie ihrem

Manne ein offenes, reumütiges Geständnis ablegen und erst dann wieder um Lossprechung von ihrer Sünde bitten sollte, ging sie ungerührt weg.

Sie dachte kaum darüber nach, wie schlecht die drohenden Vorhaltungen des Geistlichen auf ihr Eheleben paßten und daß eine Formel ohne Inhalt kein unverletzliches Gesetz sein könnte.

Aber sie stellte sich vor, wie es wäre, wenn sie die Forderung des Geistlichen erfüllte.

Benno würde ihr das Geständnis mehr verübeln, als ihre Verfehlung, weil es ihn zu einem bestimmten Entschlusse zwänge.

Und doch würde er nur auf paar bombastische Redensarten, eine verlogene Phrase aufbringen, würde weder ehrlich zürnen noch ehrlich verzeihen.

Eine widerliche Szene, bei der ihre Reue nicht weniger falsch wie sein gekränktes Ehrgefühl wäre. Hätte sie das Gefühl gehabt, daß ihre Untreue Benno wirklich schmerzen würde, so wäre sie davor zurückgeschreckt, und hätte sie nachträglich daran geglaubt, dann wäre ihr ein Geständnis leichter gefallen, als diese Gewißheit, daß ihre Verfehlung, wie alles, was sie so nah berührte, ihrem Manne gleichgültig sei. Als sie um die Essenszeit heimkam, merkte sie wohl, daß Bennos Mutter etwas gegen sie hatte; sie gab ihr kaum den Gruß zurück und streifte sie mit einem feindseligen Blick.

Auch Benno hatte eine finstere Miene aufgesetzt und sprach beim Essen kein Wort.

Früher hätte sich Paula durch dieses Schweigen bedrückt gefühlt, in ihrer jetzigen Stimmung achtete sie kaum darauf. Sie richtete ein paar gleichgültige Worte an ihre Schwiegermutter und fragte, ob sie ihr ein Billet zu einer Vorstellung im Gärtnertheater besorgen solle.

Ein alter Münchner Schauspieler gastierte und Frau Globerger hatte etliche Tage vorher den Wunsch geäußerst, ihn zu sehen.

»Ich geh net ins Theater«, erwiderte die Alte.

»Ich hab gmeint...«

»Na, mir is gar net drum. Ma erlebt a so mehra Theater, als gut is.«

Paula fragte nicht weiter, und Frau Globerger kaute mit zorniger Energie ein paar Brocken Fleisch. Dabei sah sie starr gegen die Wand hin. Dann richtete sie einen langen Blick auf ihren Sohn und tätschelte plötzlich seine Hand.

Als er aufstand, um das Zimmer zu verlassen, erhob sie sich hastig und ging ihm nach.

Paula hörte ihre halblauten Stimmen vor der Türe; nun horchte sie doch auf und merkte, daß die beiden miteinander die Stiege hinaufgingen. Wahrscheinlich ins Zimmer der Alten. Ein Verdacht wurde in ihr rege.

Sie eilte in ihr Zimmer und suchte nach dem Briefe, den Franz ihr geschrieben hatte.

Er fand sich nirgends und nun hatte sie eine Erklärung für das Benehmen der beiden.

Auch recht.

Wenn Benno sie zur Rede stellte, wollte sie nichts bemänteln, wollte sie ihm sagen, daß sie es leid sei, neben einem gleichgültigen Menschen zu leben.

Es sollte nur aus sein; das war doch längst keine Ehe mehr.
Eigentlich wars nie eine gewesen. Aber es kam nicht zur Aussprache.
Droben im Zimmer fragte Frau Globerger ihren Sohn:
»Also, was is jetzt?«
»Was werd sei!« knurrte er.
»Ja, du muaßt doch mit ihr red'n! Du muaßt sie doch zur Red stell'n, was der Briaf bedeut...«
»I will dir was sag'n, Mutter; eigentlich solltst di du net gar so dreimisch'n... dös siecht net schö aus...«
»So is recht! Jetzt sol i mir no Grobheiten sagen lassen, weil i zufällig den Brief g'fund'n hab...«
»M...hm...ja...zuafälli...«
»Jawoi, zuafällig... i tat scho bitt'n... dös kam ja raus, als wenn i spioniert hätt... I dank schö... i hätt's viel liaba net gwißt, die Sach is net so schö, daß ma d' Nas'n gern neisteckt... aber wenn da Briaf ganz off'n daliegt... hätt i vielleicht d' Aug'n zuadruck'n soll'n? Oder is dös vielleicht net mei Pflicht und Schuldigkeit, daß i dia 's sag? Geht's net di z'allererst o?«
»Von dem sagt ma net und i wer aa meine Autorität wahr'n...«
»Dei Autorität! Na bist d' net amal so viel Mannsbild, daß d' hergehst und fragst energisch, wia und was und verlangst Red und Antwort, was dös für Erinnerungen san vom dem feina Herrn da!«
»Das wird im gegebenen Zeitpunkt schon geschehen«, sagte Benno, der sich einer Situation gleich besser gewachsen fühlte, wenn er hochdeutsch sprach.
»Den Zeitpunkt kenn i...«
»Ich laß mich nicht drängen und überhaupt werd ich schon wissen, warum ich momentan nicht sofort mit der Tür ins Haus falle...«
»O Jessas! Hör auf mit de Sprüch! Sag halt glei, du laßt dir alls g'fall'n...«
»Ich lasse mir gar nichts gefallen. Bis jetzt hab ich bloß Verdachtsmomente, aber bald ich den unwiderleglichen Beweis habe, werd ich die Konsequenzen ziehen. Da brauch ich keinen Rat dazu...«
»Auf deutsch, du sagst also gar nix?«
»Ich sag genau das, was ich für richtig halte...«
»I woaß scho... i kenn mi scho aus... aba dös sag i dir, von mir kriagt de Frau koa guats Wort mehr. I brauch koan gegebenen Zeitpunkt, i woaß heut scho, wia du dran bist... und mir hat scho lang nix mehr gfall'n... scho lang nimma... de Ausgab'n, de Kleiderpracht, de Hüat... was a richtige Frau is, macht so was net... I bin firti mit mein Urteil...«
»Schön...«
»Na, gar net schö! Nix weniger wia schö...«
»Wenn ich vorgehe, geh ich radikal vor und zu diesem Zweck muß ich Material haben. Wegen dem Brief allein kann ich net das äußerste veranlassen...«
»Zur Red stell'n kannst a's...«
»Das will ich vorläufig net. Zur Red stellen und schimpfen und wieder versöhnen ist nicht in meiner Natur gelegen. Verstanden? In dem Augenblick, wo ich in dieser betreffenden Sache das erste Wort spreche, will ich auch das letzte Wort sagen.

Adiö, da ist die Tür. Das Halbe hat in solchen Situationen keinen Zweck nicht. Ich weiß ganz genau, was ich will...«

»Dös werd guat sei. Auf jed'n Fall woaß i 's aa und daß i ihr vielleicht wieder schö tua, dös brauchst dir net ein'z'bilden...«

»In dieser Beziehung schreib ich dir nix vor, aber meine Maßnahmen triff ich ganz allein...«

Benno fühlte sich erleichtert, als die Unterredung zu Ende war; seine Art war recht gemacht zum passiven Widerstand, aber gegen die hartnäckig bohrenden Angriffe der Alten konnte er ihn nur mit Mühe aufrecht erhalten.

Die Möglichkeit, daß ihm Paula untreu gewesen war, setzte seinem Gemüte nicht zu, die Gewißheit aber wäre ihm äußerst unbequem gewesen. Er hätte dann streng oder großmütig sein müssen und beides hätte ihm fade Szenen gebracht und ihn für etliche Tage aus seinen Gewohnheiten gerissen.

Der Zustand aber, so wie er war, sagte ihm zu. Er gab ihm Anlaß und Recht, seine häuslichen Pflichten ganz zu vernachlässigen und als gekränkter Biedermann mit düsterer Miene herumzugehen.

Im Grunde beschäftigte ihn der Zwischenfall nicht.

Er richtete bloß ein einziges Selbstgespräch an Paula, die er im Geiste sehr schuldbewußt, in flehender Stellung vor sich sah.

»So... so... Madame? Man betrügt mich? Sie – ich lege das vertrauliche Du ein für allemal ab – Sie haben mein Vertrauen mißbraucht. Die Konsequenzen ergeben sich ganz von selbst. Vielleicht haben Sie den Takt, diese Konsequenzen ohne Aufsehen zu ziehen. Sie verstehen nicht? Ich möchte nicht deutlicher werden. Und damit ein für allemal: Schluß! Wir haben uns beide geirrt. Guten Tag Madame!«

Eine leise Neigung des Kopfes, eine hoheitsvolle und doch höfliche Bewegung der Hand, die unsichtbare Paula wankte schluchzend hinaus. Das Drama war zu Ende.

Aber dieses Selbstgespräch wiederholte sich nicht und das war ein sicheres Zeichen dafür, daß Benno nicht heftig bewegt war.

Über Paula aber war eine Gleichgültigkeit gekommen, die sie alle täglich wiederholten, kaum mehr versteckten Bosheiten der alten Frau ertragen ließ.

Hätten ihre Eltern noch gelebt, wäre sie wohl zu ihnen zurückgegangen; ihr Bruder aber hätte sie nicht bei sich aufnehmen können, da seine Frau von jeher gegen Paula eingenommen war.

So mußte sie sich sagen, daß sie nirgends eine Zuflucht hatte, wenn sie ihren Mann verließ.

Manchmal überlegte sie, ob sie sich nicht eine eigene, wenn auch noch so bescheidene Existenz gründen könnte, aber sie sah nirgends eine Möglichkeit.

Und sie wußte niemand, den sie um Rat hätte fragen können.

Wenn sie sich vornahm, sich auf Zeitungsinserate hin, die reichlichen Nebenverdienst verhießen, zu melden, stand sie gleich wieder davon ab.

Sie war zu müde, um einen bestimmten Plan zu verfolgen.

Zwar sah sie voraus, daß es über kurz oder lang zum Bruche kommen müsse, aber sie dachte, es wäre dann immer noch Zeit, einen Entschluß zu fassen, und recht eigentlich hatte sie kein Interesse an ihrer Zukunft. Da war alles grau in grau.

Sie lebte teilnahmslos von einem Tag auf den andern und es regte sich kaum Unmut in ihr [wenn] die Alte mit merklicher Absicht ihrem Sohn Münchner Skandalgeschichten erzählte.
Es wurde gerade ein Prozeß gegen eine Postsekretär geführt, der seiner verschwenderischen und leichtsinnigen Frau zu liebe Unterschlagungen begangen hatte.
Die Zeitung erging sich darüber mit behaglicher Breite und Frau Globerger fand viele Dinge, die ihr zu spitzigen und sehr deutlichen Anspielungen verhalfen.
Paula überhörte sie.
Aber die klägliche Rache, die Benno mit Bemerkungen über weibliche Untreue nahm, flößte ihr Widerwillen ein.
Er hatte nicht den Mut gehabt, mit ihr ernsthaft zu reden, und nun fand der kleinliche Mensch eine Befriedigung in versteckten Drohungen.
Wenn er so dasaß, schmatzend und mit vollen Backen kauend und ein paar Roheiten vor sich hin knurrend, durchschaute sie seine feige, hinterhältige Natur.
Aber sie schwieg.

*

Ehe er sichs recht versah und eigentlich ohne seinen Willen war Benno in die Geschäfte des Herrn Schmid-[unleserliche Buchstaben] verstrickt. Man hatte ihm den Kauf eines neugebauten Hauses im unteren Schwabing als eine so günstige Gelegenheit zu leichtem Gewinne geschildert, daß er seine Bedenken aufgab, besonders, da er keine Anzahlung leisten mußte und eigentlich nur seinen Namen herzugeben hatte. Das Ersuchen, das man in jener Konferenz der Bodenverwertungsgesellschaft an ihn gestellt hatte, war ihm unbequem gewesen.
Er hatte sich zwar vorgenommen, seine alte Base Hartwig gelegentlich zu besuchen, verschob es dann von einem Tag zum anderen, und kam nach einer Woche ganz davon ab.
Wenn er eine Sache ernstlich anfassen sollte, stellten sich ihm sogleich Schwierigkeiten und Verdrießlichkeiten in Menge vor Augen und kühlten seinen Eifer ab.
Damit begann er dann auch, sich triftige Gründe für die Unterlassung auszudenken und in diesem Falle konnte er sogar ehrenwerte, moralische Bedenken gegen die lästige Aufgabe ins Feld führen.
Nach einiger Zeit fragte Justizrat Hiergeist brieflich an, ob Herr Globerger in der Angelegenheit etwas getan habe.

(1919)

Herr Nachbar,

wenn Sie jetzt die Wiener Enthüllungen gelesen haben, ballen Sie die Zeitung zusammen, blicken sehr finster drein und sagen: »Wir sind in unerhörter Weise betrogen worden.«

Damit haben sie das Schlagwort nachgesprochen, das in Deutschland wieder einmal dazu dient, über das Nachdenken wegzukommen.

Aber Sie sind ja gar nicht betrogen worden, und Sie haben nicht das Recht, heute erstaunt und wütend zu sein.

Es sind Staaten und Völker untergegangen, weil sie morsch und verbraucht waren. Ihr Staat, Herr Nachbar, ist von ein paar Leuten vernichtet worden, als er im besten Wachstume war, als er von Kraft und Gesundheit strotzte.

Und er ist nicht heimlich, aus tückischen Absichten von unheimlichen Feinden des Landes, er ist offen, vor Ihren Augen von Ihresgleichen zerstört worden. Wer hat Sie betrogen?

Von dem Tage, an dem ein Dilettant in natürlicher Abneigung gegen wahre Größe das Schamgefühl der ganzen Welt durch die Entlassung Bismarcks verletzte, bis zu dem Tage, an dem ein Reichskanzler Glück und Größe des Reiches, das Leben von Millionen für ein österreichisches Ultimatum einsetzte, das er nicht einmal kannte, führt eine ununterbrochene Linie abwärts. Wenn Sie, Herr Nachbar, einstmals den Mut gehabt hätten, treu zu sein, wenn Dank in Philisterseelen wohnte, dann hätten Sie mit geringem Aufwand von Seelenstärke sich selber gerettet.

Hätten Sie nur ein wenig Festigkeit gezeigt gegen jene Autorität, die keine war, die nichts war als Aufgeblasenheit, dann gäbe es heute noch ein Deutsches Reich.

Die österreichischen Diplomaten, die Deutschland als willensloses Werkzeug mißbrauchen durften, haben erst erzogen werden müssen durch die langjährige Regierung Wilhelms II. Und diese kläglichste aller Erscheinungen, die jämmerlichste Politik im Operettenstile war nur möglich, weil Sie sind, wie Sie sind, Herr Nachbar.

Erinnern Sie sich noch, wie Ihnen Schnurrbart und Uniform Caprivis als Ersatz für den Alten gelten konnten? Als er die blöde Redensart vom Manne »ohne Ar und Halm« in die Welt setzte, waren Sie da nicht entzückt?

Mit welchem gleichgültigen Behagen nahmen Sie den Bruch mit Rußland hin! Und als der Gründer des Reiches die Unvernunft und Ruchlosigkeit dieser Politik tadelte, als er warnte, baten Sie ihn da nicht, er möge schweigen?

Gab es damals nicht das alle Philisterseelen befriedigende Wort vom Manne, der schimpfend hinter dem Reichswagen herlaufe?

Der sah den Abgrund, dem der Wagen führerlos entgegenrollte, und er ließ seinen Ruf erschallen, um Ihnen die Gefahr zu zeigen.

Heute reden Sie davon, daß Sie betrogen worden seien.

Zwei Tage nach der Entlassung Bismarcks war der alte Hohenlohe in Berlin. Der Kaiser gab ein Freudendiner im »Weißen Saale«.

»Man hatte zwei Musikkorps einander gegenüber aufgestellt, und wenn eins aufhörte, fing das andere an zu trompeten. Es war kaum zum Aushalten.«

Schreibt Hohenlohe, und er berichtet, wie Stosch sich freute, daß der große Mann (Bismarck) nicht mehr zu fürchten sei. »Er freute sich wie ein Schneekönig. *Dies behagliche Gefühl ist hier vorherrschend.*«
Auch bei Ihnen war es vorherrschend, Herr Nachbar, und die Politik, bei der immer einer zu trompeten anfing, wenn der andere aufhörte, gefiel Ihnen.
Bismarck war kein Staatsmann für Sie, recht wohl haben Sie sich doch nur unter dem glatten Bülow gefühlt. Der ölige Herr, dem harte, nüchterne Arbeit so fremd und die Phrase so vertraut war, erfüllte jede Forderung, die Sie an die Politik stellten; er traf Ihren Geschmack, weil er tief innerlich mit Ihnen verwandt war.
Auch er hat Sie nicht betrogen, er kam nur Ihren Instinkten entgegen.
Der Träger der Krone, dessen häßlichste Tat Ihre stillschweigende Billigung fand, gewann immer mehr Ihre Zuneigung, und er gewann sie gerade durch die theatralische Geste, durch die Reden, die uns das Mißtrauen wie die Mißachtung der Welt eintrugen. Ihnen gefiel er, weil ihm der Schein immer mehr galt als das Wesen der Dinge, weil er für das Kleinste wie für das Größte eine banale Redensart fand.
Heute sind Sie wütend darüber, daß sich der deutsche Reichskanzler im letzten Stadium einer Krise blind und willenslos den Intrigen österreichischer Diplomaten auslieferte, aber Sie waren entzückt, als der Kaiser etliche Jahre vorher die gleiche gewissenlose Torheit als »Nibelungentreue« feierte.
Die Phrase hat Ihre Bedenken aufgehoben, und doch, Herr Nachbar, eine einzige nachdenkliche Stunde, verwandt auf die Lektüre von »Bismarcks Gedanken und Erinnerungen«, hätte Sie über die furchtbare Gefahr aufklären müssen.
Sie waren gewarnt, in der eindringlichsten Form, gewarnt von einem Manne, dessen Worte Ihnen höher stehen mußten als alles.
Sie haben die Warnungen in den Wind geschlagen und doch sagen Sie heute, daß Sie betrogen worden seien.
Man hat Sie nicht betrogen, man hat Sie in Ihrem Sinne, nach Ihrem Geschmacke regiert. Daran sind wir zugrunde gegangen.

(1919)

Hinterweltliches

Mancher wird sich aus der Vorkriegszeit des katholischen Theologieprofessors Bautz in Münster erinnern, der über die Örtlichkeiten und Zustände der andern Welt so genau Bescheid wußte, daß man ihn den Topographen des Jenseits nannte. Vor einiger Zeit ist dieser Mann der Erfahrungswissenschaft in das jenseitige Gelände abgegangen, um seine theologische Generalstabskarte an Ort und Stelle zu erproben.
Er hat aber in dem evangelischen Theologieprofessor und Geheimen Konsistorialrat Paul Feine in Halle einen würdigen Nachfolger gefunden. Dieser folgert

nämlich (in seinem Buche »Das Leben nach dem Tode«, Leipzig 1918, S. 64f.) aus Matthäus 26,29, daß es auch im zukünftigen Leben »eine Nahrungsaufnahme geben wird«, gesteht dann aber: »Wir wissen nicht, ob das Essen und Trinken in jener Welt wird zubereitet werden müssen wie in dieser Welt, oder ob es uns mühelos zufallen wird.«

Warum auf einmal so bescheiden und verlegen? Ob es im Himmel auch Kocherln geben oder ob es Manna regnen wird, sollte ein braver rechtgläubiger Theologe doch noch entscheiden können. Ja, bei längerem Nachdenken müßten sich ihm sicher noch weitere und tiefere Geheimnisse enthüllen. Es seien ihm folgende Fragepunkte empfohlen:

Werden im Himmel je nach den Stufen der Seligkeit verschiedene Speisefolgen verabreicht?

Haben Geheime Konsistorialräte Zutritt zur Küche, um in die Haferln zu gucken?

Bekommen die Verdammten Münchner Kriegsbrot mit Dotschen?

Welche Stammwürze hat das Bier im himmlischen Hofbräuhaus?

Was zahlen die Kriegs- und Revolutionsgewinnler in der Schlemmergaststätte »Zum Teufel Bitru« für eine Flasche Rotwein aus der Hofkellerei weiland S. M. des Pharao Ramses II.?

Gibt es drüben – wegen Matthäus 15,17 – auch ein WC oder fällt das Genossene »mühelos ab«?

Die große Münchner Revolution anno 1919

Erst der spätere Geschichtsschreiber würde imstande sein, die große »geistige Bewegung«, die sich im April 1919 von Schwabing her über Au und Giesing hinwälzte, ebenso voll zu würdigen, wie die edlen Motive, die das werktätige Volk der bienenfleißigen Steinträger, Eckmaurer, der muskelstarken Brotzeitgenossen, der Giesinger »Zavaliere« und jener kühnen Jäger fürwahr, die auf den Schwanthalerhöhen die Geschosse treiben, zur Wut entfachten.

Der Mitlebende muß sich bescheiden, Tatsachen und Handlungen, die unser Land mit ewigem Ruhme bedeckten, die der Väter würdig waren und unsere Nachkommen begeistern werden, zu berichten, und wohl mag es ihm auch vergönnt sein, den darin sich zeigenden Hochsinn zu betonen.

Welche innigen Beziehungen das Volk der Bajuwaren an die Nation der Schlawiner von jeher knüpfte, ist bekannt, aber erst der neuesten Zeit blieb es vorbehalten, ihren gänzlichen Zusammenhang vor der Welt zu zeigen.

Immer haben breite Klassen der Bevölkerung Münchens, vor allem viele Zimmervermieterinnen, Kellnerinnen, Schuhmacher und Schneider den lebhaftesten Briefwechsel mit der galizischen Nation unterhalten und zahllos waren die Klagen beim Wegzuge der Kosmopoliten.

Es mag die lohnene Aufgabe einer späteren Erforschung sein, den Gründen nachzugehen, die eine so nahe Seelenverwandtschaft zwischen dem rauhen

Stenz am Isarstrande und dem zartbesaiteten Schmock vom Weichselufer herbeiführten.

Jedenfalls diese Verwandtschaft ist da und sie hat zu allermeist jene großartige Erhebung ermöglicht. Erst als jedes polnische Dorf die durchgeistigten Nachkommen der getragenen Kleiderhändler, die Söhne der goldenen Sieben und Neun, nach München entsandt hatte, war der Nährboden geschaffen, auf dem sich das schwerfälligere Volk der Bajuwaren zu freiheitlichen Ideen durchringen konnte. War früher über den Weißwurst-Äquator, als welchen man die Donau bezeichnete, kaum jemals moderner Geist hinübergedrungen, so flutete jetzt eine Lichtquelle aus dem Osten über das Land. Das Herzerquickende dieser Erscheinung liegt nicht zuletzt in der absoluten Jugendlichkeit der Träger dieser Ideen.

Hatte das alte System jene entsittlichende Forderung hochgehalten, daß verknöcherte Bildungsgänge erst den Anspruch auf Ämter und Würden begründen durften, und daß im mühsamen Trott eine bestimmte Reife erlangt sein mußte, so brachte der unmündige Sohn des gebrauchten Herrenkleiderhändlers eine Umwälzung der Begriffe herbei und befreite die Menschheit von dem Fluche der Kenntnisse der Arbeit und von dem Gebote der Mündigkeit. [...]

Damit war viel oder alles gewonnen, der Weg war frei für die Idee.

Das geistige Galizien bemächtigte sich des Amtssiegels, das es bis dahin nur auf Zahlungsbefehl und Gerichtsvollzieher-Protokollen, als leidender Teil erblickt hatte. Aus dem Schwabinger Viertel, wo es in der Umgebung des Siegestores die Mietzinse schuldig geblieben war, zog es triumphierend in die Regierungsgebäude ein und nicht länger mehr schluckte es die bittere Schale des unbezahlten Kaffees im Stefanie.

Die Preßfreiheit der Banknoten führte ihm Mittel zu, wie sie kaum den elterlichen Nahrungsmittelschiebern und Kettenhändlern zur Verfügung standen.

Willig und begeistert fügte sich die bayerische Hauptstadt dem neuen Regimente und hier mag auch gesagt werden, daß der Vorwurf des Fremdenhasses, der so lange auf dem Lande gelastet hatte, nicht glänzender hätte widerlegt werden können, als es im glorreichen April 1919 geschah.

Mag sein, daß der vom ehemaligen Starkbier umnebelte Intellekt des Altmünchners sich grollend gegen das Fremde des nördlichen Deutschtums gewandt hatte, gegen Osten hin setzte er seiner Zuneigung keine Grenzen und der Halbasiate aus dem fernen Tarnopol stand mit ihm sogleich auf dem besten Plattfuße.

Ja, er räumte ihm willig und gerne die Herrschaft ein und wo sich etwa noch ein Groll aus früheren Anschauungen regte, erschien er durch das Leichtbier derartig verdünnt, daß er als Machtfaktor nicht in Betracht kam.

München ergab sich der Intelligenz; zum Zeichen der Unterwerfung trug der letzte Bürger seinen furchtbaren Zimmerstutzen auf die Polizei; die Mitglieder des Winzerer Fähnleins lieferten ihre Mordwaffe, die Armbrust, ab, und die Gilden der Handwerksmeister, die Kälberpraxer und Unterhändler entfernten die trotzigen Gemsbärte von ihren Hüten, um die Söhne Galiziens nicht durch allzu kriegerisches Aussehen zu beleidigen. Das Bild Ludwigs prangte nicht mehr auf den Hosenträgern der Volkstrachtenerhaltungsvereinsmitglieder, selbst der Cha-

rivari* klirrte nicht mehr auf dem einheimischen Bauch des Urmünchners. Er wurde als Wahrzeichen des alten Systems ängstlich versteckt. Es gab nichts Angestammtes mehr. Die Entwicklung von Wittels–bach zu Isidor Bach war vollzogen.
Mit Hammer und Meißel stemmte der Geschäftsmann den Hoflieferantentitel von seinem Schilde und damit die Schmach von seinem Namen ab. Freilich stellte mancher Hof-Charkutier mehr Gesinnung als Würste aus, aber er war entschlossen und bereit, seine Wurstspritze ausschließlich in den Dienst der Proletarier zu stellen und sein Schweinernes nie mehr in Beziehung zu dem ehemaligen Hof zu bringen.
Nicht minder lebhaft schlossen sich geistige Münchner der Umwälzung an. Allen voran die Neu-Künstler, die unfreiwilligen kleinen Moritze des Kubismus, die in der Bewegung die langersehnte Befreiung von den eklen Geboten des Könnens sahen.
Neben ihnen jauchzten die stammverwandten Dichter, die das Stottern in die Literatur eingeführt haben, dem Lichte entgegen. Ihren Kampf gegen die deutsche Sprache krönte nun der herrlichste Sieg. Aber nicht nur jene, die mit Fug und Recht feucht hinter den Ohren sind, waren mit Begeisterung ergriffen, auch ältere Herzen schlugen schneller und mancher unterm alten System schon steif gewordene Ehemann zeigte eine staunenswerte Behendigkeit im Wechsel der Gesinnung und das lebhafte Rot, das sie zur Schau trugen, war deutlich als Schminke erkennbar und stammte nicht von falscher Scham her. München, das ein rücksichtsloser Herrscherwille mit Gewalt zu einer Kunststadt gemacht hatte, in dem ganze Straßen, so viele Gebäude und Kunstdenkmäler die traurige Geschichte monarchischen Eigenwillens erzählen, war endlich von seiner deutschen Tradition befreit.
Höhnisch lächelnd sah der intelligente Neu-Münchner das »L« als Wahrzeichen prangen. Ihm bedeutete es nicht mehr den Namenszug des Erbauers der Pinakotheken, ihn wies es auf die großen Männer der Zeit: Levin und Leviné.
So reichlich nun auch die Saat der Freiheit aus Halbasien geliefert wurde, so mußte doch der Boden bereitet sein, um sie aufzunehmen. Und er war bereitet.
Das werktätigste Volk Münchens, jene Brotzeit-Genossen, die ich schon erwähnte, war entschlossen, mit den furchtbaren Mißbräuchen und Zuständen vergangener Zeiten zu brechen.
Um das recht zu verstehen, muß man den abgrundtiefen Haß kennen, der in München die Partei der Großkopfeten von jener der Kleinkopfeten schied.
Schon der Name »Großkopfet« drückt die unsägliche Verachtung aus, die man gegen diese Menschengattung hegte, und in der Tat, der Reichtum oder auch nur die Wohlhabenheit, die sie etwa durch Erbschaft, Spekulation oder noch schlimmer, durch Arbeit errungen hatten, war wohl geeignet, grenzenlose Erbitterung hervorzurufen.
Das Volk, welches zwischen Karneval und Salvator, zwischen Salvator und Maibock, zwischen Maibock und Oktoberfest zähneknirschend sein Leben hinge-

* Anhänger an der Uhrkette

bracht hatte, mußte es mit ansehen, wie dieser Reichtum in üppigster Weise verschleudert wurde.

Keuchte der bienenfleißige Steinträger von der Arbeitsstätte heim, so mußte er nicht selten sehen, wie am belebtesten Platze der Stadt, hinter großen Fenstern, die Partei der Großkopfeten saß und Märzenbier schlürfte.

Der kleine Mann, der etwa als Unterhändler ganze Nachmittage im Kaffeehause seinem mühseligen Erwerb nachging, mußte zusehen, wie neben ihm an allen Tischen das üppige Volk Karten spielte; im Hofbräuhaus war es den Kleinen und Geplagten nicht vergönnt, unter sich zu sein.

Mit aufgestemmten Ellenbogen räkelte sich auch dort das großkopfete München in die Tische hinein und dazu gesellte sich oft der Hohn, daß man die Armen dazu verführte, die Bierreste auszutrinken.

Wenn jene kühnen Jäger am frühen Morgen von den Schwanthalerhöhen zum »Donisl« herniederstiegen, um sich endlich zu erquicken, stießen sie auf übermütige Scharen beiderlei Geschlechts, die dort nach durchwachten Nächten weiterschlemmten. In den Vorstädten, draußen im üppigen Bogenhausen besonders, rollten Equipagen durch die Straßen zum Theater hin und die Insassen ahnten wohl nicht, welche Flüche hinter ihnen herschallten. Murrend schob der Dienstmann den Sündenlohn des Trinkgeldes ein. Grollend sah der bienenfleißige Steinträger, wie das Mädchen aus dem Volke ins Deutsche Theater wankte, um dort die Nächte hindurch die Redouten zu bevölkern.

Was soll ich erst von den Gefühlen jener Ärmsten und Elendesten sagen, die auf der Festwiese gegen Bezahlung die Schaukeln hutschten? Die vor den Hühnerbratereien standen und sahen, wie sich die Großkopfeten mit höhnischem Lachen steirische Gockel zum Mahle holten?

Ausbeutung fürwahr und Verhöhnung zugleich!

Wer hätte nie die gramgebeugten Gestalten jener Weiber gesehen, die Brezen und Rettiche in Körben schleppten und von Tisch zu Tisch gingen, um diese Viktualien mühsam zu verkaufen!

Kurz, der Zustand war unerträglich geworden; München war reif zur Revolution. Und nun kam jene herzerfreuende Zeit, in der die Kleinsten die Größten wurden. Eine Fülle von Talenten machte sich offenbar.

Alteingesessene, bewährte »Stadelheimer«*, tiefgründige Kenner des Strafgesetzbuches, bemächtigten sich der Polizei. In jenen Räumen, wo der übermütige Jurist geschaltet hatte, saßen nunmehr die kühnen Jäger von den Giesinger- und Schwanthalerhöhen und vernichteten jene verruchten Listen, die gegen sie und die im Freien schweifenden Gazellen der Vorstädte angelegt waren.

Schien es doch fast ein neckisches Spiel mit vertauschten Rollen zu sein!

Kari als Polizeipräsident, Lucke als Stadtkommandant, Kari als Leiter der Finanzen, Lucke als Bankdirektor, Kari als Kultusreferent, Lucke als Hochschulrat usw. Wer in früheren Tagen das Polizeigebäude betrat, sah sogleich die Spuren eines vertierten Militarismus um sich herum; eine lähmende Stille herrschte in den Gängen, niedergebeugt durch eine grausame Subordination, schlichen die

---

* Stadelheim ist das Strafgefängnis Münchens

Schreibsklaven durch die Gänge. Betrat man ein Büro, so blitzte ein hochmütiger Beamter durch Brillengläser den Eintretenden an, seine Untergebenen aber wagten nicht aufzublicken, die Federn kratzten über das Papier, die Tinte floß und wo ein Gespräch geführt wurde, geschah es flüsternd.

Mit einem Schlage war das Polizeigebäude ein Tempel des Frohsinns geworden.

Taufrische Buben, die soeben aus der Feiertagsschule entlassen waren, standen, die Mützen keck aufs Ohr gestülpt, im Gange herum, aber auch den Ernst ihrer Stellung zeigten sie durch die Handgranaten, die sie am Gürtel trugen. Fröhliche Mädchen hüpften von Büro zu Büro und beteiligten sich an den Beratungen.

Der Dosch Hansi als Polizeipräsident, der, selbst aus altem Zuchthaus-Adel stammend, die Straßen Münchens oft im gelben Zeiserlwagen durcheilt hatte, war fieberhaft tätig, um die im geheimen aufgestapelten Vorräte an Nahrungsmitteln, Bargeld, Wertpapieren und Wertgegenständen aufstöbern zu lassen. Die ertappten Besitzer wurden vor ihn geführt und mußten die wackeren Leute, die ihre Sachen weggetragen hatten, mit hohen Beträgen entlohnen; hartnäckige Eigentümer, die schwer zu öffnende Geldschränke besaßen, wurden mit extra Strafen belegt.

Das Verhör der vor Angst schlotternden Hausbesitzer vollzog sich unter Begleiterscheinungen, welche die naive Frische der erwachten Volksseele offenbarten. Tändelnd und scherzend saßen und lagen die Liebespaare im Zimmer herum, derbe Kosenamen und Scherzworte flogen von einer Ecke zur anderen, und die weiblichen Naturkinder Giesings zeigten alle ihre Eigentümlichkeiten, wegen deren sie in früheren Zeiten nicht selten in die Keller dieses nämlichen Gebäudes gefangen eingebracht worden waren.

Die Schutzleute aber, die natürlichen Feinde der freiheitlichen Morgenröte,

(Zeichnung von E. Thöny)

standen entwaffnet im Hofe und mußten mit Wut im Herzen dem Treiben ihrer alten Arrestantinnen zusehen.

In der Residenz aber, im alten Sitz der Tyrannei, feierte die Freiheit ihre schönsten Feste. Mit einem der Ironie nicht entbehrenden Feingefühle hatte sich der Kommunist gerade die Prunksäle, die alte Gewalthaber mit gleißender Pracht ausgestattet hatten, zu Stätten proletarischer Einfachheit erkoren.

Auf dem Seidendamast der Sessel, auf denen einstmals duftige Reifröcke und bunte Escarpins gesessen waren, zerschnitt der kleine Spartakist seinen Leberkäs, auf die schweren, schöngewirkten Teppiche, über die früher zierlichste Atlasschuhe hingehuscht waren, spuckte das natürliche Mädchen aus dem Lehel ihre Bierschnecken, und in kindlich naivem Spiele zerschnitt es mit der Nationalwaffe, dem im Griffe feststehenden Messer, die schnöden Gemälde alter Zeiten, die Schlachten oder Hoffeste und ähnliche Kulturschandtaten darstellten. In die Schnitzerei der Wandverkleidung schlug der Volkssoldat Nägel ein, um daran Gewehr und Tornister zu hängen, und um die völlige Befreiung von alten Vorurteilen darzutun, pflanzten Jünglinge und Mädchen in die Ecken der Säle zahlreiche Kakteen.

Dieser Vorgang hatte etwas Rührendes an sich; zeigte er doch, wie rasch sich die Ärmsten der Armen in diesen Stätten einer vergangenen Tyrannei heimisch fühlten.

Es war selbstverständlich, daß die Revolution als vorzugsweise geistige Bewegung, sogleich eine gründliche Reform der alten Bildungsstätten vornahm.

Die bürgerliche Wissenschaft, also das Gesamtgebiet der bis April 1919 in einigen Jahrtausenden aufgestapelten Bildungsstoffe, wurde mit einem Federstriche aufgehoben und als Bildungsschwindel der Verachtung preisgegeben; ihre Verkünder wurden sofort entlassen. Es war eine weltgeschichtliche Tat von kaum abzuschätzender Bedeutung, als auf den Kathedern, die von bürgerlichen Professoren so häufig entweiht worden waren, endlich die Blüte Schwabings erschien.

Jeder Unterschied zwischen Lehrenden und Lernenden war aufgehoben; die Tochter des galizischen Kleiderhändlers, die gestern in der Schulbank saß, stand heute auf dem Podium und half mit, das neue Bildungsgut zu verbreiten.

Ihnen standen an jugendlichem Frohsinne die revolutionären Mittelschüler nicht nach, die sogleich daran gingen, ihre national verbildeten Professoren abzusetzen.

Hand in Hand mit der segensreichen Arbeit für öffentliche Sicherheit, für Bildung und Freiheit mußte natürlich auch eine kluge Finanzverwaltung gehen.

Die Ursachen der Armut liegen stets in Mangel am Gelde. Dies rechtzeitig erkannt zu haben ist wiederum ein Verdienst des frischen, unverbildeten Proletariertums, das nunmehr zur Herrschaft gelangt war. Der weitere Schritt war die Einsicht, daß die beiden raschesten und billigsten Arten der Geldbeschaffung darin bestehen, es anderen zu nehmen und es zu machen.

Über die erste Methode konnte man sich nicht völlig einigen, aber die zweite wurde um so energischer und eifriger betrieben. Da man Papier genug hatte und jede beliebige Ziffer darauf drucken konnte, war das Ei des Kolumbus gefunden. Die Republik war mit einem Schlage reich und ging einer ungeahnten Blüte entgegen, als die Entwicklung durch den brutalen Eingriff der Reaktion unterbrochen wurde.

Es ist hier nicht meine Aufgabe, den jähen Sturz der ruhmreichen Räterepublik zu schildern, aber der echte Freiheitsfreund wird ihn stets mit blutendem Herzen beklagen.

Als damals die tapferen Scharen der Roten Garde durch die Dachauer Straße zurückströmten, als sich die Führer der Bewegung in Sicherheit brachten, um das geistige Element der Revolution für später zu erhalten, als der Schlawiner die Gefahr des Kampfes edel und selbstlos den tieferstehenden Genossen aus Bayern überließ, da brach das Reich der Jugendlichen zusammen.

Bald zeigte München wieder das alte Bild.

Verschwunden waren die Wahrzeichen der Freiheit, die Maschinengewehre aus der Halle des Bahnhofes, verschwunden waren die Gazellen der Vorstädte aus dem Polizeigebäude, leer standen die Säle der Königspaläste, in denen die Liebe ohne Heimlichkeit Feste gefeiert hatte.

Nur die Kakteen blühten noch in allen Ecken der Prunkgemächer, der Kasernensäle, kurz aller Stätten, wo der Kommunismus getagt hatte, und sie erinnerten mit ihrer Flora an die edle Bewegung, die hier ihre großen Tage gehabt hatte.

Das Bürgertum erhob wieder sein Haupt. Der trotzige Gemsbart wehte auf den Hüten der von ihrer Angst befreiten, der Charivari klirrte und wie lange noch, dann prangt auf den hohen Trägern zwischen Alpenrosen und Edelweiß das Bild des Volkslieblings.

(1919)

Die Sonnenfinsternis

»Is scho da aa«, sagt der Knoll-Kaspar und schaut durch das angerußte Glas die Sonne an, in der oben ein Halbrund wie ausgeschnitten ist.

»Wia, laß mi aa durchischaug'n!«, bittet die Knollin, und der Bauer gibt ihr das Glas.

Dabei brummt er: »Was vasteht denn a Weibsbild von selle Sachen?«

»Ah! Ah! Ah!« macht die Knollin. »Jetza schaugt d' Sunna gnetta so aus, wia da Halbmond. Ah so was! Daß's so was aa geb'n ko!«

»Dös ist halt der Mond«, erklärt der Knoll. »Dös is da Mond, der wo si zuawischiabt«.

»Ja wia geht na dös? Da draht si nacha der auf oamal ganz anderst?« fragt die Knollin.

»Ah was! Er schiabt si halt amal zuawi. Net wahr? Dös siehgst do durch's Glasel!«

»Scho, aba daß er si auf oamal anderst draht und in d'Sunn einikimmt, dös vahsteh i net.«

»Weils ös Weibsbilda überhaupts nix vastehts«, sagt der Knoll und geht in's Haus hinein.
Und die Knollin schüttelt den Kopf und möcht gern so g'scheit sein, wie er.
Aber meine lieben Leut, dösmal war die Bäuerin gleich gscheiter, wie er, der wo alles besser versteht.
Nämlich, es müßte eigentlich bei jedem Neumond, wo der Mond zwischen Erde und Sonne steht, eine Sonnenfinsternis eintreten, wenn die Bahn der Erde mit der Bahn des Mondes in einer Ebene liegen würde.
Bloß weil das nicht der Fall ist, sondern weil beide Ebenen gegen einander geneigt sind, kann eine Sonnenfinsternis eintreten, wenn sich der Neumond in der Nähe eines Knotens befindet.
Die Sonnenfinsternis wird auf der Erde nicht überall gleich gesehen, es kommt darauf an, wo einer steht.
Anno 1905 hat man sie am schönsten und größten in Spanien gesehen, wo man sie heuer so bemerkt hat, daß der Mond die ganze Sonne zudeckt, weiß der Miesbacher Anzeiger vorläufig noch nicht.
Daß fein Niemand glaubt, mit der Sonnenfinsternis sei's genau so, wie mit der Mondfinsternis!
Das wär falsch.
Bei der Mondfinsternis wird der Mond wirklich verfinstert, bei der Sonnenfinsternis wird die Sonne bloß verdeckt und finster wird es dadurch bloß auf der Erde.
Wir sehen aber, die Knollin hätt es gleich besser erraten, wie der Knoll, aber wissen tun's alle zwei nichts.
Und der Miesbacher Anzeiger weiß es auch nicht; der hat es im Konversationslexikon gelesen. Das macht aber nichts. In Berlin droben reden sie auch von der Relativität und vom Einstein und wissen nicht viel mehr, als daß es nichts zum Essen ist.
Die Hauptsach ist, daß man dergleichen tut, und wenn mans richtig betrachtet, wird überhaupt viel geredet und wenig verstanden.
Bei der gescheitesten Unterhaltung sagt einer bloß das, was er gestern gelesen hat.

(1921)

Spitzbuben-Politik

Vor ein paar Tagen hat ein blutroter Hund gebellt, der zu denen gehört, die das Beißen und Gebissenwerden den Dummen überlassen, und er hat seine Rede mit den Worten geschlossen: *Tötet den Staat!*
Das ist deutlich und wir können uns ohne Aufregung darauf einrichten, daß wir, wenn das Gesindel schon den Mut hat, anzufangen, um das Leben des Staates noch einmal kämpfen müssen. Ganz recht! Es gibt viele Leute unter uns, die das seit einem Jahr sagen und darauf hinweisen, daß die Mordbrennerbande im Mai

1919 viel zu glimpflich weggekommen ist. Damals stand das feige Ministerium Hofmann jeder energischen Maßregel im Wege und die Quittung für diese Unterlassungen hören wir ja: *Tötet den Staat!*

Er hat aber mehr Leben in sich, als sich so ein vorstädtischer Strizziführer denkt, und das Experiment, das in der Zeit der schwersten Sorgen einem Lumpenhund für kurze Zeit geglückt ist, wird nicht mehr glücken. Wenn es die bezahlten Schufte versuchen wollen, läßt sich von unserer Seite aus wenig dagegen sagen.

Die Luft würde stark gereinigt werden, und so viel wir von der Sache wissen und verstehen, wird es die erste Sorge sein, diesmal die »intellektuellen« Hintermänner des Umsturzes mit bluten zu lassen. Wir möchten aber nicht Drohung mit Drohung erwidern. Lassen wir sie schreien: *Tötet den Staat!* Aber wenn einer nur die Miene verzieht, um Ernst zu machen – *dann Landsleute, wollen wir zugreifen.*

Wenn man richtig nachdenkt über das, was gerade jetzt wieder geschieht, so muß man sagen, daß die Kommunisten und Unabhängigen in der schönen roten Gesellschaft *nicht die Widerlichsten sind.* Den Vorrang haben schon die Mehrheitssozi, die nach rechts und links lügen, die die Staatsmänner spielen und dem Raubgesindel schmeicheln, die sich mit jeder Gemeinheit die Gunst des Mordpöbels erringen wollen und auf der anderen Seite wieder als die Retter des deutschen Volkes die Backen aufblasen. Diese Schleicher, diese Wohldiener der niedrigsten Instinkte müßt ihr recht erkennen.

Sie sündigen auf eure Leichtgläubigkeit und noch mehr auf eure Vergeßlichkeit und sie muten euch zu, daß ihr euch noch hinterher blind und taub stellt gegen die Jämmerlichkeit ihres Benehmens, die sie über ein halbes Jahr, vom November 1918 bis Mai 1919, bewiesen haben. Sie haben damals in der ersten Stunde vor Eisner und vor dem Straßenpöbel kapituliert, sie gaben sofort die Macht 20jährigen Lausbuben in die Hände und zitterten in ihren Kanzleien, wenn auf den Plätzen der Stadt München das rotzigste Maulheldentum der Levin, Toller, des besoffenen Mühsam, des Landauer usw. regierte. Wenn sie Miene machten, dem Hexensabbath entgegenzutreten, brauchte bloß [...] ein Sträfling, wie Egelhofer, auf die Handgranate hinzudeuten, dann kuschten diese großen Staatsmänner und verleugneten ihre Worte, ihre Absichten und ihre Unterschriften.

Nur nicht vergessen, wie an den Plakatsäulen der Aufruf zur Bildung einer Schutzwehr angeschlagen war und wie sich auf einen Pfiff des Pöbels die tapferen Retter der Stadt verschloffen haben!

Und wie machen sie es jetzt? Am 24. März »dekretieren« diese aufgeblasenen Schwätzer, daß die Einwohnerwehr zu entwaffnen sei, und sie »drohen« mit den schärfsten Maßregeln.

Diese Leute, die vor jedem Sauhaufen unreifer Buben zitterten, erklären dem ganzen bayerischen Volke den Krieg! Warum? Weil sie darauf rechnen, daß unsere anständige Gesinnung, unsere Sorge ums Land, unsere Gesittung sie schützt vor der unmittelbaren Gefährdung ihres teuren Wohlbefindens.

Das, nur das gibt ihnen den Mut, gegen uns frech zu sein, und die andere Erwägung, daß wir ja doch den Pöbel niederhalten werden, gibt ihnen den weiteren Mut, diesem Pöbel, den sie fürchten, Dienste zu leisten.

Wenn diese Leute glaubten, daß bei uns der Mob nur einen Tag obenauf kommen könnte, wären sie die ersten, die die Herren von Kahr um festes Auftreten anflehen würden, und wir könnten ihre Hilferufe wieder an den Plakatsäulen lesen.

Nicht *wir, sie* zittern vor der Möglichkeit der Entwaffnung, und nur, weil sie wissen, daß wir fest bleiben, sind sie frech. Nur darum spielen sie mit der Revolution, weil sie sich überzeugt habe, daß sie nicht losgehen kann.

So glauben sie, ihr Gesicht nach rechts und links wahren zu können und wühlen und hetzen im sicheren Schutze, den ihnen das verhaßte Regime Kahr gewährt.

(1921)

An Maidi von Liebermann

Rottach, 28. Juli 20

Nun ist das auch vorbei. Mein teurer Ludwig schläft im Friedhof weiter; vor 8 Tagen hat er am schönen Abend das Bild der Egerer Kirche vor sich wohl nicht daran gedacht, daß in langen Jahren dort sein Platz sein werde.

Das Begräbnis war würdig und eindrucksvoll. Ein Münchner Opernchor von 16 Mann sang ergreifend schön, sonst wars ländlich, wie es Brauch u. Sitte ist. Thinka hielt sich tapfer; sie mußte freilich von Gustl gestützt werden, aber doch war sie still, und dieses Schweigen war ergreifend. Der Regen störte den tiefen Ernst nicht; Bernstein sprach nach dem Pfarrer; vielleicht liest Du seine schöne, brave Rede. Auch der Pfarrer sprach mit einer Wärme, die ich noch nie an einem Geistlichen sah, ein paar Deputationen, ein gutes Bauernmädel, das ihm Edelweiß u. Alpenrosen ins Grab legte sagte einen sehr schlichten Vers von Jemand, den du kennst u. angeblich liebst.

Musik, u. die drei Schuß für den Inhaber des eisernen Kreuzes, die du auch einmal krachen hörst, den Präsentiermarsch u. dann viele schlichte brave Menschen, die ihm drei Schaufeln Erde u. Weihwasser gaben.

Bürgermeister Borst, Professor v. d. Leyen, General Lehmann, der Schwiegersohn vom Verleger Bonz in Stuttgart, sonst eigentlich niemand von Klang u. Namen, Dreher, Hofrat Beck, Fürst Henkell-Donnersmarck, Trefz von den N. N., eine Deputation von Berchtesgaden.

Die Gebirgsschützen waren ausgerückt, die Feuerwehr, die Schützengesellschaft von Tegernsee.

Die gute Heddy stand bei mir, u. Frau v. d. Leyen hielt den Schirm über mich, da ich ihr erbarmte, bloßkopf, u. den Schirm geschlossen.

Zylinder? Nein; mein schwarzer weicher Hut genügte auch in der Hand, ein schwarzer Sommerüberzieher, der dunkle Anzug. Zylinder hasse ich; das paßt auch nicht zu mir. Das gehört in die Friedrichstraße u. Monokle dazu. Ich bin Altbayer u. kein Galizier.

10 Jäger in Gebirgstracht, von denn 6 den Sarg trugen; unendlich viele Kränze u. Blumen; Almrosen vom Herzog, Latschen von Gustl. Freilich bin u. war ich viel im Trauerhause. Im Heim von diesem lieben, warmherzigen Mann. Wenn ich gehen wollte, ließ mich Thinka bitten, zu bleiben. Ich bin ihr ein Stück von Ludwig. Nach der Beerdigung aßen wir bei Ganghofer, etwa 30 Leute, den Rehrücken, den ich vor 8 Tagen für Ludwig hinschickte.

Er hat Ruhe und schläft – wir andern? Ich muß mich mit dem brennenden Heimweh abfinden, das ich nach seiner Liebe jetzt erst recht stark empfinde.

Was war das schön, rasch zu ihm hinüber, froh werden, Heimat fühlen. Er freute sich so über meinen Jagerloisl, so rückhaltlos, offen und ehrlich. Ists auch bescheiden, ist es doch gut, das fühlte er.

Heft für Heft trug ich zu ihm, er las u. drängte auf Fortsetzung. Was für ein gutes Lachen um seinen Mund, als Du kamst u. er uns beide zusammen sah! Ach ja, Mädle, liebes gutes Mädle.

In der Todesnacht sagte die arme Thinka: »Ludwig, nimm Mädie bald zu Dir, das Leben ist so kurz u. gar nichts hat Wert wie das.«

Ich denke jetzt so reuevoll an 1904, 1905. Warum schwieg ich? Warum redete ich nicht mit diesem lieben Freund?

Mein Leben, Dein Leben – wie anders wärs geworden!

Aber Du sollst Schutz u. Ruhe u. Glück haben, das habe ich jetzt dem lieben Toten erst recht versprochen...

Ich werde so viel geplagt um Nachrufe oder Erinnerungen an Ludwig. Jetzt geht es nicht, doch später will ich mir Mühe geben dem Pfarrer zu folgen, der heut am Grabe sagte: Den ganzen Wert des Mannes werde wohl der dazu Berufenste, sein bester Freund, dem bayrischen Volke schildern – Will ich auch.

Und neben ihm liegen will ich auch einmal; ich kaufe in diesen Tagen den Platz. Still natürlich, ohne es wem andern, als Dir zu sagen. Magst auch einmal hin – als altes Mutterchen? Denk Dir, am Tegernsee, daheim.

An Maidi von Liebermann

Rottach, 27. April 1921

Jetzt sitz' ich wieder allein in der Stube und korrigiere den »Ruepp« und denk' daran, wie nett und lieb es war, als Du daneben saßest und über die Lonimuatta lachtest.

Du meinst immer, wenn ich ruhig und still bin, daß ich anders sei, wie 1918. Das ist nur äußerlich. Schau, Mädel, die Zeit macht nachdenklich und schweigsam, und wer kein leerer Pappler ist oder ein junger Kerl, der das Recht zum Leichtsinn hat, der ist eben erregt.

Ich denke so viel an Dich und immer lieb, aber auch da mischt sich dann die Trauer um die Vergangenheit ein, die so anders hätte sein können. Du mußt mein

Schweigen und meine Ruhe verstehen und nicht Gleichgültigkeit darin sehen. Ich war immer heißblütig dabei für unser Deutschland, schon als kleiner Bengel. Viel temperamentvoller als Ihr Frankfurter, die Ihr so merkwürdig passiv sein könnt.
Und jetzt ist alles, was ich meiner Lebtag haßte, obenauf. Die Hundsfranzosen, die Sozi, das Gesindel, die Schwätzer. Und alles, was ich so liebte, ist im Untergang. Da ist schwer fröhlich sein.

Rottach, 12. 5. 21 Donnerstag

Das Telegramm schickte ich schon ab, und verlangte es eine Viertelstunde später zurück. Ich *muß* am Dienstag in München sein, jedenfalls auch Mittwoch früh. Die Bitte Geheebs ist dringend, es handelt sich wahrscheinlich um ernste, geschäftliche Dinge, da wir in allen besetzten Gebieten verboten werden und jetzt mit dem Einfall der Franzosen ins Ruhrgebiet wieder noch größere Schwierigkeiten haben.
Auf 2 Tage Heidelberg, noch dazu mit Mama und Bubi, und in dieser traurigen, niedergeschmetterten Stimmung, das wäre nur Qual für Dich und mich. Ich kann mir das Herz nicht aus dem Leib schneiden und gedankenlos heiter sein. Wenns andere können, ich bin unfähig dazu. Ich bin nicht hart, Maidi, und ich tue, was ich *kann*, um Dir zu zeigen, daß ich Dich lieb habe. Tust Du es? An Ostern sagtest Du so bestimmt, Du wolltest Pfingsten hier sein. Nun ist wieder Heidelberg die Losung – und doch fährst Du danach nach Frankfurt und hast Bubi und Mama. Bloß der äußerliche Grund, an Pfingsten mit ihnen zu sein ist viel stärker, wie Dein Wunsch *endlich* einmal an einem Feste mit mir zu sein. Du redest von Deinen Pflichten so, als wäre jedes Versäumnis unmöglich – ich mit so viel mehr, und am Ende auch ernsteren – vorerst noch – ich soll in dieser Zeit etwas tun, was so gegen meine Natur ist.
Glaubst Du ich bleibe aus Laune und zu meinem Vergnügen hier? Ich habe hier auch keine Freude, gar keine; nicht die allermindeste. Ich suche Vergessen, muß es suchen, weil das, was jetzt geschieht, so an mir zehrt, wie eine Krankheit. Ich kann mich nicht mit Phrasen trösten, ich weiß, wie alles zum Schlimmen drängt. Ich denke gar nicht an mich. Ob ich in meinen Jahren ein paar Freuden entbehren muß, das ist mir wurst, aber daß ich wie ein landfremder, gedankenarmer Commis-voyageur dem Untergang der Heimat zuschauen soll, wer glaubt das, wenn er mich kennt? Ich bin in München geflohen, weil ich lachende und schwätzende Menschen nicht ertrage. Ich könnte Sehnsucht haben mit einem Manne, der so denkt, wie ich, zu reden. Und wenn mir das fehlt, suche ich Trost oder Betäubung in einem Buche. Warum Du mich so wenig darin verstehst, weiß ich nicht. Vielleicht habt Ihr in Frankfurt das Motto »Grübeln hilft nichts«. Ich möchte die Kunst verstehen, Gedanken zu vertreiben, die so schmerzen – oder ich möchte es nicht einmal. Sonst wäre ich nie gewesen, was ich am Ende doch bin und war. Lacht Ihr und redet von morgen, ich kann nicht mittun, ich kann nicht.

Glaubst Du, es ist schön, mutterseelenallein am Pfingstsonntag hier hocken, den Frühling sehen und das fühlen, was ich fühle? Ob es wichtiger war, mit Bubi in Kümmelbach zu sein, oder mir doch zu zeigen, daß ich nicht ganz allein stehe und am Ende doch noch eine Aufgabe habe, das mußt Du wissen. Ausflüge machen! Und wissen, daß in der gleichen Stunde Deutsche wie herrenlose Hunde niedergeschossen werden. Sich freuen! Und vor sich selber erschrecken, wenn man lacht.

Ihr, Du und Mama, Ihr nehmt das als sonderbare Laune, was nichts ist als Zorn und Schmerz, wenn ich das Liebste auf der Welt, die alte deutsche Heimat vernichten sehe.

Warum verstehen wir uns darin nicht? Ich weiß es nicht, aber ich kann mich nicht ändern...

Anhang

Nachbemerkung

Die Kommentierung des Bandes beschränkt sich auf die Erläuterung von Stellen, die ohne Erklärungen nicht voll verständlich wären. Solche sind den Quellennachweisen beigefügt. Ebenso erhellt die nachfolgende »Chronologie der Daten von Ludwig Thomas Leben und Werken« historische und biographische Zusammenhänge. Nicht erläutert sind aber z. B. Namen, deren Stellenwert sich annähernd durch den Kontext ergibt. Im übrigen wurden für diesen Band Werke ausgewählt, die sich selbst weitgehend erklären, die durch sich selbst wirken und nicht erst durch eine Kommentierung.

Bei der Wiedergabe der Texte dieses Bandes wurde die Orthographie vorsichtig dem heutigen Stand angeglichen, der ursprüngliche Lautstand sowie die Getrennt- und Zusammenschreibung wurden jedoch beibehalten, ebenso die Zeichensetzung einschließlich der Apostrophe, die Thoma, vor allem in den Handschriften, nicht konsequent setzt. Nur in seltenen Fällen, wo das Verständnis des Satzes es erforderte, wurde ein Komma eingesetzt.

In eckigen Klammern stehende Zusätze sowie Kürzungen, durch drei Punkte in eckigen Klammern gekennzeichnet, stammen vom Herausgeber.

Die der Chronologie nachfolgenden Quellennachweise nennen die Erstdrucke (= unsere Druckvorlage) der hier aufgenommenen Werke und geben an, unter welchem Pseudonym diese erschienen sind bzw. ob sie anonym oder unter Thomas Namen veröffentlicht wurden. Die mit einem vorangestellten L versehenen Zahlen (z. B.: L 454) beziehen sich auf die Bibliographie der Werke Thomas von Richard Lemp in dessen Publikation: »Ludwig Thoma. Bilder, Dokumente, Materialien zu Leben und Werk«, München 1984, S. 171–252. R. Lemp verzeichnet darin sämtliche Dokumente und Werke Thomas, auch die anonymen und die unter Pseudonym erschienenen, die von ihm eruiert wurden, sowie die bisher lediglich handschriftlich überlieferten. Einen bedeutenden Teil der über den Textbestand bei R. Lemp hinaus neu aufgefundenen Texte verdankt die Forschung den Arbeiten von Dr. Gertrude M. Rösch, die in ihrem Werk »Ludwig Thoma als Journalist. Ein Beitrag zur Publizistik des Kaiserreichs und der frühen Weimarer Republik«, Frankfurt a. M. 1989, S. 607–618, weitere anonyme und unter Pseudonym in Zeitschriften erschienene Texte Thomas nennt; sie führt diese an der zeitlich entsprechenden Stelle bei den Werknummern der Bibliographie von R. Lemp an, und zwar so, daß die nach Schrägstrich stehenden Ziffern (z. B.: L 1405/2) die von ihr entdeckten Texte bezeichnen. Diese Kennzeichnung wurde hier übernommen.

Die Briefe Thomas (mit Ausnahme jener an Marion Thoma) sind wiedergegeben nach der Ausgabe: »Ludwig Thoma. Ein Leben in Briefen«, hg. v. Anton Keller, München 1963.

Thomas Briefe an Marion Thoma sind entnommen der Ausgabe: »Ludwig Thoma. Die Geschichte seiner Liebe und Ehe. Aus Briefen und Erinnerungen«, hg. v. Walther Ziersch, München 1928. Dieser Abdruck wurde mit den Handschriften (L 47/I) in der Monacensia-Abteilung (Thoma-Nachlaß) der Münchner Städtischen Bibliotheken verglichen und gegebenenfalls berichtigt und ergänzt.

Neben eigenen Ermittlungen bei der Aufnahme unbekannter Thoma-Werke konnte der Herausgeber auf die Forschungsergebnisse in den obengenannten Publikationen von Herrn Dr. Richard Lemp, München, und Frau Dr. Gertrud M. Rösch, Regensburg, zurückgreifen, denen er außerdem für wichtige mündliche Auskünfte danken möchte. Ebenfalls besonderer Dank gilt Herrn Dr. Fritz Fenzl für die Erlaubnis zur Einsichtnahme in die Handschriften des Thoma-Archivs in der Monacensia-Abteilung der Münchner Städtischen Bibliotheken sowie Herrn Prof. Dr. Friedrich Prinz, Universität München, für wertvolle Hinweise bei der Identifizierung historischer Persönlichkeiten und Ereignisse in Thomas Texten. In gleicher Weise sei Herrn Prof. Dr. Paul Raabe, Wolfenbüttel, für seine Hilfe bei der Zuordnung der Porträts Berliner expressionistischer Dichter gedankt.

Chronologie
der Daten von Ludwig Thomas Leben und Werken

Die folgende Zeittafel soll nicht nur einen biographischen Überblick geben, sondern hat auch, wenngleich nur in beschränktem Rahmen, die Funktion von Erläuterungen zu den in diesem Band wiedergegebenen Texten; diese sind jeweils am Ende mit dem Datum des Erstdrucks bzw. der Entstehung versehen, so daß der Leser den Bezug zu den in der Chronologie genannten Personen und Lebensumständen herstellen kann. Die Werke Ludwig Thomas – nur die Hauptwerke bzw. die Sammlungen von Erzählungen etc. sind hier aufgeführt – scheinen unter der Jahreszahl des Impressums der ersten Buchausgabe auf (in Kursivsatz den jeweiligen Jahresabschnitten vorangestellt.

1867, 21. Januar: Ludwig Thoma (im folgenden: Th) in Oberammergau als fünftes von acht Kindern geboren. Vater: Max Joseph Thoma (1822–1874), Oberförster in der Vorderriß; Mutter: Katharina Thoma, geb. Pfeiffer (1831–1894), Tochter des »Schwabenwirts« und Posthalters in Oberammergau; Geschwister: Max (1858–1911), Marie (1860–1897), Peter (1864–1924), Franz (geb. 1865), Katharina (1868–1958), Luise (1872–1892), Bertha (1873–1938).

1873, August: Ths Vater wird von der Vorderriß nach Forstenried südlich von München versetzt.
    Oktober (bis August 1874): Th besucht die Volksschule in Forstenried.

1874, 26. September: Tod von Ths Vater.
    Übersiedlung der Familie nach Oberammergau ins Elternhaus der Mutter.
    Dezember (bis August 1875): Th besucht die Volksschule in Landstuhl in der Pfalz, wo er mit seiner Schwester Luise bei seinem Onkel Albert Paulus Aufnahme gefunden hat.

1875, Herbst (bis 1876): Th besucht die Lateinschule in Landstuhl.

1876 (bis 1883): Ths Mutter bewirtschaftet in Prien am Chiemsee das gepachtete Gasthaus »Zur Kampenwand«; sie wird dabei von Viktoria (gen. Viktor) Pröbstl (1834–1902), Ths Kindermädchen und spätere Haushälterin, unterstützt.

1877 (bis 1878): Th besucht die Lateinschule in Burghausen.

1879 (bis 1885): Th ist Schüler des Wilhelms-Gymnasiums in München.

1880, 1. November: Ths Bruder Max wandert nach Australien aus. Sein Bruder Peter folgt ihm im nächsten Jahr nach.

1883 (bis 1894): Ths Mutter bewirtschaftet das gepachtete Gasthaus »Zur Post« in Traunstein.

1885/86, Besuch der 4. Gymnasialklasse in Landshut.

1886/87, Studium der Forstwirtschaft in Aschaffenburg, Abbruch nach zwei Semestern.
1887/88, Studium der Rechtswissenschaft an der Ludwig-Maximilians-Universität München.
1887, 6. Oktober: Th wird Mitglied der schlagenden Studentenverbindung Corps »Suevia« (bis Januar 1888).
1888, Oktober (bis Juni 1890): Studium der Rechtswissenschaft in Erlangen.
1890, September (bis März 1892): Th Rechtspraktikant am Amtsgericht Traunstein.
1891, 3. August: Th erhält die Approbation zum Dr. jur. an der Universität Erlangen. Dissertation: »Zur Lehre von der Notwehr«.
1892, Ths Mutter erwirbt den Gasthof »Zur Post« in Seebruck am Chiemsee; er wird, mit der Posthalterei, von dem aus Australien zurückgekehrten Bruder Ths, Peter, und seiner Schwester Luise bis Herbst 1895 betrieben.
    März (bis Januar 1893): Th erneut Rechtspraktikant am Amtsgericht Traunstein.
1893, Februar bis März: Th Rechtspraktikant am Magistrat der Stadt München.
1894, 15. März: Th wird Mitarbeiter in der Kanzlei des Rechtsanwalts Xaver Hardt in Traunstein.
    2. Juni: Tod von Ths Mutter in Seebruck.
    November (bis April 1897): Th Rechtsanwalt in Dachau. Er wohnt im 2. Stock des Hauses des Kleiderhändlers Max Rauffer, Ecke Augsburgerstraße 13/Klosterstraße, wo er auch seine Anwaltskanzlei hat.
1895 (bis 1919): Th veröffentlicht Beiträge in: »Der Sammler. Belletristische Beilage zur Augsburger Abendzeitung«.
1896 (bis 1917): Th schreibt für die »Jugend, Münchner illustrierte Wochenschrift für Kunst und Leben«.
    September: Viktoria Pröbstl, Ths früheres Kindermädchen, wird Ths Haushälterin in Dachau. Seine Schwestern Marie und Bertha wohnen gleichfalls bei ihm.
1897 *Agricola. Bauerngeschichten.*
    1. April: Th übersiedelt von Dachau nach München (Augustenstraße 19) und eröffnet am 5. April eine Rechtsanwaltspraxis am Marienplatz 26/II.
1898 (bis 1921): In der von dem Verleger Albert Langen 1896 gegründeten satirischen Zeitschrift »Simplicissimus. Illustrierte Wochenschrift«, München, erscheinen insgesamt über tausend Beiträge Ths.
1899, Th bezieht Wohnung und Kanzlei im ersten Stock des Hauses Promenadeplatz 17 in München.
    August: Th wird ständiger Mitarbeiter in der Redaktion des »Simplcissimus«; er verwendet das Pseudonym: »Peter Schlemihl«.
    15. September: Th verkauft seine Rechtsanwaltspraxis und widmet sich ganz der Schriftstellerei.

1900, März: Th wird – als Nachfolger von Korfiz Holm – Redakteur des »Simplicissimus«; Mitredakteur: Reinhold Geheeb; Redaktion: Kaulbachstraße 91.

April: Th trifft sich in der Schweiz mit dem Verleger des »Simplicissimus« Albert Langen, der aufgrund einer Anklage wegen Majestätsbeleidigung von 1898 bis 1903 in Paris im Exil lebt.

1901 *Assessor Karlchen und andere Geschichten. – Peter Schlemihl. Grobheiten. Simplicissimus-Gedichte. – Die Medaille, Komödie in 1 Akt. – Witwen. Lustspiel in 3 Aufzügen.*

25. April: Reise nach Stuttgart mit Reinhold Geheeb, Radtour mit Eduard Thöny und Rudolf Wilke durch das Neckartal; Weitereise nach Berlin.

24. August: Uraufführung von Ths Komödie *Die Medaille* im kgl. Residenztheater bei München.

27. September: Reise nach Wien; Zusammentreffen mit Ernst von Wolzogen, Karl Kraus und Peter Altenberg.

1. Oktober: Th reist nach Berlin. Bekanntschaft mit den Dichtern Maximilian Harden und Hermann Sudermann, dem Bildhauer Fritz Klimsch und dem Regisseur Otto Brahm.

1902 *Hochzeit. Eine Bauerngeschichte. – Die Lokalbahn, Komödie in 3 Akten.*
Der norwegische Zeichner Olaf Gulbransson übersiedelt nach München und wird Mitarbeiter des »Simplicissimus«; er wird eine Reihe von Werken Ths illustrieren.

Th macht die Bekanntschaft Ludwig Ganghofers, mit dem ihn eine lebenslange Freundschaft verbinden wird.

2. April: Reise nach Paris zu Albert Langen; Treffen mit Auguste Rodin.

6. Mai: Th unternimmt zusammen mit Rudolf Wilke, Bruno Paul, Eduard Thöny, Ferdinand von Reznicek und Reinhold Geheeb (alles Mitarbeiter des »Simplicissimus«) eine Radtour nach Italien.

Juni: Th bezieht eine Wohnung beim Six-Bauern (Josef Gerold) in Finsterwald, Nähe Gmund am Tegernsee, zusammen mit seinen Geschwistern Max, Peter und Bertha.

19. Oktober: Uraufführung der Komödie *Die Lokalbahn* im kgl. Residenztheater in München.

21. November: Viktoria Pröbstl, Ths Kindermädchen und spätere Haushälterin, stirbt in Allershausen.

1903 *Die bösen Buben. Mit vielen bunten Bildern von Thomas Theodor Heine. – Peter Schlemihl. Neue Grobheiten. Simplicissimus-Gedichte. – Das große Malöhr im Juni 1903. Wahrheitsgetreu dargestellt von Ludwig Thoma und Th. Th. Heine.*

9. Januar: Th lernt auf der Kegelbahn des Münchner Künstlerhauses seinen späteren Freund Ignatius Taschner kennen, der auch einige seiner Werke illustrieren wird.

März–April: Romreise.

1904 *Der heilige Hies. – Die Wilderer.*
- 15. Februar: Th reist mit Ignatius Taschner nach Nürnberg. Dort lernt er im Hause Faber-Castell die Sektfabrikantentochter Maria Feist-Belmont (1884–1971) kennen (die 1912 den Berliner Fabrikanten Edgar Salomon von Liebermann heiraten wird). Er ist tief beeindruckt von ihr, wagt aber doch – was er zeitlebens bereut – keinen Heiratsantrag zu machen, obwohl, laut Aussage von Ludwig Ganghofers Frau im Jahre 1905, Maria darauf eingegangen wäre.
- 30. März bis Ende Mai: Th unternimmt, z. T. mit Rad, Bahn und Schiff, zusammen mit Eduard Thöny und Rudolf Wilke, eine Reise, die ihn nach Südfrankreich, Tunis und von dort über Sizilien wieder nach Norden führt.
- Juli bis Oktober: Th nimmt Quartier beim Six-Bauern in Finsterwald bei Gmund am Tegernsee und schreibt dort einen Teil der *Lausbubengeschichten.*

1905 *Lausbubengeschichten. Aus meiner Jugendzeit. – Pistole oder Säbel? und anderes.*
- 6. Mai: Th gibt aus Anlaß der Fertigstellung seines Romans *Andreas Vöst* ein Fest in seiner Wohnung in München. Dabei macht er die Bekanntschaft der in Begleitung Albert Langens anwesenden Tänzerin Marietta di Rigardo (seiner späteren Frau »Marion«); sie heißt eigentlich Maria Schulz (1880–1966), ist die Frau des Berliner Schriftstellers und Komponisten Georg David Schulz (1865–1910), illegitime Tochter der Margaretha de la Rosa in Quiapo in Manila auf den Philippinen und des Schweizer Konsuls von Manila.
- 26. Juni: In der Folge eines Prozesses, angestrengt vom Evangelischen Oberkirchenrat in Berlin, wird Th wegen seines 1904 im »Simplicissimus« erschienenen Gedichts *An die Sittlichkeitsprediger in Köln am Rheine* zu einer Gefängnisstrafe von sechs Wochen verurteilt.
- 8. September: Th nimmt Maria Schulz (Marion) von Berlin zu sich nach München. Um eine gesetzliche Eheschließung mit ihr zu ermöglichen, bietet er ihrem Mann Georg David Schulz 15 000 Mark an, wenn er ihm den Nachweis eines eigenen Ehebruchs liefere.
- 25. November: Uraufführung der Posse *Der Schusternazi* im Theater am Gärtnerplatz in München.

1906 *Peter Schlemihl. Gedichte. – Andreas Vöst. Bauernroman.*
- 17. Februar: Th wird Gesellschafter des »Simplicissimus«, der in eine GmbH übergeht.
- April: Auf einer Reise mit Marion und Albert Langen zum Bodensee Zusammentreffen mit Hermann Hesse, Emil Strauß und Ludwig Finckh in Sachen Mitarbeit bei einer zu gründenden Zeitschrift, die 1907 unter dem Titel »März« erscheint.
- 16. Oktober bis 27. November: Th sitzt seine Haftstrafe »wegen Beleidigung von Vertretern der Sittlichkeitsvereine« in der Gefängisanstalt Stadelheim in München ab. »Stadelheimer Tagebuch«.

1907 *Tante Frieda. Neue Lausbubengeschichten. Mit Zeichnungen von Olaf Gulbransson.*
    8. Januar: Beginn des Erscheinens des »März. Halbmonatsschrift für deutsche Kultur« (in den ersten Jahren im Verlag Albert Langen); Th ist mit Hermann Hesse zusammen Herausgeber; bis 1917 veröffentlicht er darin zahlreiche Texte.
    26. März: Eheschließung Ths mit Marion vor dem Standesamt München (nachdem im August 1906 Marions Ehe mit Georg David Schulz rechtskräftig geschieden worden ist).

1908 *Kleinstadtgeschichten. – Moritaten. Wahrheitsgetreu berichtet.*
    8. April: Th und Marion ziehen in das nach Plänen von Ignatius Taschner neuerbaute Haus bei Rottach am Tegernsee, die Tuften, ein. Die Gesamtkosten des Hausbaus samt der Nebengebäude beliefen sich auf 45 920 Mark.
    20. November: Uraufführung der Komödie *Moral* im Kleinen Theater in Berlin; Th anwesend.

1909 *Briefwechsel eines bayrischen Landtagsabgeordneten. Mit 20 Zeichnungen von Eduard Thöny. – Moral. Komödie in 3 Akten.*
    30. April: Tod von Ths Verleger Albert Langen im Alter von 39 Jahren.
    11. Mai: Ferdinand von Reznicek, Ths Freund und Illustrator seiner Werke, stirbt im Alter von 40 Jahren.

1910 *Erster Klasse. Bauernschwank in 1 Akt.*
    19. März: Th reist mit Marion für einige Wochen nach Bozen.
    12. August: Uraufführung des Schwanks *Erster Klasse* im Großen Oberbayerischen Bauerntheater von Michael Dengg in Rottach-Egern.
    22. August: Th will sich, als er vor wenigen Tagen den Beweis des Ehebruchs seiner Frau Marion mit Ulrich Engelhard erhalten hat, mit seinem Gegner duellieren; Ludwig Ganghofer stellt jedoch in einem Protokoll fest, daß der Gegner nicht satisfaktionsfähig ist und daher »ein Waffengang ausscheidet«.

1911 *Lottchens Geburtstag. Lustspiel in 1 Akt. – Der Wittiber. Ein Bauernroman. Illustriert von Ignatius Taschner.*
    14. Februar: Th trennt sich von Marion. Diese übersiedelt im März nach München in die Nähe von Albert Langens Witwe, der sie sich eng angeschlossen hat; Th bleibt jedoch mit ihr bis 1918 weiter in Verbindung.
    30. Juni: Gerichtliche Scheidung von Marion.
    5. November: Uraufführung des Lustspiels *Lottchens Geburtstag* im kgl. Hoftheater in Stuttgart.

1912 *Jozef Filsers Briefwexel (2. Buch). Mit 15 Zeichnungen von Eduard Thöny. – Peter Schlemihl. Kirchweih. Simplicissimus-Gedichte. – Magdalena. Ein Volksstück in 3 Aufzügen.*
    12. Oktober: Uraufführung der *Magdalena* im Kleinen Theater in Berlin.

1913 *Nachbarsleute. – Das Säuglingsheim. Burleske in 1 Aufzuge. – Die Sippe. Schauspiel in 3 Aufzügen.*
 13. März: *Das Säuglingsheim* wird in den Kammerspielen in München uraufgeführt.
 Ende März: Reise nach Berlin und Rom.
 25. November: Ignatius Taschner, Ths engster Freund und Illustrator seiner Werke, stirbt mit 43 Jahren in Mitterndorf bei Dachau.
 17. Dezember: Uraufführung des Schauspiels *Die Sippe* in den Kammerspielen in München.

1914 *Der erste August. – Christnacht 1914.* Zwei Einakter.
 1. August: Bei Ausbruch des Ersten Weltkrieges bietet Th seine Dienste als Sanitäter an.

1915, April bis August: Th ist freiwilliger Sanitäter an der Westfront beim 41. Reserve-Armee-Korps; ab Ende April an der Ostfront in Galizien und Rußland; im August erkrankt er schwer an der Ruhr und kehrt am 1. September in die Heimat zurück.
 20. November: Th wird von der Gemeinde Tegernsee das Bürger- und Heimatrecht verliehen.

1916 *Das Aquarium und anderes.*
 21. Oktober: Uraufführung des Bauernschwanks *Brautschau* sowie der beiden Lustspiele *Die kleinen Verwandten* und *Dichters Ehrentag* im kgl. Residenztheater in München.
 1. November: Uraufführung des Schwanks *Der alte Feinschmecker* im Intimen Theater in Nürnberg.
 Dezember: Th plant einen »Roman aus dem Jahre 1705«.

1917 *Heilige Nacht. Eine Weihnachtslegende. Mit Zeichnungen von Wilhelm Schulz.*
 Ende September: Th, der sich im August der Deutschen Vaterlandspartei angeschlossen hat, spricht auf deren Versammlung in der Berliner Philharmonie.
 Ende November: Th besucht mit Max Halbe und Franz Karl Ginzkey die Front in Italien.

1918 *Altaich. Eine heitere Sommergeschichte.*
 10. August: Th trifft bei einem Konzert in Egern wieder mit Maria (Maidi) von Liebermann, geb. Feist-Belmont, zusammen (vgl. 15.2.1904). Im Verlauf der folgenden Beziehung bemüht sich Th vergeblich um eine Ehe mit Maidi.
 25. September: Endgültiger Abbruch der Beziehungen Ths zu Marion, mit der er bisher noch in Verbindung gestanden hat.
 24. Oktober: Ths Lustspiele *Gelähmte Schwingen* und *Waldfrieden* werden im kgl. Residenztheater in München uraufgeführt.
 7. November (bis Mai 1919): Revolution und Räteherrschaft in München; von der Regierung Kurt Eisner wird die Aufführung von Einaktern Ths im Münchner Nationaltheater verboten.

7. Dezember: Th mit Maidi von Liebermann in Berlin; er wird dort Zeuge der Revolution und schreibt seine Beobachtungen in dem Aufsatz »Berliner Eindrücke« nieder.

1919 *Erinnerungen.*

26.–29. April: Reise Ths zu Maidi von Liebermann nach Stuttgart.

13. Dezember: Th wird von der Studentenverbindung »Suevia«, der er schon 1887/88 vorübergehend angehört hat, das Band überreicht.

1920, 1. oder 2. Januar: Th bricht die im August 1919 begonnene Arbeit an dem Roman *Münchnerinnen* ab; das Werk bleibt Fragment und erscheint posthum in der ersten Ausgabe der *Gesammelten Werke* Ths, München 1922.

Februar und März: Arbeit an dem autobiographischen Roman *Kaspar Lorinser*; das Werk bleibt gleichfalls Fragment, erscheint posthum in den *Gesammelten Werken*, 1922.

15. Juli (bis 18. August 1921): Von Th erscheinen anonym 167 Beiträge im »Miesbacher Anzeiger. Tagblatt für den Bezirk Miesbach-Tegernsee und dessen Umgebung«. Herausgeber: Klaus Eck. Ths Kritik richtet sich in diesen Aufsätzen vor allem gegen die damalige Regierung in Berlin und den Einfluß bestimmter jüdischer Kreise.

24. Juli: Tod Ludwig Ganghofers, mit dem Th eng befreundet war und oft gemeinsame Jagden unternahm. Th kauft die Grabstelle neben Ganghofers Grab in Egern am Tegernsee im Hinblick auf seine eigene Beerdigung.

August und September: Th schreibt an dem Werk *Leute, die ich kannte*; es erscheint posthum 1923.

1921 *Der Jagerloisl. Eine Tegernseer Geschichte.*

22. April: Th beendet seinen Roman *Der Ruepp*; die Buchausgabe erscheint 1922.

Mai/Juni: Anzeichen der schweren Krankheit Ths, Niedergeschlagenheit und Sorge wegen der politischen Konstellationen der Nachkriegszeit, aber auch ob der vergeblichen Bemühungen um eine Eheschließung mit Maidi von Liebermann.

5. August: Th begibt sich nach München ins Krankenhaus, da aufgrund einer Untersuchung durch Prof. Dr. Gottfried Boehm am 27. Juli eine Magenoperation für notwendig erachtet wurde. Er schreibt sein Testament; Haupterbin (einschließlich des literarischen Nachlasses sowie der Bezüge an Honoraren und Tantiemen): Maidi von Liebermann; geerbt haben aber auch seine Geschwister, seine frühere Frau Marion sowie weitere Personen.

6. August: Th wird von Prof. Dr. Ludwig von Stubenrauch operiert, kann jedoch nicht mehr gerettet werden.

24. August: Th wird nach Tegernsee in sein Haus gebracht und der Pflege seiner Schwestern Katharina und Bertha übergeben.

26. August: Tod Ths.
29. August: Beerdigung auf dem Friedhof in Egern am Tegernsee.
1922 Die erste Ausgabe der *Gesammelten Werke* Ths erscheint im Verlag Albert Langen in München.

Quellennachweise der Texte
mit Kommentaren

(In dem nachstehenden Verzeichnis wurden folgende Abkürzungen verwendet: Th = Ludwig Thoma; Ps = Pseudonym; P. S. = Peter Schlemihl; Si – »Simplicissimus. Illustrierte Wochenschrift«, München 1896–1944; L = bezeichnet die Nummern in der Bibliographie bei Lemp bzw. Rösch (s. Nachbemerkung); das Tagesdatum der Si-Nummern ist nur dort angegeben, wo es auch in der betreffenden Si-Nummer steht bzw. wo es von Rösch errechnet wurde. – Die Zahlen am linken Rand vor den Werktiteln verweisen auf die betreffenden Seiten im Textteil dieses Buches.)

15 *Abend am Chiemsee:* Bisher ungedruckt; Wiedergabe nach der Handschrift in der Monacensia-Abteilung der Münchner Städtischen Bibliotheken; nicht in Lemps Bibliographie als Titel aufgeführt, sondern unter *Jugendgedichte*: »Ludwig Thoma, cand. jur. Erlangen W/S 1889/90« (Notizbuch); Signatur: L 2467/48. – Zeile 11: *dieser*: in der Handschrift: *der*, davor unleserliches Wort. L 120.

15ff. *An Oberforstrat Ludwig von Raesfeldt:* Quellennachweis s. Nachbemerkung; von Raesfeldt hatte nach dem Tod von Ths Vater die – in der Nachfolge von Ths erstem Vormund Karl Degrinis – Vormundschaft über den minderjährigen Knaben und dessen Geschwister übernommen. – *Corps:* Th, damals Mitglied des Studentencorps Hubertia, griff nach anfänglicher Begeisterung für das Corpsstudententum dieses später vor allem in seinen »Simplicissimus«-Glossen scharf an.

17 *Zur Lehre von der Notwehr:* Ths Dissertation, datiert 1891; bisher ungedruckt; hier wiedergegeben die ersten Seiten nach der Handschrift Ths in der Monacensia-Abteilung der Münchner Städtischen Bibliotheken (Signatur: L 2444). L 10.

21 *Schreckliches Pech:* Th. – »Fliegende Blätter«, 1893. Band 98, Nr. 2477, S. 27. L 1631.

22 *Lieb Vaterland, magst ruhig sein:* Ps: Iste. – Si Jg. 3, 1898/99, Nr. 33, S. 259. L 435.

24 *Der simplicianische Erlkönig:* Ps: Iste. – Si Jg. 3, 1898/99, Nr. 36, S. 283. Parodie auf Goethes »Erlkönig«; Hintergrund: Albert Langens und Frank Wedekinds Flucht vor dem Staatsanwalt; *Hieronymus:* Wedekinds Pseudonym, unter dem er im »Simplicissimus« das Gedicht »Im Heiligen Land« veröffentlichte, eine Satire auf die Orientreise Kaiser Wilhelms II. im Jahre 1898, die einen Prozeß gegen Langen und Wedekind wegen Majestätsbeleidigung zur Folge hatte; Langen floh nach Paris ins Exil, ebenso Wedekind. L 437.

25f. *An Albert Langen:* Quellennachweis s. Nachbemerkung.

27 *Lieber Simplicissimus!:* Ps: L. – Si Jg. 4, 1899/1900, 12.8.1899, Nr. 20, S. 154. Unter der Überschrift »Lieber Simplicissimus!« wurden Einsendungen von Lesern, aber auch Beiträge der Redakteure des »Simplicissimus« veröffentlicht. L 454/2.

28 *Bekenntnis:* Ps: P. S. – Si Jg. 4, 1899/1900, Nr. 33, S. 263. *Luxemburg:* Rosa L. (1870–1919), kommunistische Politikerin, nach dem Januaraufstand in Berlin 1919 ermordet. L 461.

29 *Lieber Simplicissimus!:* Ps: hohoho. – Si Jg. 4, 1899/1900, 30.9.1899, Nr. 27, S. 211. L 457/2.

29 *Lieber Simplicissimus!:* Ps: hohoho. – Si Jg. 4, 1899/1900, 25.11.1899, Nr. 35, S. 278, L 463/2.

30 *An Heinrich Heine:* Ps: Hase. – Si Jg. 4, 1899/1900, Nr. 38, S. 305. *Niklas Becker:* (1809–1845), der Dichter des patriotischen Rheinliedes: »Sie sollen ihn nicht haben, den freien deutschen Rhein« (1840). – *Atta Troll:* Titel einer Versdichtung Heines (1847). L 467.
31 *Weihnachtswunsch:* Ps: Hase. – Si Jg. 4, 1899/1900, Nr. 39, S. 311. L 468.
32 *Deutscher Frühling:* Ps: Hase. – Si Jg. 4, 1899/1900, Nr. 51, S. 407. L 481.
32 *Lieber Simplicissimus!:* Anonym. – Si Jg. 4, 1899/1900, 17. 3. 1900, Nr. 51, S. 407. L 480/2.
33 *Der Leiber:* Th. – Si Jg. 5, 1900/01, Nr. 10, S. 81. L 493.
34 *Spruchweisheit:* Ps: P. S. – Si Jg. 5, 1900/01, Nr. 26, S. 207. L 509.
35 *Die Thronstütze:* Ps: Simplicissimus. – Si Jg. 5, 1900/01, 6. 11. 1900, Nr. 33, S. 265. Satire auf die gegen den Si vorgehende preußische Justiz. L 519/3.
36 *Vom Antialkoholisten-Kongreß:* Ps: P. S. – Si Jg. 6, 1901/02, Nr. 6, S. 44. L 550.
37 *Im Neckartal:* Ps: P. S. – Jg. 6, 1901/02, Nr. 8, S. 59. L 554.
38 *Heute:* Ps: P. S. – Jg. 6, 1901/02, Nr. 13, S. 100. *i. a. C. B.'s:* inaktive Corps-Brüder; *a. H.:* alter Herr; *F. M.:* Fuchsmajor. L 562.
39 *Silvester:* Ps: P. S. – Jg. 6, 1901/02, Nr. 41, S. 325. L 595.
40 *Gleichgültigkeit:* Ps: P. S. – Jg. 6, 1901/02, Nr. 45, S. 357. L 598.
40 *Lumpenlied:* Ps: P. S. – Si Jg. 6, 1901/02, Nr. 49, S. 387. L 602.
41 *Frühlingsahnung:* Ps: P. S. – Si Jg. 6, 1901/02, Nr. 52, S. 412. L 606.
41 *Pistole oder Säbel?:* Th. – Si Jg. 7, 1902/03, Nr. 43, S. 338/339, Spezial-Nummer »Duell«. Unser Text folgt der Buchausgabe »Pistole oder Säbel? und anderes«, München 1905. Nach dieser Ausgabe auch die Vignette von Th. Th. Heine. L 654.
45 *Im Maien:* Th. – Si Jg. 7, 1902/03, Nr. 7, S. 52. L 616.
46 *Gräßliches Unglück . . .:* Ps: P. S. – Si Jg. 7, 1902/03, Nr. 10, S. 74. L 619.
49 *Friede:* Ps: P. S. – Si Jg. 7, 1902/03, Nr. 12, S. 90. L 621.
50 *Herbst:* Th. – Si Jg. 7, 1902/03, Nr. 26, S. 208. L 639.
51 *Münchener Oktoberfest:* Ps: P. S. – Si Jg. 7, 1902/03, Nr. 29, S. 227. L 642.
52 *Der Sieger von Orleans:* Th. – Si Jg. 7, 1902/03, Nr. 52, S. 410. L 668.
55 *Zittau in Sachsen:* Ps: P. S. – Si Jg. 8, 1903/04, Nr. 8, S. 59. L 676.
55 *Aufruf:* Ps: P. S. – Si Jg. 8, Nr. 11, S. 83. L 680.
56 *Soldatenbrief:* Anonym. – Si Jg. 8, 1903/04, 19. 1. 1904, Nr. 43, S. 339. L 713/4.
57 *An die Nationalen:* Ps: P. S. – Si Jg. 8, 1903/04, 2. 2. 1904, Nr. 45, S. 360. Beiblatt. L 715.
58 *Unterhaltung:* Anonym. – Si Jg. 8, 1903/04, 19. 1. 1904, Nr. 45, S. 354/355. L 713/5.
60 *An die Sittlichkeitsprediger in Köln am Rheine:* Ps: P. S. – Si Jg. 9, 1904/05, 25. 10. 1904, Nr. 31, S. 309. Beiblatt. Aufgrund dieses Gedichts wurde Th am 26. Juni 1905 in der Folge eines Prozesses »wegen Beleidigung von Vertretern der Sittlichkeitsvereine« zu einer Gefängnisstrafe von sechs Wochen verurteilt. L 740.
62 *Das symbolistische Ehebett:* Ps: Tarub. – Si Jg. 9, 1904/05, 11. 10. 1904, Nr. 29, S. 286. L 737/2.
63 *Soldatenliebe:* Anonym. – Si Jg. 9, 1904/05, 27. 12. 1904, Nr. 44, S. 394. L 743/2.
64 *Warnung:* Th. – Si Jg. 10, 1905/06, Nr. 13, S. 148. L 752.
65 *Goethe nach der Schlacht bei Valmy:* Ps: Simplicissimus. – Si Jg. 10, 1905/06, Nr. 18, S. 206. Mit der »Kanonade von Valmy« im frz. Dep. Marne am 20. 9. 1792 begann der siegreiche Vormarsch der frz. Revolutionsarmee zum Rhein. L 755.
67 *Prophezeiungen:* Anonym. – Si Jg. 10, 1905/06, Nr. 40, S. 475, Neujahrsnummer 1. 1. 1906. L 780/2.
69 *Eine Weihnachtsgeschichte:* Th. – Si Jg. 10, 1905/06, Nr. 39, S. 458, 467. L 778.

73 *Anbetung der Hirten:* Th. – Si Jg. 10, 1905/06, Nr. 39, S. 468. L 780.
74 *In ernster Zeit:* Anonym. – Si Jg. 10, 1905/06, 22. 2. 1906, Nr. 48, S. 571. Bezug auf die von Kaiser Wilhelm II. ausgelöste Marokkokrise 1905/06 (vgl. Anm. zu S. 89 ff.). L 786/3.
75 *Moralisches:* Ps: Simplicissimus. – Si Jg. 10, 1905/06, 23. 3. 1906, S. 618, Spezial-Nummer »Sittlichkeit«. *Stöcker:* Adolf St. (1835–1909), protestantischer Theologe, Politiker und Volksprediger. L 787/5.
78 *Splendid isolation:* Ps: P. S. – Si Jg. 11, 1906/07, Nr. 4, S. 54. L 791.
79 *Gottesgericht:* Ps: P. S. – Si Jg. 11, 1906/07, Nr. 7, S. 119. L 793.
80 *Im Mai:* Anonym. – Si Jg. 11, 1906/07, 14. 5. 1906, Nr. 7, S. 120. L 793/2.
81 *An Marion Thoma:* Quellennachweis s. Nachbemerkung. *Stadelheim:* In der Strafanstalt Stadelheim in München saß Thoma eine sechswöchige Haftstrafe »wegen Beleidigung von Vertretern der Sittlichkeitsvereine« ab (1906).
85 *Das rechte Mittel:* Ps: Simplicissimus. – Si Jg. 14, 1909/10, 12. 7. 1909, Nr. 15, S. 244 f. Der Text richtet sich gegen das ostelbische Junkertum und den Uniformkult Kaiser Wilhelm II. L 934/3.
88 *Der Ostelbier:* Ps: Hans. – Si Jg. 14, 1909/10, 12. 7. 1909, Nr. 15, S. 242, Spezial-Nummer »Junker«. Anspielung auf die konservative Hofkamarilla, die Kaiser Wilhelm II. beeinflußte. L 933/2.
89 *Im deutschen Raritätenkabinett:* Th. – Si Jg. 11, 1906/07, Nr. 28, S. 435, 436, Spezial-Nummer »Schwarzseher«. Anspielungen auf Reichskanzler Bernhard von Bülow (1849–1929) und seinen Zweckoptimismus, auf die 1. Marokkokrise 1905/06, hervorgerufen durch den dt. Einspruch gegen die frz. Marokkopolitik, beendet durch die für Deutschland nachteilige Konferenz von Algeciras, auf den Boxeraufstand 1900/01 in China und die Entsendung internationaler Interventionstruppen unter dem Oberbefehlshaber Alfred Graf von Waldersee (1832–1904) sowie allgemeine Karikatur von Wilhelminischer Großmannssucht und dt. Polizeistaatlichkeit. – *Stössel:* Anatol Michailowitsch St., russ. General, 1904/05 Kommandant bei der Belagerung von Port Arthur (China) durch die Japaner; Kaiser Wilhelm II. verlieh ihm (voreilig, wie eine Untersuchung der Umstände der Kapitulation ergab) den Orden pour le mérite. L 808.
93 *1907:* Th. – Si Jg. 11, 1906/07, Nr. 28, S. 439, Spezial-Nummer »Schwarzseher«. L 811.
95 *Letzte Telegramme:* Ps: Beckmesser. – Si Jg. 11, 1906/07, 5. 11. 1906, Nr. 32, S. 501. L 814/2.
96 *Caruso im Affenhaus:* Ps: P. S. – Si Jg. 11, 1906/07, Nr. 37, S. 603. L 817.
97 *Die tapfern Hamburger Schutzleute...:* Ps: P. S. – Si Jg. 11, 1906/07, Nr. 38, S. 624. L 818.
99 *Regierung und Zentrum:* Ps: P. S. – Si Jg. 11, 1906/07, Nr. 39, S. 639. Gegen Reichskanzler Bernhard von Bülow (1849–1929) und das Zentrum. L 819.
100 *Der Alte:* Ps: P. S. – Si Jg. 11, 1906/07, Nr. 44, S. 720. L 824.
101 *Erprobte Zentrumswähler:* Anonym. – Si Jg. 11, 1906/07, 21. 1. 1907, S. 688. L 823/3.
103 *Die Schlacht:* Ps: P. S. – Si Jg. 11, 1906/07, Nr. 45, S. 722. Anspielung auf die Rolle des Zentrums im Parlament. L 825.
104 *Germania und die Berliner Polizei:* Ps: P. S. – Si Jg. 11, 1906/07, S. 738, L 826.
105 *Freiheit* und *Nach den Wahlen:* Ps: P. S. – Si Jg. 11, 1906/07, Nr. 47, S. 760. L 827 und 828.
106 *Lebensweisheit:* Ps: P. S. – Si Jg. 11, 1906/07, Nr. 51, S. 831. L 833.
107 *Naturgeschichtliches Alphabeth:* Ps: P. S. – Si Jg. 12, 1907/08, 15. 4. 1907, S. 47, 51, 52, Wilhelm-Busch-Nummer. Pointierte Äußerungen allgemeiner Art, untermischt mit

solchen über zeitgenössische Personen, wie Reichskanzler Bernhard von Bülow (1849–1929) oder den bayerischen Zentrums-Politiker Georg Ritter von Orterer (1849–1916). L 838.

111 *Kretins:* Ps: Jeremias. – Si Jg. 12, 1907/08, 6.5.1907, Nr. 6, S. 83. L 840/2.

113 *Moralische Erzählung:* Anonym. – Si Jg. 12, 1907/08, 10.6.1907, Nr. 11, S. 162. L 842/2.

115 *In den Gerichtsferien:* Anonym. – Si Jg. 12, 1907/08, 22.7.1907, Nr. 17, S. 276. L 848/2.

116 *Ein Blick ins Damenbad:* Ps: P.S. – Si Jg. 12, 1907/08, 5.8.1907, Nr. 19, S. 294. Spezial-Nummer »Im Bad«. L 849.

117 *Das Mädchenheim:* Ps: C. Neubauer. – Si Jg. 12, 1907/08, 23.9.1907, Nr. 26, S. 402. L 852/2.

120 *Herbst:* Ps: P.S. – Si Jg. 12, 1907/08, Nr. 31, S. 480. L 857.

121 *Missionspredigt des P. Josephus gegen den Sport:* Ps: P.S. – Si Jg. 12, 1907/08, 6.1.1908, Nr. 41, S. 672, 673, Spezial-Nummer »Wintersport«. L 868.

122 *Wilhelm Busch †:* Th. – Si Jg. 12, 1907/08, 27.1.1908, Nr. 44, S. 732. Busch starb am 9.1.1908. L 873.

124 *Ludwig I.:* Ps: P.S. – Si Jg. 12, 1907/08, 30.3.1908, Nr. 53, S. 884. Die Tänzerin Lola Montez, Mätresse Ludwigs I., wurde nach den Unruhen im März 1848 des Landes verwiesen. L 881.

125 *Bismarck:* Ps: P.S. – Si Jg. 13, 1908/09, 13.7.1908, Nr. 15, S. 254. L 892.

126 *Der Satanist:* Ps: P.S. – Si Jg. 13, 1908/09, 26.10.1908, Nr. 30, S. 490. *Wedelgrind:* Gemeint ist der Dichter und Simplicissimus-Mitarbeiter Frank Wedekind (1864–1918); aufgrund seines Gedichtes »Im Heiligen Land« u. a. wurde er wegen Majestätsbeleidigung zu Festungshaft verurteilt; Ths dram. Szene ist eine Reaktion auf Angriffe gegen Albert Langen u. a. in Wedekinds Stück »Oaha« (1907). Vgl. Anm. zu S. 24. L 904.

130 *Hunde:* Ps: P.S. – Si Jg. 13, 15.2.1909, Nr. 46, S. 778. L 914.

130 *Das Abenteuer des Gymnasiallehrers:* Th. – Si Jg. 13, 1908/09, 1.2.1909, Nr. 46, Karnevals-Nummer, S. 4, 5. L 1182.

135 *Wie spiele ich Tennis?:* Anonym. – Si Jg. 14, 1909/10, 28.6.1909, Nr. 13. L 930/2.

141 *Niederbayrische Predigt:* Anonym. – Si Jg. 14, 1909/10, 19.7.1909, Nr. 16, S. 271. L 934/4.

142 *Bayrische Wähler:* Anonym. – Si Jg. 14, 1909/10, 9.8.1909, Nr. 19, S. 322. L 936/2.

144 *Der Tanz:* Th. – Si Jg. 14, 1909/10, 1.2.1910, Karnevals-Nummer 4, 5. L 1183.

149 *Borromäus-Enzyklika:* Ps: P.S. – Si Jg. 15, 1910/11, 27.6.1910, Nr. 13, S. 214. Gemeint ist Papst Pius X. und seine gegen den Modernismus innerhalb der Kirche gerichtete Enzyklika, 1910 zur 300-Jahr-Feier der Heiligsprechung des Karl Borromäus herausgegeben. L 969.

150 *Ungestillte Sehnsucht:* Anonym. – Si Jg. 15, 1910/11, 6.6.1910, Nr. 10, S. 154. L 968/2.

152 *Hans, der Hahn:* Anonym. – Si Jg. 15, 1910/11, 25.7.1910, Nr. 17, S. 281. Zuordnung nicht gesichert. Überschrift vom Herausgeber.

154 *Nationalliberal:* Ps: P.S. – Si Jg. 1910/11, 1.8.1910, Nr. 18, S. 294. L 973.

154 *Die Auchliberalen:* Ps: P.S. – Si Jg. 16, 1911/12, 29.5.1911, Nr. 9, S. 142. L 995.

155 *1911:* Ps: P.S. – Si Jg. 16, 1911/12, 21.8.1911, Nr. 21, S. 350. L 1003.

156 *Neue Zeit:* Ps: P.S. – Si Jg. 16, 1911/12, 19. Juni 1911, Nr. 12, S. 199. L 992.

156 *Lied des Großindustriellen:* Ps: P.S. – Si Jg. 16, 1911/12, 28.8.1911, Nr. 22, S. 379. L 1004.

157 *Europa:* Ps: P.S. – Si Jg. 16, 1911/12, 9.10.1911, Nr. 28, S. 466. L 1007.

157 *An trüben Tagen:* Ps: P.S. – Si Jg. 16, 1911/12, 13.11.1911, Nr. 33, S. 558. *Harden:* Maximilian H. (1861–1927); dt. polit. Schriftsteller, Kritiker der Wilhelminischen Ära. L 1010.

158 *Die Gefahren des Liberalismus:* Anonym. – Si Jg. 16, 1911/12, 1.1.1912, Nr. 40, S. 702.

159 *Zentrumspredigt:* Anonym. – Si Jg. 16, 1911/12, 12.2.1912, Nr. 46, S. 815. L 1021/2.

160 *D'Annunzio:* Ps: P. S. – Si Jg. 16, 1911/12, 12.2.1912, Nr. 46, S. 802. L 1021.

160 *Querelles allemandes:* Ps: P. S. – Si Jg. 16, 1911/12, 4.3.1912, Nr. 49, S. 850. L 1024.

161 *Im Bade:* Ps: P. S. – Si Jg. 17, 1912/13, Aug. 1912, »Bade-Nummer«, S. 4, 5. L 1178.

165 *Frankfurter Festhymne:* Anonym. – Si Jg. 18, 1913/14, 26.5.1913, Nr. 9, S. 130. L 1066/3.

167 *O du mein Österreich:* Ps: P. S. – Si Jg. 18, 1913/14, 2.6.1913, Nr. 10, S. 159. L 1068.

167 *Vives y Tuto:* Anonym. – Si Jg. 18, 1913/14, 14.7.1914, Nr. 16, S. 225. *Vives y Tutó:* (1854–1913), Katalanier, seit 1884 in Rom, Kardinal, u. a. Konsultor der Sacra Congregatio de Propaganda fide. L 1073/2.

169 *An Bayerns Knieshösler:* Ps: P. S. – Si Jg. 18, 1913/14, 11.8.1913, Nr. 20, S. 322. L 1076.

169 *Der neue Münchner Karneval:* Ps: P. S. – Si Jg. 18, 1913/14, 23.2.1914, Nr. 48, S. 802. L 1094.

170 *Neue bayrische Nationalhymne:* Anonym. – Si Jg. 18, 1913/14, 16.3.1914, Nr. 51, S. 864. *Macte felix imperator!:* Heil dir, glücklicher Herrscher! L 1096/2.

173 *Sommerabend:* Th. – Si Jg. 19, 1914/15, 25.8.1914, Nr. 21, S. 330. L 1108.

175 *Abschied:* Ps: L. – Si Jg. 19, 1914/15, 25.8.1914, Nr. 21, S. 330. L 1108/2.

176 *Das ästhetische Ausland:* Anonym. – Si Jg. 19, 1914/15, 20.10.1914, Nr. 29, S. 399. Auslösendes Moment zu dieser Satire war Ferdinand Hodlers Kritik an der deutschen Beschießung der Kathedrale von Reims. L 1112.

177 *Der vergiftete Museumsleiter...:* Anonym. – Si Jg. 20, 1915/16, 21.3.1916, Nr. 51, S. 611, Fortsetzung: 23.3.1916, Nr. 52, S. 623. L 1123/6.

184 ff. *Aus dem Berliner Dichterkreise »Die Kosmischen«:*
1. *Ich und der Krieg,* 2. *Die Braut von Korinth, An das Genie Jankel Püsch:* Anonym. – Si Jg. 21. 1916/17, 25.7.1916, Nr. 17, S. 214.
Martha, mit den hellen Nägeln: Wahrscheinlich Anspielung auf die dem Kreis der Berliner Expressionisten zugehörige Dichterin Else Lasker-Schüler (1869–1945), bedeutend vor allem durch ihre dunkel-visionäre, ekstatische Lyrik. L 1124/4.
Philister über dir!: Anonym. – Si Jg. 21, 1916/17, 30.1.1917, Nr. 44, S. 566. *Siegfried Rubiner:* Gemeint ist der expressionistische Dichter Ludwig Rubiner (1881–1820), dem Berliner Kreis angehörig, während des 1. Weltkriegs Aufenthalt in der Schweiz. L 1130/5.

187 *Zeit-Echo I:* Anonym. – Si Jg. 21, 1916/17, 14.11.1916, Nr. 33, S. 422. – *Constantza:* Konstanza, Hafenstadt in Rumänien. – *Mackensen:* August von M. (1849–1945), dt. Generalfeldmarschall, im 1. Weltkrieg Armeeführer in Serbien, Rumänien und Bulgarien. L 1127/3.

189 *Zeit-Echo II:* Anonym. – Si Jg. 21, 1916/17, 28.11.1916, Nr. 35, S. 450. L 1127/4. Wuisohn: Thomas Woodrow Wilson (1856–1924); Präsident der USA (1913–1921; 1916 wiedergewählt). *Huges:* Charles Evan Hughes (1862–1948), amerikan. Politiker; Gegenkandidat Wilsons bei den Präsidentschaftswahlen 1916.

190 *Zeit-Echo III:* Anonym. – Si Jg. 21, 1916/17, 26.12.1916, Nr. 39, S. 502. L 1130/2.

191 *Dahoam:* Th. Si Jg. 21, 1916/17, 19.12.1915, Nr. 38, S. 490. L 1130.

192 *Das Lichtsignal:* Anonym. – Si Jg. 22, 1917/18, 17.4.1917, Nr. 3, S. 30, 31. L 1131/4.

196 *Briefwechsel ohne Antwort:* Anonym. – Si Jg. 22, 1917/18, 15.5.1917, Nr. 7, S. 90, L 1131/5.

199 *Papiernot:* Ps: Barthl. – Si Jg. 22, 1917/18, 19.6.1917, Nr. 12, S. 153. L 1131/6.

200 *Der Herr Minister:* Ps: Hanns Rösler. – Si Jg. 22, 1917/18, 21.8.1917, S. 267. L 1133/3.

201 *Lloyd George, der pazifistische Imperialist:* Anonym. – Si Jg. 22, 1917/18, 5. 2. 1918, Nr. 45, S. 563. David Lloyd George: (1863–1945), brit. Politiker, im 1. Weltkrieg Kriegsminister; im Versailler Vertrag gelang ihm die Milderung der alliierten territorialen Friedensbedingungen gegen Deutschland. L 1137/2.

203 *Isar-Athen:* Anonym. – Si Jg. 22, 1917/18, 19. 2. 1918, Nr. 47, S. 594. L 1137/3.

205 *Waschzettelgrößen:* Anonym. – Si Jg. 23, 1918/19, 25. 5. 1918, Nr. 8, S. 98. Zu den abgebildeten Personen: Mit *Karl Richard Maier* ist vermutlich Alfred Richard Meyer (1882–1956) gemeint, Lyriker und Erzähler, wirkte in Berlin als Verleger früher expressionistischer Lyriker. – *Willy Berliner* ist möglicherweise der expressionistische Lyriker, Dramatiker und Novellist Alfred Wolfenstein (1888–1945), lebte in Berlin, emigrierte 1933 nach Prag, 1938 nach Paris. – *Simon Schäuferl* ist vielleicht der Dichter Theodor Däubler (1876–1934); Hauptwerk: »Das Nordlicht« (1910), ein kosmisch-mythologisches Versepos; schrieb expressionistische Lyrik; 1916–1919 Kunstkritiker in Berlin. – Wen *Anna Warzenbichler* darstellen soll, ist nicht zu ermitteln. L 1139/2.

206 *Der Mord in Wien und die Neue Freie Presse:* Ps.: L. – Si Jg. 23, 1918/19, 18. 6. 1918, Nr. 12, S. 138. L 1140/2.

208 *Bayern, ein Traum:* Anonym. – Si Jg. 23, 1918/19, 23. 7. 1918, Nr. 17, S. 199. L 1141/4.

211 *An die Adresse Frankreichs:* Anonym. – Si Jg. 23, 1918/19, 10. 12. 1918, Nr. 37, S. 455. L 1144/2.

212 *Vom Tage:* Anonym. – Si Jg. 23, 1918/19, 24. 12. 1918, Nr. 39, S. 487. Erich Mühsam: (1878–1934), dem Expressionismus nahestehender Schriftsteller, seit 1910 in München; forderte am 28. 2. 1919 die Ausrufung der Räterepublik. L 1144/4.

213 *Die letzten Briefe an Marion Thoma:* Wiedergegeben nach der Handschrift im Thoma-Archiv der Monacensia-Abteilung der Münchner Städtischen Bibliotheken. L 47/I.

215 *An Conrad Haußmann:* Quellennachweis s. Nachbemerkung.

217 *Vom Tage:* Anonym. – Si Jg. 24, 1919/20, 29. 4. 1919, Nr. 5, S. 69. L 1144/6.

217 *Die neue Zeit:* Ps: Czech. – Si Jg. 24, 1919/20, 17. 6. 1919, Nr. 12, S. 158. L 1144/7.

218 *Münchnerinnen:* Die bisher unveröffentlichte Fortsetzung von Thomas Roman »Münchnerinnen« ist wiedergegeben nach der Handschrift im Thoma-Archiv der Monacensia-Abteilung der Münchner Städtischen Bibliotheken. Diese Fortsetzung schließt in der Handschrift unmittelbar an die letzte Fassung des Romans in der Handschrift an, in Weiterführung der Paginierung mit den Seiten 572–645 (Signatur: L 2389). Die Fortsetzung ist Fragment geblieben, trotzdem ist sie in vieler Hinsicht aufschlußreich, sowohl für Thomas Biographie als auch für die Interpretation des Romans. So lassen sich z. B. in Thomas Briefen an Marion fast wörtliche Übereinstimmungen mit Sätzen in der Roman-Fortsetzung feststellen. Thoma schrieb die Fortführung im November 1919. L 79.

230 *Herr Nachbar:* Th. – Si Jg. 24, 1919/20, 14. 10. 1919, Nr. 29, S. 378. L 1147.

231 *Hinterweltliches:* Ps: Asebius. – Si Jg. 24, 1919/20, 14. 1. 1920, Nr. 42, S. 610. L 1149/2.

232 *Die große Münchner Revolution anno 1919:* Th. – Diese Satire Ludwig Thomas über die Rätezeit in München ist wiedergegeben nach der bisher offenbar einzigen Publikation in: »So ein Saustall! Altbaierisches aus den finstersten Zeiten des Systems von Ludwig Thoma, Dietrich Eckart, Klaus Eck«, hg. von Wilhelm von Kloeber, München 1938. Nicht in Lemp genannt. Vgl. dazu Wilhelm Volkert in: »Ludwig Thoma. Sämtliche Beiträge aus dem ›Miesbacher Anzeiger‹ 1920/21«. Kritisch ediert und kommentiert von W. V., München 1990. S. 352, 457.

Levin: Max Levien (geb. 1885, seit 1919 verschollen), Mitglied des Vollzugsrates der Kommunistischen Räterepublik (13.–27. 4. 1919); er verfügte die berüchtigte Erschießung der Geiseln (Mitglieder der Thule-Gesellschaft) im Luitpoldgymnasium in München am 30.4.1919. – *Leviné:* Eugen L. (1883–1919), Vorsitzender des Vollzugsrates der Kommunistischen Räterepublik (13.–27.4.1919); er verfügte mit Levien zusammen die Geiselerschießung vom 30.4.1919; wegen Hochverrats zum Tode verurteilt, am 5.6.1919 in Stadelheim erschossen. – *Dosch Hansi:* Johannes Dosch († 1930), Drogist, 13.–15.4.1919 Polizeipräsident von München, dann Vizepräsident; mehrfach vorbestraft wegen Schleichhandel, Fahrraddiebstählen und Zuhälterei, im April 1919 wegen Erpressung verhaftet, im Juni 1919 wegen Beihilfe zum Hochverrat zu drei Jahren Festungshaft verurteilt. – Genaueres zur Revolution in München s. die Publikation: »Revolution und Räteherrschaft in München. Aus der Stadtchronik 1918/1919«. Zusammengestellt und bearbeitet von Ludwig Morenz unter Mitwirkung von Erwin Münz, München 1968.

238 *Die Sonnenfinsternis:* Anonym. – »Miesbacher Anzeiger. Tagblatt für den Bezirk Miesbach-Tegernsee und dessen Umgebung«. Miesbach. 12.4.1921, Nr. 84. L 240.

239 *Spitzbuben-Politik:* Anonym. – »Miesbacher Anzeiger. Tagblatt für den Bezirk Miesbach-Tegernsee und dessen Umgebung«. Miesbach. 30.3.1921, Nr. 73. *Eisner:* Kurt E. (1867–1919), Schriftsteller; rief am 8.11.1918 die Republik aus und stürzte die bayerische Monarchie; 8.11.1918–21.2.1919 provisorischer Ministerpräsident und Minister des Äußeren; am 21.2.1919 von Anton Graf von Arco ermordet. – *Landauer:* Gustav L. (1870–1919), Schriftsteller, Anarchist; 7.–13.4.1919 Volksbeauftragter für Volksaufklärung der Räterepublik; in Stadelheim am 1.5.1919 erschossen. – *Egelhofer:* Rudolf E. (1896–1919), Matrose, wiederholt desertiert; 13.–17.4.1919 Stadtkommandant von München, seit 16.4.1919 Oberkommandierender der Roten Armee; ordnete zusammen mit Levien und Leviné die Geiselerschießung vom 30.4.1919 an. L 1528.

241 An Maidi von Liebermann: Quellennachweis s. Nachbemerkung.

Nachweise der Illustrationen

Die Illustrationen dieses Bandes entstammen der Zeitschrift »Simplicissimus« bzw. den in den Quellennachweisen genannten Publikationen; sie sind dort den hier wiedergegebenen Texten beigegeben. Somit gelten die Quellennachweise der Texte jeweils zugleich als Nachweise der Illustrationen (mit Ausnahme von Olaf Gulbranssons Zeichnung »D'Annunzio« (S. 160), die dem »Simplicissimus«-Jahrgang 8, 1903/04, Nr. 44, S. 346 entnommen ist).

Die als Buchschmuck verwendeten Vigneten entstammen gleichfalls dem »Simplicissimus« sowie Thomas Buch »Pistole oder Säbel? und anderes«, München 1905.

Verlag und Herausgeber danken für die Genehmigung zur Reproduktion der Zeichnungen von

Karl Arnold und Thomas Theodor Heine: der Verwertungsgesellschaft Bild – Kunst, Bonn;
Bruno Paul: Frau Dipl. psych. Julia Graf, Berlin;
Eduard Thöny: Herrn Dr. Justin von Kessel.

Der Verlag konnte in einzelnen Fällen die Inhaber der Rechte an den wiedergegebenen Abbildungen nicht ausfindig machen. Er bittet, ihm bestehende Ansprüche mitzuteilen.